Research on the Innovation of Organization Mode and Operation Mechanism of Agricultural Socialization Service

农业社会化服务组织方式与运行机制创新研究

陈俊红　杜洪燕　龚　晶◎著

中国经济出版社
CHINA ECONOMIC PUBLISHING HOUSE
北　京

图书在版编目（CIP）数据

农业社会化服务组织方式与运行机制创新研究/陈俊红，杜洪燕，龚晶著．--北京：中国经济出版社，2021.4

ISBN 978-7-5136-5246-9

Ⅰ.①农… Ⅱ.①陈… ②杜… ③龚… Ⅲ.①农业社会化服务体系-研究-中国 Ⅳ.①F326.6

中国版本图书馆 CIP 数据核字（2021）第 066393 号

责任编辑　叶亲忠
责任印制　马小宾
封面设计　华子图文

出版发行　中国经济出版社
印 刷 者　北京九州迅驰传媒文化有限公司
经 销 者　各地新华书店
开　　本　710mm×1000mm　1/16
印　　张　18.5
字　　数　300 千字
版　　次　2021 年 4 月第 1 版
印　　次　2021 年 4 月第 1 次
定　　价　88.00 元
广告经营许可证　京西工商广字第 8179 号

中国经济出版社　**网址** www.economyph.com　**社址** 北京市东城区安定门外大街 58 号　**邮编** 100011
本版图书如存在印装质量问题，请与本社销售中心联系调换（联系电话：010-57512564）

前　言

PREFACE

建立健全农业社会化服务，是我国农业农村深化改革的一个重要任务，是调动社会各方面力量，促进农业生产进一步专业化和现代化的一项重要措施。党中央、国务院历来高度重视农业社会化服务工作。习近平总书记指出，“大国小农”是我国的基本国情农情，要培育各类专业化市场化服务组织，提升小农生产经营组织化程度。党的十九大提出，要健全农业社会化服务体系，实现小农户和现代农业发展有机衔接。同时，党中央、国务院以及相关部委发布的一系列重要政策文件，构建、完善了促进农业社会化服务发展的政策体系。2008 年，党的十七届三中全会首次提出，建立公益性服务和经营性服务相结合、专项服务和综合服务相协调的新型农业社会化服务体系。《中共中央　国务院关于加快发展现代农业进一步增强农村发展活力的若干意见》（中发〔2013〕1 号）中再次提出，构建农业社会化服务新机制，大力培育发展多元服务主体。2017 年，原农业部、国家发展改革委、财政部联合发布的《关于加快发展农业生产性服务业的指导意见》（农经发〔2017〕6 号）进一步指出，加快培育各类农业服务组织，大力开展面向广大农户的农业生产性服务。2020 年，农业农村部发布的《新型农业经营主体和服务主体高质量发展规划（2020—2022 年）》（农政改发〔2020〕2 号）强调，鼓励各类服务组织加强联合合作，推动服务链条横向拓展、纵向延伸，促进各主体多元互动、功能互补、融合发展。

在政策支持和各方努力下，农业社会化服务工作取得显著成效。

比如，实现了家庭经营基础上的规模经营，提高了家庭经营的生产力水平；发掘了集体经济的潜力，提高了集体经济的生产力水平；促进了农村第三产业发展，引导了农村劳动力合理分工和转移。然而，进一步深化农村改革，还存在不少难题和制约因素，小农户发展现代农业仍然面临着“谁来种地”“如何种好地”“种地如何赚钱”等问题。农民在产前、产中、产后各环节上的许多问题解决不了，或解决不好。农业社会化服务就是针对这些问题，利用国家技术推广部门、农村合作经济组织和市场化服务组织，为小农户发展现代农业提供产前、产中和产后的各种服务。农业社会化服务体系就是由这些不同的服务组织，以不同的功能形式，为农业提供的不同内容的服务的总和或者总体系统。农业社会化服务是经济行为和产业活动，农业社会化服务体系是经济部门和产业组织。农业社会化服务体系建设，从大的方面来说，就是大力发展农业社会化服务组织，尤其是要发展那些具有经济实力的服务经济实体，形成服务组织体系；不断开辟新的服务领域，发展新的服务产业，增加服务内容，形成服务内容体系；完善服务功能，提高服务能力，形成服务功能体系。

本书正是围绕农业社会化服务的组织体系、内容体系和功能体系展开的。全书分为四章，第一章从理论上阐述农业社会化服务的组织方式和运行机制，主要聚焦农业生产托管为主的服务方式，分析农业生产托管政策执行效果，提出进一步深化改革、推进工作的建议。第二章总结了目前不同地区推进农业社会化服务的模式创新。其中，山西省是中央财政支持开展农业生产托管试点工作较早的省份之一，试点过程中采取了整村推进方式，由村集体负责跟农民签订合同，然后对接服务公司。黑龙江省人均耕地面积大，家庭农场多，土地规模化、集约化、机械化程度比较高，合作社、职业农民、家庭农场、企业等社会化服务主体相对较多。江苏省辖江临海，是我国经济比较发达的省份之一，也是“人多地少”特点最为突出的省，主要是专业大户、村集体、合作社等主体在自我服务的基础上，逐步扩大到周边农户。第三章，分析了我国农业技术推广体系各主体的行为实践、典型模式、成效和问题等，针对面临的挑战，提出推动我国农业技术推广体系改革的对策建议。第四章是不同类型农业社会化服务的典型经验，重点选取国内农业技术推广体系建设较为先进的省市，深入了解“一主多元”农技推广体系建设过程中面临的问题，共总结出公益性农技推广典型案例 13 例，经营性农技推广典型案例 10 例，为各省市进一步完善农业技术推广体系提供经验借鉴。

著 者

2020 年 11 月于北京

目 录

CONTENTS

第一章

农业生产托管组织方式和运行机制研究

第一节　导　引

一、选题背景和意义

（一）大力发展社会化服务是进一步完善基本经营制度的需要

党的十九大报告首次提出“小农户”的概念，并将“实现小农户与现代农业发展的有效衔接”作为实施乡村振兴战略的主要措施。农业部统计，截至 2016 年底，我国经营规模在 50 亩以下的农户有近 2.6 亿户，占农户总数的 97%左右，户均耕地面积约 5 亩；以土地经营规模 50 亩为标准，全国经营规模在 50 亩以上的新型农业经营主体约有 402.1 万个，经营耕地总面积约 3.5 亿亩，平均经营规模 100 亩左右。由此可见，小农户仍然是我国农业经营的主体，小农户在农业生产中能否现代化，直接决定了我国农业现代化的发展程度。未来相当长的一段时间，小农户还将是整个农业生产的基本面，也是保障国家粮食安全和农产品有效供给的基础。相较于新型经营主体，小农户在采用新技术新机具、对接市场、抵御市场风险、质量安全风险等方面，将面临更多的困难。因此，在推进农业现代化进程中，需要分类施策，通过社会化服务尽快提升小农户的竞争能力，把小农生产纳入现代农业的轨道上来，更好地帮助农民、提高农民、富裕农民，让广大小农户参与现代化的进程，分享现代化的成果，是摆在我们面前的一个重大而紧迫的课题。

（二）大力发展社会化服务是推动小农户与现代农业有机衔接的重要途径

农业社会化服务在推动小农户与现代农业衔接发挥了重要作用，尤其是面向农业生产的社会化服务，对于培育农业农村经济新业态，构建现代农业产业体系、生产体系、经营体系具有重要意义。国际经验显示推进农业现代化的过程往往也是农业产业链延伸和农业服务化的过程（姜长云，2018）。农业社会化服务业与农业产业链紧密融合，与涉农产业网联结，增强了农村区域经济和农业产业发展的要素资源集聚力（芦千文，2016）。农业社会化服务发展，有利于推动农民组织化，农业新型经营主体的形成；有利于推动服务规模化，降低农业生产成本；有利于培育农业农村经济新业态，实现农业产业链价值增值。

（三）大力发展农业社会化服务需要组织方式和运行机制创新

各地探索了以生产托管、联耕联种等农业社会化服务规模，带动部分小农户进入现代农业的分工协作体系。为实现社会化服务推动小农户与现代农业衔接，国家出台资金支持政策，推动社会化服务主体创新工作方法，发挥带动小农户作用。2016 年农业部办公厅《关于大力推进农业生产托管的指导意见》（农经发〔2017〕19 号），在全国 17 个省开展生产托管试点。2017 年，农业部、国家发展改革委、财政部联合下发《关于加快发展农业生产性服务业的指导意见》（农经发〔2017〕6 号），对加快培育各类农业服务主体，大力开展面向广大农户的农业生产托管，提出了具体工作措施。2017 年，财政部出台《农业生产发展资金项目实施方案》，大力推进农业生产托管、机械化烘干等农业生产社会化服务，支持农村集体经济组织、专业化农业服务主体、服务型农业合作社等主体提供社会化服务；鼓励各地采取政府购买服务或先服务后补助等方式，提升农业生产社会化服务的专业化、规模化水平。

（四）社会化服务发展和支持政策仍需要继续深化

一方面，受农村经济整体水平、农业内部分工发育程度以及政府包揽模式的影响，我国农业社会化服务主体一直发展缓慢（张照新，2013），规模小，实力弱，家庭化、小作坊式生产占主导地位；规范性的市场竞争秩序尚未形成，高端服务供给能力不足；创新意识不强，服务手段单一（芦千文，2018）。另一方面，政策执行仍面临着组织管理、体制机制方面的障碍，推行小农户现代化发展的进展缓慢，距离实现政策目标仍有较大差距。2018 年《乡村振兴战略规划（2018—2022 年）》提出“发展多样化的联合与合作，提升小农户组织化程度。健全农业社会化服务体系，大力培育新型服务主体，加快发展‘一站式’农业社会化服务业”。因此，研究如何提升小农户有效需求，如何发挥社会化服务主体作用，创新机制提高生产活力是一条有效途径，具有重要的理论和实践意义。

本研究总结提炼地方探索形成的农业生产托管模式，为完善以农业生产托管作为推进农业社会化服务、带动普通农户发展适度规模经营的主推服务方式，完善相关政策积累经验。同时，在小农户与现代农业衔接的政策目标框架下，探索提升小农户有效需求市场和培育壮大社会化服务供给市场，提出完善农业社会化服务供需有效对接的路径与机制，进一步丰富农业社会化服务理论研究成果。

二、研究目的和内容

（一）研究目的

本研究围绕政府推进农业社会化服务业的模式创新，结合农业生产社会化服务试点工作及多环节生产托管的实践探索，研究农业社会化服务主体方式及运行机制，分析农业生产托管政策执行成效，在借鉴国外经验基础上，提出进一步深化改革、推进工作的建议。

（二）研究内容

第一，我国农业社会化服务主体方式和运行机制研究。根据农经发〔2017〕6号文件，对村集体、农业合作社、龙头企业、专业服务公司等不同类型服务主体开展调研，分析典型案例中服务主体与农户对接组织方式、服务内容、运行机制、服务效果和面临的问题，总结提炼典型模式并进行对比分析。

第二，我国农业社会化服务发展取得的成效。利用调研数据，分析我国农业社会化服务体系建设、经营性服务主体的发展成效，分析农业社会化服务在满足农户需求、推动农业适度规模和生产现代化、实现农业生产节本增效、带动农民增收等方面发挥的作用。

第三，我国农业社会化服务发展存在的问题。从提升生产托管服务主体能力、推动农户组织化方面，分析当前农业社会化服务发展存在的不足。基于调研，从政策执行层面，分析生产托管试点政策执行过程中面临的问题。

第四，国外农业社会化服务经验借鉴。分析美国、荷兰、日本等发达国家的农业社会化服务体系构建模式及运行特点，为我国农业社会化服务事业发展提供参考。

第五，完善农业社会化服务主体方式与运行机制的对策建议。从农业社会化服务主体建设、小农户组织化建设、政府组织管理制度建设等层面，提出完善我国农业社会化服务主体方式与运行机制的对策建议。

三、研究方法和技术路线

（一）研究方法

1. 案例分析法

采取“点面结合”方式开展调研。“面”上以省、市、县政府经管部门的生产托管组织管理工作为调研内容，采取座谈会方式进行研讨；“点”上则选取典型进行实地走访，分析生产托管服务主体方式和运行机制。通过“点面结合”，探寻各地推动农业社会化服务取得的进展及存在的问题。

（1）政府主管部门领导座谈。与各省市县农业厅经管站站长、乡镇主管镇长或村委开展座谈，调研本辖区农业社会化服务实施方案、配套管理办法，地方配套政策、组织管理创新方法、经验和问题。由于调研时间限制及任务要求，以粮食生产大省为重点，分别走访了山西、黑龙江、江苏 3 个省份的 7 个市 8 个县试点地区。

（2）社会化服务主体调研。以村集体、合作社、龙头企业、专业服务主体等为重点，每个县各类主体选择 1～2 个典型，通过座谈和走访相结合的方式，了解服务主体方式、服务内容、对小农户带动作用，面临的困难和政策需求，共完成了 40 个服务主体的访谈，其中，实地走访了 20 个服务主体。

2. 问卷调研法

为了解小农户对农业生产托管服务的需求及农户的服务获得情况，当前农业生产托管服务供给与农户需求之间的差距及原因。华北地区选择了试点工作开始较早的山西省，东部地区选择了地块面积较小的江苏省，东北地区选择了粮食种植规模较大的黑龙江省。各县市选择从事粮食种植的小农户（经营面积小于 30 亩）样本 100 个左右。调研内容涉及小农户社会化服务需求、托管形式、支付托管费用意愿、接受生产托管面临的难题等。共发放问卷 266 份，有效问卷 243 份，有效率达到 91. 35%。

3. 对比分析法

在不同省份之间、不同典型案例之间、不同作物之间，对其开展农业社会化服务的组织方式、运行机制及取得成效进行对比分析，总结共性及发展规律。分析美国、荷兰、日本等国外发达国家农业社会化服务体系建设的典型做法和经验，为本项研究政策设计提供支撑。

4. 专家咨询

组织召开由农业社会化服务主体负责人、专家学者、农业农村部管理人员参加的座谈会，研讨农业生产托管工作情况及存在问题，并提出政策和工作建议。

（二）技术路线

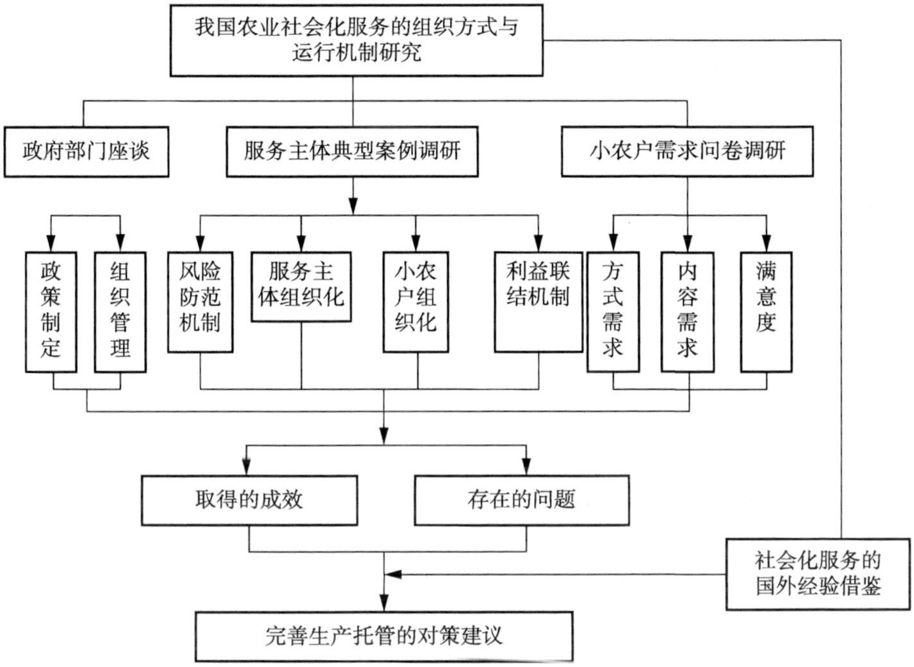

图 1-1　本研究技术路线

四、研究范围界定

（一）围绕生产托管开展研究

农业社会化服务是指由村集体、合作社、专业服务主体等主体，直接完成或协助农业经营主体完成农业产前、产中、产后各环节作业的行为。其中，各地将探索形成的联耕联种、代耕代种等服务形式统一称为生产托管，也就是在不流转土地经营权情况下，将农业生产的耕、种、防、收等全部或部分作业环节，交由社会化服务主体开展。中共中央办公厅、国务院办公厅印发的《关于促进小农户和现代农业发展有机衔接的意见》和农办经〔2017〕19号文件要求，充分认识推进农业生产托管的重要意义，聚焦农业生产托管为主的服务方式，积极推广生产托管为主的社会化服务模式。本研究结合实际，重点围绕农业生产托管的组织方式和运行机制开展调研和分析。

（二）聚焦粮食生产经营

农业社会化服务涉及农林牧渔等行业。自2016年农业部、财政部发布《关于做好2016年农业生产全程社会化服务试点工作的通知》（农办财〔2016〕36号）以来，试点采取政府购买社会化服务，或者政府支持农业生产者购买社会化服务等方式，重点支持粮棉油糖等主要农产品生产全程社会化服务和畜禽粪污综合利用。本研究聚焦小麦、玉米、大豆、稻谷等主要粮食作物，了解产前、产中、产后的社会化服务特点。

第二节 农业生产托管的主要组织方式与运行机制

一、农业生产托管的主要组织方式分析

（一）服务主体联合的组织方式

生产托管服务主体在独立从事生产托管服务基础上，也在探寻节约成本、扩大服务规模的有效路径。他们之间的联合，能有效提升服务供给能力，对培育新型农业经营主体，构建农业新型生产经营体制具有重要意义。调研显示，各类生产托管主体之间的联系，可归结为横向联合、纵向联合和交叉联合三种方式（见表1-1）。

表1-1 推动服务主体组织化的方式比较

联合方式	表现形式	优势	政策意义
横向联合	以服务要素为纽带，形成服务联合体	扩大规模效益、农民转移就业	利于资源优化配置、推动农业规模经营，需要项目引导，牵线搭桥和提供信息服务
纵向联合	以产业链为纽带的联合	专业化分工，推动新技术新装备、资金、金融等要素进入农村	合作难度大，产业增值能力要求高，需要搭建信息交流平台，生产托管和产业扶持政策配套实施
交叉联合	服务主体与产业组织的联合	规模效益与专业化分工结合	创新联合方式，引导建立促进农户增收有效机制

1. 服务主体的横向联合

为满足农户对农机、农资、技术等服务需求，专业化的生产托管服务主体之间联合开展农业生产托管服务，壮大服务实力，扩大服务规模。实践中，大多组建服务合作社或联合社。

横向联合的出发点就是从规模服务上要效益。横向联合实现了抱团经营、壮大了实力，弥补了单个主体力量不足的缺点，推动了服务主体从自我服务向社会化服务转变，进而实现了服务的组织化和社会化。合作双方拥有相对平等的市场地位，共同分享产业链和服务链的利润，实现了多方共赢。服务主体的市场议价能力提升，进而有利于实现服务的纵向联合，进一步推动服务主体发展壮大。服务能力和规模的扩大，促进了农民转移就业和增收。

横向联合服务规模比较大，但所提供服务内容比较单一，多为部分环节托管。目前，较多的是农机合作社联合体，通过整合大中小型农机手、耕种防收所需要的各类机械，以扩大作业面积和拓展服务内容。比如，黑龙江省伟河现代农机专业合作社，将农机资源进行整合，成立农机专业合作社和玉米托管种植合作联合社，实现两社合一，解决了农机合作社大型农机设备闲置而小农机手动力不足的问题，也大幅度提高了玉米托管作业标准和质量，提高了玉米的产量和效益。黑龙江省瑞丰玉米种植专业合作社，吸引了 91 名农机手加入合作社，为社员和其他农户开展托管服务。农机加入合作社，解决了合作社农机不足和类型单一问题，大幅度提高了合作社整体作业能力。通过资源整合，农机户作业面积扩大，农机利用率提高，农机手在农业作业各环节中都能参与进去，收入明显提高。村级的农机合作社、农机手之间开展的联合，加速了小马力旧农机、空壳合作社的淘汰，推动了基层农业机械化水平整体提升。

横向联合必须要建有“规矩”。托管服务主体之间联合是将竞争关系转变为合作关系，利益是“黏合剂”，成员之间的利益一旦分配不好，就会埋下矛盾隐患，影响联合社经营。因此，联合各方需要确立合理的利益分享机制和风险分担机制。服务主体联合初期还是需要政府项目发挥桥梁纽带作用，引导双方明晰产权、健全制度、现代管理和强化民主，建立有效的利益联结机制，共同努力提升获利能力，才能确保合作持续和为农户提供有效服务（如图 1-2 所示）。

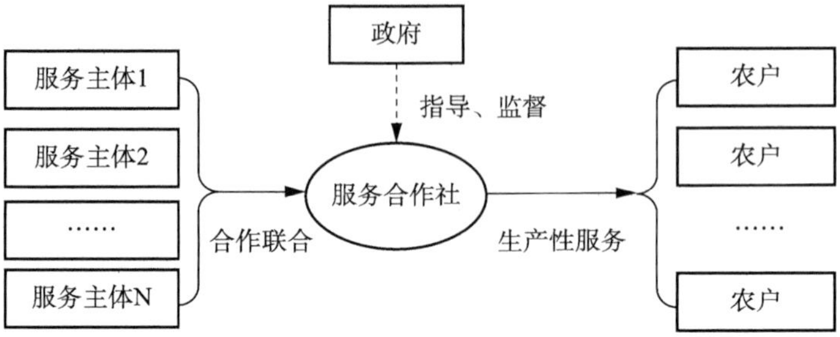

图 1-2　横向联合的服务主体组织化方式

典型案例

兰西县兰河乡瑞丰玉米种植专业合作社

该合作社于 2015 年 3 月成立，主营生产托管、谷物种植、中草药种植、粮食种植和采摘观光业务。合作社领办人回乡创业之前一直在教育系统工作。2018 年是合作社开展玉米种植托管第一年，采用免耕种植技术第二年，全程托管面积为 8161 亩。2019 年玉米托管面积为 10 万余亩，其中全程托管面积为 31695 亩。

为了促进连片种植、规模化种植，杜绝秸秆焚烧，做好农业托管，合作社吸引农机户、农机手自带起垄机、免耕机、收割机、植保机械等农机具加入合作社。2019 年，91 名农机手加入合作社，共有农机 218 台套。农机手加入合作社后，作业面积和工作量显著增加，有能力的农机手可在耕、种、防、收、粮食收购等多环节作业，农机手的收入明显提高。

合作社为农机手提供作业任务、服务协议、作业单、验收单等。农机手服从统一管理、统一调配，代表合作社与农户签订服务合同和开展作业。因土地分散、不便于机械作业、作业效率低等原因，合作社会根据农机手农业作业真实亩数给予 3 元/亩的机械作业补贴。因合作社提供的种子、化肥、农药原因造成托管农户财产损失的，由合作社负责补救或赔偿损失。因农机手使用机械不当、田间作业（喷洒各种药物）失误等原因给托管农户财产造成损失的，由农机手负责补救或赔偿损失。

农机加入合作社，补充了合作社的农机不足和农机单一问题，不仅使合作社整体作业能力尤其在秋起垄、春起垄、播种、植保、收割等作业能力上有了较大提高，更有效提高了合作社服务质量和服务效率。农机手入社后，作为合作社经纪人，为合作社联系生产托管客户，帮助开展粮食收购、其他作物种植和销售等工作。合作社为农机手提供专业技能、业务知识培训，以提升他们农业服务水平和工作能力，使其逐渐成长为合作社的专业技能人才和骨干力量。

典型案例

兰西县伟河现代农机专业合作社

该合作社成立于2012年7月，总投资2210万元，有农机具113台套，烘干粮食设备两套，烘干能力600吨/天。合作社自成立以来致力于玉米规模化种植。合作社单纯靠流转土地来实现合作社大规模发展阻力大、困难多，2018年开始，在政府有关部门的指导和帮助下，积极开展了生产托管。目前，托管土地为2.4万亩，其中全程托管为1.86万亩，涉及四个乡镇、11个村、1023户。

生产托管发展离不开大型农机具、粮食收储、烘干等有效措施的支撑。因此，合作社成立之初非常注重三者的有效结合。合作社整合农机资源，成立农机专业合作社和玉米托管种植合作社联合社，实现两社合一，既解决了农机合作社大型农机设备闲置问题，同时也大幅度提高了玉米托管种植合作社的作业标准和质量，提高了玉米的产量和效益。玉米烘干是保证玉米质量和销售顺畅的有效措施，因此，合作社投资新建烘干塔和储粮仓，为托管顺利开展提供了后端保障。

2. 服务主体的纵向联合

生产托管服务主体牵头，整合科研、农资、农机生产企业及粮食收储、加工、销售企业，以“生产托管+研产（加）销”的形式，将产前、产中、产后紧密衔接，推动农业经营组织化和产业化。实践中，表现为农业产业化联合体、生产托管服务联盟等。

纵向联合实现了产业链上下游的“跨界融合”，出发点是最大限度实现产品商品化。服务主体之间以产出为导向组织生产，大多是龙头企业负责产业链前端和后端环节，农民合作社或村集体负责农户的组织协调和开展生产服务，通过优势互补实现“多赢”。黑龙江省宝清美莱现代农业服务有限公司

（以下简称宝清美莱）与村级农机合作社开展联合，农机合作社负责生产托管，宝清美莱合作负责技术指导、粮食加工销售、产品品牌打造。这一经营模式，将农业生产的产前、产中、产后各环节纳入规范的生产和管理渠道，实现农业生产标准化，在提高农业生产效率的同时，也提升了农产品质量。纵向联合充分发挥了“专业人干专业事”优势，搭建了产供销对接通道，利于新技术、新装备、资金、金融保险等要素顺利进入农业，大大降低了生产的不确定性和风险。托管服务主体在公司技术、农资等支持下，服务面积不断扩大，收入稳定增加，其他主体也由此获得稳定的粮源和确保了粮食质量。黑龙江省超越合作社开发了“智农管理系统”App，实现了网上全程精准、高效、实时、便捷的“耕种管收”一体化管理服务。

纵向联合需要关注被服务农户分享产业融合增值收益的机制。比如，宝清美莱与村集体经济组织结合，充分利用村里已有的农机手。农户能干的让农户自己干，农户不能靠自己能力完成的环节由公司做，如出种植方案、提供栽培技术、提供大型机械、进行粮食收购等。宝清美莱将生产托管环节让利农户，并通过延长产业链条，打造产品品牌，提高产品附加值获得更多利润。

由于服务主体各自诉求不同，联合合作需要博弈，达成合作的难度比较大，加之市场信息不对称，将会对企业合作协议达成和持续性造成影响。因此，需要有关政府搭建相关信息交流平台，促进双方的沟通与交流。此外，各方合作是围绕产业利润开展服务，盈利是核心，对于产业后端增值能力要求比较高。因此，生产托管政策应与农业产业发展政策配套实施，兼顾农业生产和销售市场两端，才能发挥更大作用（如图 1-3 所示）。

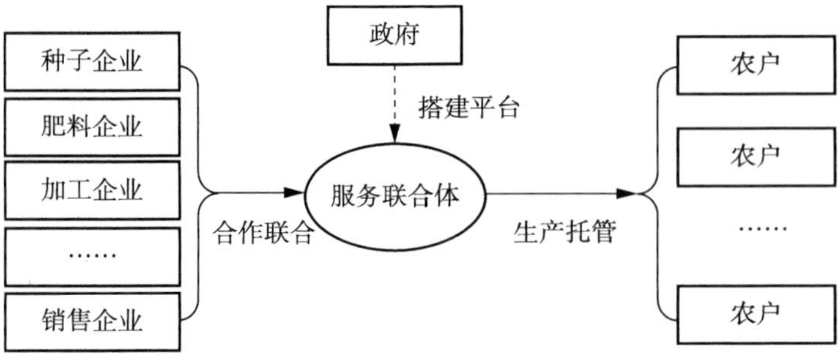

图 1-3　纵向联合的服务主体组织化方式

典型案例

宝清美莱现代农业服务有限公司

黑龙江省宝清美莱现代农业服务有限公司（以下简称宝清美莱）为农户提供生产托管、农资供应、粮食收储销售、农产品加工、金融等服务。截至2018年底，宝清县全程托管达2.5万亩，服务农户超过1000户。农资和飞防服务都接近7万亩，农机服务6万亩，玉米粮贸1.9万吨，总产值达到1.05亿元。

宝清美莱前身为具有25年农资销售经历的企业，与国内众多种子、农资公司开展联合合作，经营全品类农资，拥有宝清丰收农业、宝清丰收种业和宝清植物病虫害防治医院等多家子公司，作物栽培、病虫草害防治等经验丰富。

宝清美莱认识到要做好农业生产的全程托管，就必须拥有产业链后端经营能力。2015年从农资经营转向粮食烘干仓储、加工销售，加强了产后能力建设。公司根据下游企业客户产品需求订单，确定第二年粮食生产规模和农资、农机、土地等投入计划。公司充分调动村屯种植能手、农机手、村干部等能人的积极性，协助组织农户开展土地集中连片托管。宝清美莱提供大型农机，当地机手提供动力机头，按照品种统一、肥料统一、耕种统一、田间管理统一、作业统一、收获统一的“六统一”标准开展服务。

为建立畅通的粮食购销通道，宝清美莱与中合粮油黑龙江有限公司合资成立“宝清中合粮油有限公司”，将托管农户的粮食全部统一收购，让托管农户随行就市结算粮款，降低了市场风险，受到广大农户的普遍欢迎。公司探索金融领域服务，解决贷款难题。公司与建设银行合作，利用集约化经营的优势，可以将粮食作为担保物，建设银行为与公司合作的农户提供贷款，解决农户在生产过程中的贷款难题。

宝清美莱还重视整合产业链前端研发资源，发挥科技创新对于产业发展的推动作用。宝清县是中国水稻所北方水稻研究中心的所在地，研究中心所有育种基地全部由宝清美莱托管，每年要完成上万个育种材料的栽培、田间管理和统计工作。公司将水稻科研成果试验示范与生产托管有机结合，在部分托管地块上建立示范田，推广新作物品种、展示新技术、实行集约化和标准化种植方式，让托管户真正看到并信服规模化托管服务和科技创新发展带来的好处。在大豆种植中，配套的生产技术采用“垄上四行、大垄窄行、密植栽培技术”，实现农作物合理密植，增产幅度可达15%。在托管服务模式下，统一进行机械化作业，采用联合收割机大面积统一收获，收获的粮损失率远低于分散经营模式。

3. 服务主体的交叉联合

服务主体之间横向开展合作，建立生产托管联合体，纵向与种子、肥料、农药、农机生产企业及粮食收购、储藏、加工企业合作，为生产托管服务主体提供相应的专业化服务。交叉联合是横向联合和纵向联合的升级版，兼顾生产托管的服务规模和效益。

明确服务主体各自功能和定位是交叉联合网络系统有效运转的前提。在交叉联合的网络体系中，每一位服务主体不仅要单独开展服务，还要与其他服务主体共同作为网络节点发挥作用。通常村集体组织、合作社负责作为小农户“组织者”和托管的服务商，对接农户推进土地规模经营。各类种子化肥农药信息的供应商、粮食企业，作为农业生产要素供应商和采购商，负责农资供应和产品收购加工。最为典型的是平遥县的“十字托管”模式。由和之瑞联合社纵向整合了各级服务合作社建立直接面对农户的服务网络，横向整合了中化公司、种子经销商、农资商、粮食收购企业、植保公司、信息化服务公司等生产资源，共同为农业生产托管提供服务。

交叉联合主体从重视常规要素向更加重视科技、文化、人才等创新要素转变。和之瑞联合社聘请了山西省农科院、山西农大等部门的30余名专家顾问的技术服务团队，联合了“爱种网”、兴农丰化数字农场提供的托管数字化管理团队，创新“互联网+”服务模式。爱种网为平遥农业生产托管开发了“托管通”App，托管信息、农事服务、套餐管理、媒体报道等信息一目了然，实现了托管管理体系数字化。北京兴农丰华数字农场为平遥县建立农业生产托管“数字农场”平台，对托管农田进行卫星遥感监测，及时测报气象、病虫害等农事商情。新技术应用有效拓展了农业或农业产业化的市场空间，为农业农村经济发展注入了新的动能。

典型案例

和之瑞种植专业合作社联合社

联合社组建于2017年底，由和之瑞联合社及另外2家合作社共同组建。目前，对平遥县6个乡镇67个村38744亩农田实施了托管服务，提供玉米从种到收全程托管服务，每个村示范100~500亩农田。联合社还成立党员突击队，在乡村服务站体系建设中发挥了党员先锋作用。2018年11月，党员突击队带领六台大型拖拉机、行程70多公里为贫困村500多亩土地进行了免费秋耕。

联合社纵向建立了直接面对农户的服务网络，横向整合了中化公司、种子经销商、农资商、粮食收购企业、植保公司、信息化服务公司等生产资源，共同为农业生产托管提供服务，形成了平遥县的“十字托管”模式。（1）联合社组建了由乡级服务站和村级服务点构成的服务网络，站点负责人凭借根植本土优势，拓展农户市场，直接与农户签订土地托管合同，为农户提供生产托管服务。联合社还托管农机具48台（套），实行统一调度，开展联种、联耕、联收。截至2018年底，联合社已组建乡级服务站6个，村级服务站106个。（2）在平遥县政府组织下，联合社与中化公司开展合作。中化公司依托所建立的“现代农业平台（MAP）”，采用园区化方式经营种子、化肥、农药、保险、收购粮食和测土配肥业务。中化公司为联合社托管的土地，提供一整套的农资农机服务技术方案。联合社借助服务网络，将中化公司的技术服务方案和农资落实到田间。中化公司提供的农资质量好，粮食收购价格高，深受当地农户欢迎。（3）和之瑞联合社还联合了11家种子经营大户、6家农资大户及6家粮食收购企业，提供生产资料供应和粮食购销服务。联合了山西田航公司、山西飞农植保公司，提供植保服务。联合了“爱种网”、兴农丰华数字农场，为生产托管提供数字化管理技术。

（二）带动小农户的组织方式

农业适度规模经营是提高农业生产效率和实现农业现代化的重要途径。而农业适度规模经营必然要求土地相对集中，但我国家庭联产承包责任制下，小农户利益需求千差万别，很难形成统一决策，必然推高了与千家万户对接的交易成本。因此，为了降低交易成本，提高服务效率，农业生产托管服务必须在推动小农户组织化基础上实现土地规模化。调研显示，农业生产托管服务推动小农户组织化主要依靠村集体、合作社和企业三类主体（见表1-2）。

表1-2 不同主体推动小农户组织方式比较

主导力量	经营特点	优点	缺点	政策意义
村集体主导型	为村民服务，社会效益为核心	与农户黏性高，能兼顾小农户、贫困户；有助于村产融合发展、村庄治理	专职人员少、干部积极性不高、产业增值能力弱	加强金融、人才等方面扶持，建立激励机制

续表

主导力量	经营特点	优点	缺点	政策意义
合作社主导型	对内服务、对外经营，兼顾社会效益和经济效益	利于实现资源整合和优化配置	资金、人才缺乏，产业经营能力弱	加强项目扶持和人才培养
企业主导型	市场化、专业化服务，经济效益为核心	主动工作的动力大、专业性强，新技术转化速度快	与农户黏性差、公关成本高，有侵蚀农户利益、土地存在非农化风险	搭建企业进村入户的平台

1. 村集体主导型

村集体主导型是在农村集体主导下，由村两委干部带动，将农户组织起来，统一接受生产托管，村集体只在其中发挥了组织农户的“桥梁”作用，不经营托管业务（如图 1-4 所示）。

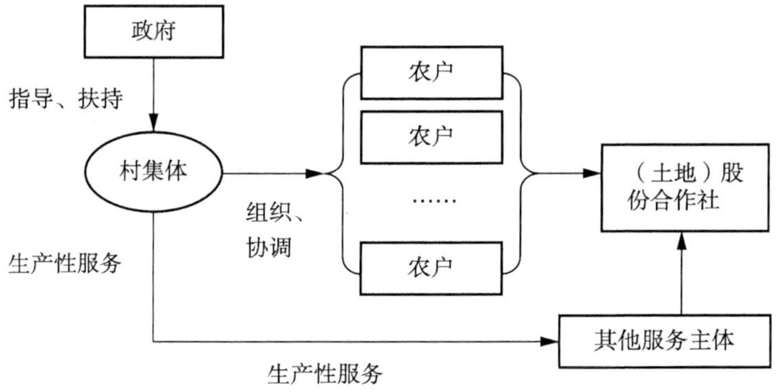

图 1-4　村集体主导型农户组织化方式

这一方式发挥了村集体“统”的功能，实现了小农户组织化和土地规模化，具有公益性特点和较强的社会效益。通过以村为单元开展整建制托管、成方连片种植，不仅有效整合地边地沿，还充分发挥大型农机作业效率高、化肥药剂使用效率高及全程数据化管理的优势。村集体托管可以照顾到普通小农户，尤其是对于贫困户的带动作用明显。同时，村集体代表农户利益，直接与生产托管主体签订合同，能有效保护农户利益。生产托管主体依靠村集体解决了指认地块、收取托管费等工作，降低了成本。比如，山西省寿阳县朝阳镇胜利村和大南河村，面临着土地无法连片经营、人才缺失、基础设施建设不足等一系列问题。在政府推动下，采取整村推进方式，由村集体统一跟农民签订合同，与生产托管服务公司对接。2019 年，有 7 个村开展整村托管，解决了90%农户的种地问题。村集体除组织农户开展托管外，还在帮助服务主体整治田间路、指认地块、收取托管费等方面发挥了积极作用。

村集体主导最初动力来自政府行政命令或小农户的要求。山西省寿阳县采取“县级部署督导、乡镇组织协调、村组调度实施、服务主体规范作业”四级联动方式，整村推进生产托管试点工作。江苏省仪征市在农民要求下，由村两委干部牵头，整合外出务工农户的土地，统一接受生产托管，解决了“谁来种地”的难题。

在组织小农户开展生产托管过程中，村两委带头人及其组织管理发挥了重要作用。由于生产托管工作，村干部与农户所获得利益没有联系，经营托管责任重、风险大，加之村务头绪繁杂，专职人员不足，致使村干部从事这项工作的内生动力不足。如果农户收入与干部不挂钩，干部只是完成上级布置的任务。受限于村干部素质和经营管理能力限制，后续产业融合发展的增值能力有限。一些村干部对于村集体和集体经济组织的认识不到位，政经不分开也会导致生产托管效果不理想。因此，充分调动村两委干部工作积极性是这一组织方式发挥作用的关键。江苏省淮安区为激发村干部投身集体经济发展和改革，试点村在年终核算并按规定提取折旧和各项集体积累后，对按股分配给村集体的红利以及实行其他经营模式的试点村集体经济纯收入，村集体可按规定提取当年增量的20%用于村“两委”班子成员的绩效报酬。当村集体经济收入达到100万元以上，书记每月奖励600元，其他干部奖励200~400元。

在生产托管试点阶段，村集体组织农户统一开展生产托管，发挥了显著的示范带动作用。村集体组织农户开展集体行动具有天然的优势，能有效降低外来的服务主体对接农户的交易成本，提高农户组织化和生产托管工作效率。这其中，村集体担任了服务组织者角色，但长期来看，不能一直依靠村干部的“情怀”来推动工作。需要切实转变政府职能，深化行政体制改革，推进政经分开、政社分开，由专门的集体经济组织来做。开展生产托管的组织管理工作，需要具有一定管理能力和较高威信、有为农服务情怀的带头人，加强村干部、带头人的培养，并在资金、人才等方面进行扶持和建立相应的激励机制。

2. 合作社主导型

合作社主导型是指由农民专业合作社、集体股份经济合作社承担服务主体职责，为社员或其他农户提供生产托管服务。实践中，有联耕联种、代耕代种、土地托管等表现形式（如图 1-5 所示）。

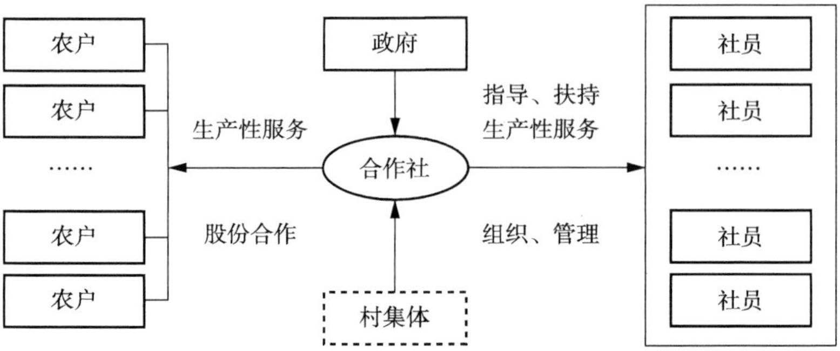

图 1-5 合作社主导型农户组织化方式

合作社作为生产经营性组织，服务社员和推动合作社发展是其发展的根本动力所在。表现形式主要有两类：一是专业合作社主导型。农户自发组织起来或者在能人带动下，以土地、农机入股，成立土地股份合作社或服务合作社，在为社员服务基础上，对外开展生产托管经营服务。山西省寿阳县南燕竹镇金穗种植合作社，由村两委领办合作社，农户以承包地入股，合作社经营了村里 80%的土地。江苏省淮安市结合农村综合改革，在季桥镇南湾村、苏嘴镇沙吉村、南闸镇泾河村、车桥镇丰年村、博里镇马桥村、朱桥镇石塘村等 6 个试点村，推进“村集体+合作社+农户”的组织方式。由村两委牵头成立社会化服务中心（农机专业合作社），对土地股份合作社流转入股的土地实行全托管，从产前的种子采购、产中的粮食生产经营、产后的烘干储存销售等都由村集体统一经营管理，合作社收益由合作社、村集体、村民按比例分红。二是集体股份经济合作社主导型。由村集体组织成立集体股份经济合作社，组建专业服务队伍，选聘专业管理人员负责生产托管业务经营工作。黑龙江省双太村 2019 年成立农村集体经济股份合作社，采取村民小组“整小组推进”的方式，吸引了全村 81%的农户参与全程托管，规模生产经营降低了农资采购成本、提高了粮食产量和村集体经济组织收入。

合作社主导型推动了小农户组织化与农业生产要素整合有机结合，具有显著的经济效益与社会效益。合作社经营效益与农户联系比较紧密，社员通过参与合作社经营，提高了收入。开展生产托管服务的村集体有了经济收入，实力不断增强，也进一步促进了农村产业发展和村庄的治理，实现了村产融合发展。但村集体牵头合作社并开展托管服务，非纯粹的市场主体，而且依靠政府财政扶持发展的村集体服务主体，也会对市场正常发育产生干扰。

提高社员参与度和提高合作社经营收益是推进生产托管发展的关键。合作社应该代表社员利益和满足社员需求，社员参与度及利益联结机制是合作社建立的意义所在。但调研显示，很多合作社是大户（企业）领办，企业化经营，社员参与程度并不高，这样的合作社与农户的利益不对等，在缺乏监督运营机制情况下，规范性水平不高，带动农户效果不如预期。为此，需要政府强化制度设计，规范合作社发展。黑龙江省兰西县出台的生产托管细则规定，项目扶持的集体经济合作社开展生产托管服务，所获取盈利的70%要用于村民分红。

与产业化龙头企业相比，合作社的人才、资金等条件匮乏，农机装备不够先进，产业链条延伸和对接市场能力不足，导致合作社生产的经营管理效率不高。需要政府以项目形式加强对合作社人才、资金等方面的扶持，引导合作社发展壮大，繁荣社会化服务市场，激活市场竞争活力。

典型案例

金穗种植合作社

山西省寿阳县南燕竹镇南燕竹村，有648户、1570人，耕地5100亩，以粮食种植为主。2008年由村两委领办合作社，村委成员威信高、能力强，在协调处理各种矛盾中发挥了重要作用。合作社与农民直接签订生产托管协议，村委会负责监督。合作社采取民主集中制度，选出18名成员代表、1名监事长，参与合作社的民主监督、决策和管理。财务管理制度健全，配有专职会计，为财务核算、红利分配、经济发展提供支撑。

合作社以土地流转、全程托管、半托管三种方式经营了村里80%的土地，还经营化肥、农药、农膜等农资销售，建有超市、蔬菜采摘大棚各一处。合作社联合农村商业银行，开展“丰收贷”“农资贷”“农机贷”等贷款业务，为农户购买农资提供授信服务，同比降低利息40%左右，在助农创业、融资中起到积极的作用。生产托管政策推动下，更多的农机大户、营销大户要求入社。目前，社员已增加到217户，带地入社3000余亩，拥有农机具60余台（套），服务周边近万亩土地。

典型案例

淮安季桥镇南湾村

江苏省淮安市淮安区南湾土地股份合作社是一家由村集体领办、集体经营并吸纳农户以土地经营权折价入股的农民合作社。合作社所有社员以户为单位自愿入股，现有社员374户，入股土地1501.3亩，土地折股1501股，农户土地股份采取“保底+分红”的办法；财政扶持资金200万元，量化为集体股份，折股为2500股；龙头企业入股90万元，折股为1125股；总股份为5126股。合作社由7名村干部组成经营管理团队，具体经营南湾土地股份合作社，实行自主经营，独立核算，在提取适当集体积累后按股分红。具体做法：建立了村党总支统一领导下的“土地股份制合作社、耕作专业合作社、劳务合作社”的综合运营模式。粮食烘干项目在省级财政扶持下，吸引龙头企业入股，组建土地股份合作社。以南湾村为主体，组建农机耕作服务专业合作社，通过机耕、机插、机植保、机收、烘干和仓储一条龙服务，在服务社员基础上向周边村和全镇辐射，服务面积达到5000亩。在规范种植方式的同时，合作社还加大粮食烘干中心、工厂化育秧等装备投入。依托本村建筑产业优势，组建南湾村劳务合作社，吸纳低收入农户和特殊群体就业。通过集体领办土地股份合作社、农机服务合作社、劳务合作社等项目，村集体增收达到30万元以上。

典型案例

双太村农村经济股份合作社

黑龙江省兰西县远大镇双太村，是国家级深度贫困村。全村有963户2665口人，耕地29856.58亩，以玉米、大豆种植为主。土地资源匮乏，土壤盐碱成分大，多年来，农户小型机械作业投入增加，土地板结，耕种难度大。2019年，由双太村两委牵头，吸引了小农机手以农机具、农户以土地入股，成立股份经济合作社，由村委会组织本村各类农机小分队开展服务。

合作社采取村民小组“整小组推进”的方式，吸引了318户，占全村

81%的农户参与全程托管，土地面积达到10380亩。合作社现有大豆收割机约翰迪尔2台套，东方红2004大马力1台，654拖拉机1台。生产托管后，种植成本节约50元/亩。其中，统一购买农资，节约成本20元/亩；托管土地集中连片管理，降低了整地、播种、田间管理、喷洒除草剂、叶面肥以及杀虫剂等成本，降低成本30元/亩。由于种子选择合适、技术指导到位、田间管理到位，托管经营的土地苗齐苗壮，长势良好，大豆亩均产量达到175公斤以上，亩均增收100元。

3. 企业主导型

企业主导型是指龙头企业、农业园区、专业服务队伍等社会化服务主体，以获取稳定粮源、超额利润、构建产业链等为目的，开展农业生产托管服务。实践中，主要为订单农业托管、土地托管等形式。

企业主导型农户组织化，企业以经济效益为核心，通常会采取节约成本和提高生产效率两种方式，来实现效益最大化。节约成本方面，企业通常会依靠村集体、合作社、农村能人、农机手等本地人协助，推动小农户进行集体行动，降低公关成本和生产成本。提高生产效率方面，企业通常会采取托管服务、带实物、带技术等方式，提高生产作业效率和农作物产量。中化公司通过与山西省平遥市和之瑞种植专业合作社联合社合作，由联合社成员将中化公司提供的一整套技术服务方案和农资输送给农民。黑龙江省超越现代玉米农民种植合作社构建的“合作社+服务经理+村级技术员”，成为拓展托管市场的有效组织方式。山西嘉禾公司采取“整村推进”方式，依靠村集体帮助整治田间路、指认地块、收取托管费等（如图1-6所示）。

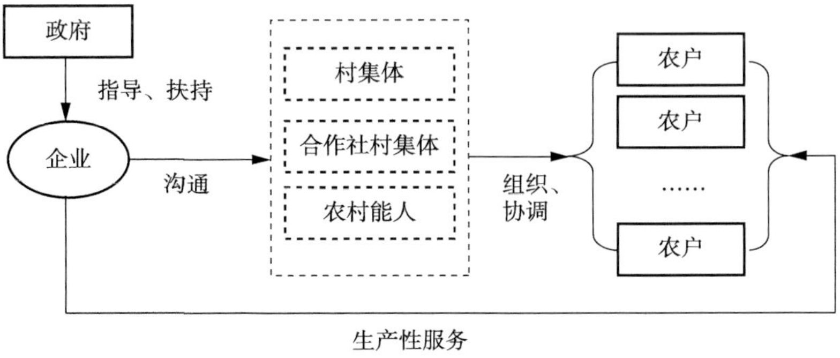

图1-6　企业主导型农户组织化方式

降低企业与小农户对接的公关成本是促进生产托管发展的关键。当前，企业类纯经营性、专业化的服务主体是推进人力、资金、科技、信息等现代资源进入乡村的重要载体，是推动现代农业发展最活跃的力量。企业距离市场端近，但与农户融合程度不高，对接小农户的公关成本高。需要政府发挥信息沟通、中介等作用，帮助企业搭建进村入户的平台，降低其公关成本。生产托管过程中企业与小农户地位的不对等，容易出现侵蚀农户利益和土地非农化的风险。比如，黑龙江省部分农户所签订的托管合同条款规定由农户来完成农作物测产，但实际上以农户现有实力很难完成，一旦生产出现减产情况举证困难，合同条款浮于表面，农户权利难以保障，因此，需要政府相关部门帮助农户审查合同和对企业托管行为进行监管。

典型案例

寿阳县嘉禾农业科技有限公司

寿阳县嘉禾农业科技有限公司（以下简称嘉禾公司）成立于2015年，注册资金为1000万元，是一家经营蔬菜、水果、中药材种植、林木育种育苗、造林更新等业务的农业科技企业。拥有意大利马斯奇奥7~9行精密播种机4台，意大利马斯奇奥深松犁5台，美国凯斯4088型籽粒收获机2台。在中国“一带一路”倡议推动下，嘉禾公司与墨西哥艾特尔农业技术咨询公司建立战略合作关系，共同建设“中墨功能农业合作交流示范园”。如何在短期内集中一定规模、集中连片的生产用地，是他们面临的一大难题。2017年，公司以流转土地方式，以1200元/亩高价艰难流转了近5000亩土地，运营压力陡然倍增。2018年，公司转变了思路，积极开展了生产托管服务，使其在很短的时间内，经营土地扩大到1万亩，打破田垄、联耕联种，推进了墨西哥玉米高产集成技术在山西的快速落地。公司采取了“整村推进”方式，由村集体负责跟农民签订合同，然后对接公司进行全托管。目前，公司与4个乡镇7个村对接，以50亩为一个作业单元，破除田垄连片服务，托管土地面积达到1万亩。现已实现7500亩无地膜覆盖种植、测土施肥、无倒伏、高密植，平均亩产1092公斤，创造了山西旱作玉米最高产纪录。

典型案例

超越现代玉米种植合作社

该合作社成立于2013年2月，注册资金为1000万元，现吸纳社员387户，流转土地达到3.3万亩。合作社占地3万平方米，拥有储藏钢板粮仓一间，储存玉米能力达20000吨，机具库为7000平方米，各类农机具设备齐全，总价值达到4000万元。合作社2014年开始以“家庭农场+社会化服务”模式，采取免耕方式，开展玉米专业化种植和搭建社会化服务平台。2014年，代耕代种1000亩，由于免耕技术不成熟，土地太硬，苗势长得不好，产量不高，托管效果不是很好。2015年，合作社在国家玉米产业体系专家支持下，采取抗旱种植技术，提高玉米产出效率，并推动生产托管服务规模迅速扩大。2016年托管服务面积为1000亩，2017年为15万亩，2018年为16.4万亩，2019年达到42万亩。

合作社对托管的土地实行网格化组团式管理，每一个乡（镇）区域合作社派一名服务经理，每一个行政村（或者屯）聘请一名农机手作为技术员，负责客源、对接农户、开展服务。目前，合作社已经招聘了840名农机手，年龄在30岁左右，每年还派一定数量农机手去大专院校学习。农机手（保底+绩效）年收入可达到10万元左右。公司根据农机手前一年学习情况进行打分考评。这些农机手懂得种植技术，年纪小，有可能成为未来的农场主。受托农户家庭承包经营权不变，一户一算账，不搞集中连片，这样，不仅农户愿意接受服务，还解决了百姓信任问题。

（三）利用现代信息化技术搭建综合服务平台

基于现代化信息技术，服务主体或主体之外的第三方公司搭建社会化服务平台，实现其与农户在网络空间上的对接。

服务平台解决了信息不对称问题。目前，生产托管多为民间行为，托管关系基本上建立在双方个人威信、声誉的基础上，从而造成匹配合作关系的数量有限，服务半径有限，服务需求和服务供给存在信息不对称。通过搭建综合服务平台，生产托管服务的资源、客源、信息、金融等生产要素在平台上得到共享。平台发挥了整合资源作用，建立种植管理、服务标准，线上和线下结合，打破了生产托管服务地域空间限制，进一步拓展了服务范围和提高了服务效率。

信息技术的应用提高了服务效率。大数据、人工智能、物联网等新一代数字技术和共享经济理念，越来越广泛应用在农业生产托管领域。各类主体通过硬软件产品开发和应用，使生产托管实现了可视化、实时化和全过程记录。比如，农机具装上 GPS，机手完成作业后台就知道作业面积及质量，开发 App 软件进行托管农户合同管理，节省了人工，提高了作业效率。再如，山西省平遥县的和之瑞种植专业合作社联合社设立“托管通 App”，农户可以通过 App 查询农业的相关信息，包括农产品价格信息、农业政策信息等，满足了农户对信息服务的需求。

服务平台经济推进构建了新的商业模式，对盘活闲置土地资源、推进土地规模化发挥了积极作用。利用互联网技术搭建的线上线下结合的综合服务平台，使生产托管原来形成的“服务主体+服务主体”“服务主体+农户”“农户+农户”的直接交易关系，变成了“服务主体+平台+服务主体”“服务主体+平台+农户”“农户+平台+农户”的间接交易关系，在服务主体与农户不直接见面情况下，也可以完成托管服务工作。服务平台推动了新型雇佣关系的变革，为那些拥有农机具、农资、经营管理能力的人员，提供了一个创新创业的机会。服务平台主要面向农业服务主体，小农户对信息化工具的使用习惯和能力限制，还需要经纪人作为中介进行线下推广。服务公司需要很强的信息资源获取能力和服务市场开发能力，要提高线上线下用户活跃度。

典型案例

神州农业全程社会化服务平台

神州数码信息服务股份有限公司（以下简称神州信息）隶属神州数码控股有限公司。2014 年，神州信息开始从城市跨界到乡村，展开“互联网+农业”的布局，打造智慧农村。2017 年，神州农业全程社会化服务平台（以下简称神州农服）上线，面向新型农业经营主体，提供农资、农技、农机、金融、电商、信息等贯穿产前、产中、产后的各项服务（如图 1-7 所示）。

（1）以互联网平台整合资源，打造线上服务平台。神州农服由“一网一库三大服务”构成，其中，“一网”即智慧农业云平台，“一库”是神州信息组建的三农数据库，“三大服务”囊括了农村管理服务、农业生产服务和农业交易服务。平台通过与全国专业的涉农服务商合作，整合大量优质服务加入平台，能够为经营主体提供标准化的种植方案，降低生产经营成本，获得精准化的生产决策指导。通过挖掘海量农业经营主体的需求信息，神州农服实现了经营主体与服务商信息及需求的精准匹配，解决了信息不对称和资源配置效率低的问题。目前，产品及服务已经覆盖全国 31 个省市自治区、2000 多个县、45 万个村组。

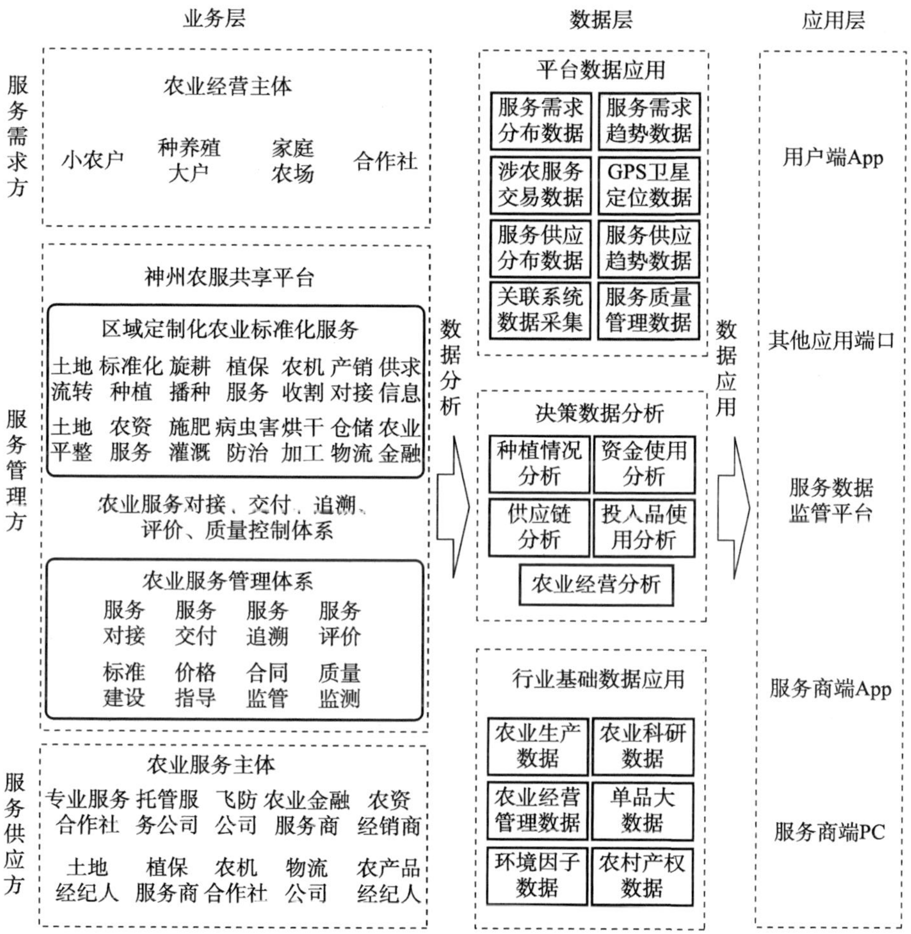

图 1-7　神州农服平台

（2）依托县域农村产权交易中心，建设线下运营中心。神州农服线下运营模式是“平台+县域运营中心+经纪人”。神州农服通过政企合作模式，获得县域农村产权交易的独家运营权，这也是公司县域运营中心的线下实地机构。神州农服为中心提供建设方案、软件系统工具、网络技术、业务培训、宣传推广服务、招商推介服务、农业金融服务、农业社会化服务等方面的支持，建立实用性、标准化、规范化业务流程，培养运营团队，搭建经纪人体系。农村经纪人是以收取佣金为目的，对涉农商品及项目开展中介服务和促成交易，如农村经纪人提供土地流转信息并完成土地流转。

(3) 神州农服平台应用——河北省玉田县集强农民专业合作社。合作社成立于2008年，是一家集粮食、果蔬种植、良种繁育、农机服务、电子商务等多元化经营于一体的农民专业合作组织、唐山国家农业科技园区。目前，全社有社员1980户、员工55人，经营土地1.5万亩。

集强合作社整合区域性的各项农业服务资源，购置大中型农业机械128台（套)，组建了农机作业队、植保专业化服务队两个专业服务队，拥有土壤深松、精量播种、配方施肥、病虫害综合防治以及机械化收割等技术。为全面推行标准化生产，提高农产品质量和市场竞争力，从传统农业向“互联网+”转型，2015年与神州农服合作，探索农业托管信息化服务。

借助神州农业全程社会化服务平台，合作社通过“线上提供产品，线下提供服务”，实现了农业生产全程智能化管理和信息化服务。社员和农户线上采购农资、找农机服务、植保服务、向专家咨询病虫害等防治知识和实现土地流转。目前，借助平台，合作社社员增加到近万人，有6万亩完成流转土地。通过农服平台实现了农业生产集约化经营，平均每亩种子、化肥、农药、农膜等生产资料成本降低50~150元，农机服务费成本降低20~30元，标准化生产产量增加15%~20%，订单种植产值增加150~400元；小麦平均亩增产30~50千克，玉米平均亩增产50~80千克，每亩增收250元以上。

典型案例

中化集团现代农业技术服务平台

中国中化集团有限公司（以下简称中化集团）MAP（Modern Agriculture Platform）即现代农业技术服务平台，以推动“土地适度规模化”和“利用现代农业科技把地种好”为突破口，以集成现代农业种植技术和智慧农业为手段，以农产品品质和种植效率提升为核心，提供线上线下相结合、涵盖农业生产全过程的现代农业综合解决方案，通过全方位提高农业种植水平，最终实现农业产业链综合价值提升和种植者效益提高的目的。

中化农业 MAP 战略线下的具体实施途径为“MAP 技术服务中心”+“MAP 示范农场/示范园”。“MAP 技术服务中心”为种植者提供品种规划、测土配肥、植保、农机、检测、培训、智慧农业服务和粮食烘干仓储及销售、农业金融服务和农用柴油供应等“7+3”服务，实现多要素的服务和有机融合，后台是“国家—省级—县级”三级应用技术体系的支持，可因地制宜、因作物制宜，为种植者提供综合解决方案，实现效率和效益的最优化。“MAP 示范农场/示范园”既是一块试验田，也是一个示范窗口，集成最先进的现代农业技术，向广大农户展示。MAP 示范农场/示范园实现了“做给农民看、带着农民干”，并带动更多普通农户加入现代农业适度规模化经营中。

二、不同组织方式下农业生产托管的运行机制分析

利益分配机制是各个主体的利益分配关系，利益联结机制必须通过分配关系来实现，这是利益联结机制的核心部分。经营主体与农户之间形成了多元化的利益分配方式，如保护价格收购、二次返利、预付定金、赊购赊销、股份合作等。不管在哪种利益分配机制下，都要树立农户的市场经济地位，优先考虑保护农民利益，同时兼顾利益共同体中其他主体的利益关系。

（一）服务主体与小农户的利益联结机制分析

生产托管双方作为经济独立核算的个体，交易行为成立的核心是利益。不同组织方式下，农户与生产托管主体之间的利益联结机制存在差异。调研显示，托管主体与农户之间利益联结机制主要有一般市场型、股份合作型两种模式。

1. 一般市场型利益联结机制

服务主体与农户之间针对被托管土地签订服务合同。全程托管模式下，双方约定农户获得保底产量、保底收入，待农产品收货时农户按照合同向企业提供相应数量及质量的农产品，并进行交易结算，双方利益联结相对紧密。部分环节托管一般只承诺本环节作业质量，无产量、收益约束，双方利益联结相对松散。

一般市场型利益联结机制委托服务关系比较简单。服务主体与农户之间签订单纯服务购买合同，明确权责，服务和结算完成后合同终止。合同促进

了农户与企业之间信任，能很好地约束企业与农户权利和义务；避免了农村熟人社会，农户不得不雇用小农机手作业，造成作业质量不稳定、作业半径不够等问题。这种联结机制适用于农户土地依赖程度高，家里缺少劳动力，为防治田地荒芜和获得稳定粮食生产收益，需要购买全程托管和部分环节托管农户。

不同组织方式下，一般市场型利益联结具有一定差异：

第一，村集体主导型，农户直接向服务主体支付托管费，托管主体直接服务农户，集体从中发挥桥梁纽带作用。山西省寿阳县胜利村和大南河村，采取“整村推进”或“村集体+合作社+农户”方式，提升了农民组织化程度和市场经济主体谈判地位，利于实现分散小农户与农业社会化服务大市场顺利对接。

第二，企业主导型，农户向托管主体支付托管费，获得粮食产量保底收入；企业为农户提供菜单式的全程托管和部分环节托管服务。企业收入来源多元化，经营科技、农资、农机等生产要素，以服务带物资方式获得团购低成本，同时，部分企业具有产后销售加工经营能力，增值收益也很显著。比如，山西省嘉禾公司对农户提供玉米生产全过程托管服务。托管内容包括从整地、播种、植保、收获、仓储销售一条龙服务。公司在园区建立了“收、烘、储、运”四位一体的万吨粮食仓储物流中心，对内与农民建立“粮食银行”机制，免费为托管农户进行粮食安全储存，解决农民收储和卖粮难题；对外与各大中型加工企业形成“订单模式”，形成稳定的外销渠道。与农户签订了期限为 3 年的托管服务合同，收费方案有三种选择。一是收取 600 元/亩服务费，次年交农户 900 公斤/亩粮食。二是给农户 900 元/亩收入，公司负责从种到收及粮食的销售。三是收取 600 元/亩服务费，保证增产 100 公斤/亩，农户自己销售粮食。整个过程中，农民不花钱，公司垫付所有费用，秋收后结清或将玉米折价。其中，第三种是公司主推的方案，农民自由度更大。目前，选择三种方案的农户比例分别是 15%、80%、5%。

第三，合作社主导型，通常合作社为社员之外的农户开展服务，签订服务买卖合同。农户向托管主体支付托管费，获得了粮食产量保底收入；合作社为农户提供菜单式的全程托管和部分环节托管服务。合作社以服务带物资方式获得团购低成本，产后销售加工增值收益不是很显著。比如，瑞丰玉米种植合作社玉米全程托管服务，包括代购种子、化肥、农药、播种、喷洒除草剂、收割及运输等服务，服务收费标准 340 元/亩。如果农户需要喷洒叶面肥、杀虫剂、防病药等其他服务的，按市场价格另行缴费。合作社保证粮食产量不低于当地当年相同地块、相同品种产量。关键环节托管服务过程中，农户提供种子、化肥等基本农用物资，合作社提供专业机械和技术人员进行机械作业和植保服务。农户选择此项服务的，合作社仅负责播种，播种结束时合同双方履行完成，合作社不承担任何责任。山西寿阳金穗种植合作社，建立以农户利益为核心的保底收入。其中，开展全程托管按750~1000公斤/亩粮食、次年1月15日市场挂牌价，扣除生产费用（生产资料、机械作业、管理合计600元）以现金方式返还给农户；部分环节托管，农户负责种子、化肥、农药等全部农资投入，合作社负责某个时段的作业项目，按100元/亩收取服务费。

三种组织方式下，小农户通常通过村集体、本地农机手、经济人等实现与市场主体对接，农户的收益较为单一，只获得了与被托管土地面积相应或略高的粮食销售收入，均没有建立促进小农户持续增收机制。除村集体主导方式外，另外两种方式，小农户在服务市场上仍处于劣势。一般市场型利益联结机制下，合同是服务双方利益关系的凭证，因此，合同约束条款内容对农户十分关键。目前，很多农户年龄偏大，文化程度不高，对于合同条款认知不深，法律意识淡薄。加之小农户与企业的市场谈判地位不平等的问题，使他们并不能很好地利用合同条款来维护自己合法权益。现代农业发展除了要解决“谁来种地”“怎么种好地”，还要解决农民持续增收问题。因此，还需要探索小农户与服务主体之间建立紧密的利益联结和持续增收机制，在实现适度规模经营基础上促进农民增收。同时，针对农户弱势一方，需要专业人士或政府相关部门加强合同监管（见表1-3）。

表1-3 一般市场型利益联结机制

组织方式	典型案例	服务主体方式	收益分配
村集体主导型	嘉禾公司托管的山西省寿阳县胜利村和大南河村	农户+村集体+其他服务主体	农户支付托管费，托管主体直接服务农户，村集体无受益
合作社主导型	黑龙江瑞丰玉米种植合作社	农户+经纪人（农机手）+托管主体	农户支付托管费，粮食保底产量不低于当地平均产量，合作社组织农机手开展作业，获得农资销售和托管服务收益
	山西寿阳金穗种植合作社	农户+村集体+供销社+合作社	农户支付托管费，粮食保底产量不低于当地平均产量，合作社组织农机手开展作业，获得农资销售和托管服务收益

续表

组织方式	典型案例	服务主体方式	收益分配
企业主导型	山西省嘉禾公司	农户+村集体+企业	农户支付托管费，企业开展服务，获得稳定粮源和粮食销售增值收益，村集体牵线搭桥
	超越现代玉米农民种植合作社	农户+服务经理+技术员（农机手）+企业	农户支付服务费，服务经理组织管理农机手作业，企业建立粮食银行，获得稳定粮源和粮食销售增值收益
	宝清美莱	农户+村级合作社+企业	农户支付服务费，获得粮食保底产量，企业组织村级合作社开展作业，企业获得稳定粮源和粮食销售增值收益

2. 股份合作型利益联结机制

服务主体与农户之间针对被托管土地，签订股份合作合同，有“按股分红”“保底产量+按股份分红”的利益分配机制。农户被“内化”为服务主体的有机组成部分，成为服务主体的资产所有者，农户对产业化过程中形成的经济利益有分割权。

在股份合作型利益联结机制中，农户与经营主体联系的主要纽带是产权关系，农户的资源成为企业经营资本，企业和农户的利益联结比较紧密。托管服务主体着眼于制订长远发展规划和综合利用方案，将农户资源与服务资源进行统筹安排和综合利用。不同组织方式下，村集体主导型、合作社主导型和企业主导型，在开展股份合作制的利益分配机制下，差异界限不明显。调研显示，开展股份合作制主要是由村集体牵头组建村集体经济合作社开展托管服务。村集体以农户土地作为生产资源开展多元经营，获得增值收益，农户获得产量保底收益和二次分红收益。

例如，山西省寿阳县金穗种植合作社，合作社股份有土地股和现金股两种形式。农户以承包地入股，土地按 200 元/亩折价，成为合作社社员。如农户不愿意出资，可参与合作社的其他实体经营。合作社建有生产托管农机服务队伍，还经营化肥、农药、农膜等农资销售，建有超市、蔬菜采摘大棚等。合作社经营收益除生产托管服务费外，还有规模化经营的节本增效部分以及粮食收储、加工、农资销售、旅游等衍生服务收入。土地等作为农户的生产资料，除作物种植收益外，还发挥了为其带来增值收益的潜在价值。2018 年，合作社留足发展基金后，39 万元用于社员分红。

例如，山西省寿阳县宁固镇左家堡村开展土地入股托管试点，全村 3000

余亩土地，由村集体经济合作社组织，以土地入股的形式集中交由和之瑞专业合作社联合社连片种植、统一管理、保底分红。目前，已完成70%农户、近2000亩土地入股登记工作。合作社提供了菜单式“全托”与“半托”服务，且以高于市场价1~6分/公斤的价格收粮，使每户平均增收230.6元。联合社还建立了“粮食托管中心”，为农民免费储粮、销粮，储粮户可以根据粮食市场行情来决定粮食出售时间。粮食托管中心与当地多个村的粮店联合成立联合商店，储粮户未卖粮就可以到联合商店提前消费。粮食托管中心从联合商店获得3%~5%提成来补贴储粮费用，为逐步净化农村消费市场发挥了一定作用。

股份合作型利益联结机制为农户建立以土地股份分红、务工等渠道的增收机制，更能调动农户积极性。股份合作型利益联结机制适用于依赖土地程度低，非农就业转移率高，自愿入股合作经营的农民。这一机制对托管服务主体的责任心、经营能力等要求比较高。与千家万户小农户打交道的公关成本高，加之农户契约意识不强，经营风险和压力比较大。因此，需要村集体组织沟通，政府相关部门的引导和支持。从有利于小农户角度出发，长远来看，还应该鼓励服务主体与农户建立股份型利益联结机制（见表1-4）。

表1-4　股份合作型利益联结机制

	典型案例	服务主体方式	收益分配
集体经济合作社主导型	黑龙江省双太村农村经济股份合作社	农户+村集体+合作社	农户获得种粮收入，土地股份分红收入
	山西省寿阳县宁固镇左家堡村	农户+乡村服务点+合作社	农户支付托管费，村集体统一组织农户，由合作社组织乡村服务点开展作业，合作社建立粮食托管中心，高于市场价收粮
	山西省寿阳县金穗种植合作社	农户+村集体+供销社+合作社	粮食产量不得低于当地平均产量，合作社经营利润按股分红

（二）生产托管的风险防范机制分析

1. 生产托管面临的风险分析

生产托管涉及小农户、服务主体和政府三方，由于各自对于风险的认知、风险内容的了解以及抗风险能力的强弱有所差异，需要对于共同风险进行防范。以下分析风险因素和所涉及的相关利益主体。

（1）契约风险。农业生产托管是在不改变土地所有权和承包权的情况下，农民将土地的部分或全部生产经营环节委托给具有规模化生产能力的主体，从而实现土地的“合作”耕种（常伟和王丽霞，2018）。由于企业与农户之间签订的合同约束力不够，可能存在契约规范性风险和违约风险。

第一，契约规范性风险。托管服务主体与农户签订的契约条款规范性不足。比如，有的托管合同中规定，由农户来完成测产，而实际上，以农户现有能力很难完成科学测产。一旦生产出现减产，举证困难，造成合同条款浮于表面，难以保障农户充分享受权利。此外，部分环节的生产托管行为，农户向受托方支付一定服务费用，将生产过程的部分环节委托给受托方完成，这时土地的种植决策权、产品处置权和绝大部分田间管理权归农户。风险发生时，损失责任难以权衡和确定，农户将承担损失风险。

第二，违约风险。其中，小农户面临的风险点主要有：首先，违背农户意愿，以生产托管名义拿走农户土地或改变用途，农户担心找不回土地。其次，所托管土地粮食收益得不到保障。包括粮食质量、产量达不到合同规定的标准，粮食销售价格过低等。最后，服务主体单纯为了卖农资，而不是“真服务”。存在收取服务费不合理；服务主体经营不善，服务合同无法履行，服务费被骗；服务主体没有按照既定技术标准、环节、时限等开展有效服务，服务质量差；等等。

服务主体是企业化行为，以收益最大化为核心，其面临的风险主要有：第一，农户干扰正常生产服务活动、违规收回已托管土地并给服务主体造成损失。第二，对于全程托管而言，农户不按合同约定销售粮食。第三，服务组织没有足够资金支撑服务行为开展，不能按要求履行生产托管服务；农业基础设施不完善、生产托管服务无法达到；服务主体产销不平衡、产品成本过高、缺少目标客户，经营不善拖欠农户服务费；等等。

契约风险一旦发生，除给农户和服务主体造成损失外，也可能由此引起一些上访等社会问题。

（2）市场风险。市场风险主要涉及生产托管相关的产品（粮食）和服务两类要素，由于价格波动产生的风险。在生产托管中，服务主体与农户双方按照确定的粮食价格、服务价格水平和确定的交割时间签订买卖或服务合约之后，粮食价格、服务价格的任何变化，都有给参加交易的某一方造成一定的经济损失的可能性。

市场风险与农户、服务主体关系密切，但农业作为国民经济的基础产业，产品价格波动也对其他产业造成影响，政府也比较关注。

（3）自然风险。自然风险是指干旱、洪涝、冰雹、大风等自然灾害对生产造成不可逆转的损失。这一类风险不以人们意志为转移而客观存在，但势必对生产托管行为产生影响。自然风险的防范，需要农户、服务主体和政府一起努力，将灾害降到最低。

（4）制度风险。主要表现在政策风险和管理风险方面。政策风险是政策变动频繁，年度之间无法有效衔接；政策落实慢，以及上级政策落实不到位，没有推进劳动力短缺、土地撂荒等问题的解决，财政资金没有发挥试验、示范、引导作用，造成资金浪费的风险。管理风险是对生产托管没有规范化管理，公平、公开、公正性不够，干扰市场价格形成机制，等等。制度风险对于服务主体的托管行为有一定影响，政府部门需要关注。

（5）粮食安全风险。服务主体以生产托管名义，意在跑马圈地，违规改变或变相改变农地用途，土地非农化，直接威胁国家粮食安全。粮食生产存在不确定性，如产量降低、质量不合格、价格失控等；服务主体因经营利益过度使用农药化肥，甚至使用未获批环境释放的转基因种子，威胁粮食质量安全。政府以社会发展和人民群众的共同利益为出发点，肩负着确保粮食安全的重要职责。

2. 生产托管风险的防范措施

不同主体防范措施不同，政府选择加强管理，农户和服务主体选择金融或保险手段。

（1）管理措施。这主要是由行业政府部门对于生产托管行为面临的制度、市场、契约、粮食安全风险等，制定风险防范管理措施。

①制度监管。县、乡镇、村各级政府部门出台的规章制度，从政策层面对市场上生产托管服务行为进行规范。各级政府部门成立生产托管的管理机构，组织专职人员，落实生产托管政策，监管生产托管执行全过程及效果。

②市场风险监管措施。政府部门对于生产托管服务市场价格进行指导，对服务主体从农户收取服务费的安全性进行监管。

③契约监管措施。政府部门依法对服务主体与农户之间签订的服务合同进行规范，如提供格式合同样本，明确服务范围、收费标准、服务价格、质量标准等内容，为后续监管提供依据。

④粮食安全风险措施。对于服务主体的生产行为进行监管、防范、加强，建立粮食质量控制机制。

（2）金融措施。主要是在服务主体和农户协商基础上，在市场机制基础上，采取融资、保险、粮食银行等金融措施，建立风险防范措施和风险分担机制。

①融资服务。服务主体与农户协商开展托管费贷款、抵押贷款、赊购等融资服务，防范契约风险、市场风险。其中，托管服务费贷款，由服务主体自己、服务主体联合银行，为农户购买农资、支付服务费等开销提供低息贷款。抵押贷款是农户将农机、粮食等作为抵押物进行贷款，解决资金短缺、无法支付服务费的难题。

②保险措施。农户采取购买政策性农业保险、商业保险等措施，防范市场风险和自然风险。服务主体通过引导农户购买保险，以防范契约风险、市场风险和自然风险。其中，政策性农业保险是政府通过保费补贴等政策扶持，对种植业、养殖业因遭受自然灾害和意外事故造成的经济损失提供的直接物化成本保险。农业生产政策性保险不具有营利性，对我国农业的发展起到促进和保护的作用，灾害一旦发生，可保住农业生产成本。商业性农业保险，是由商业性保险公司承担，是以营利为目的，完全由投保人自己承担费用。

③粮食银行。把价格保险作为重要抓手，综合运用期货、期权、价格保险等市场化工具，采取市场化运作方式，吸收农民手中余粮“储蓄”，“储户”可凭“存折”随时提取、购粮、折现的粮食经营业态。粮食银行主要有三个特点：一是存取自由。粮食银行存取时间通常为一年，其间粮权不变，可以随时提取存粮或兑现。二是保值增值。农民存粮后可以直接提取现金，也可以根据市场价格变化随时进行结算。三是与便民连锁店联网，兑换方便。农民凭“存折”可到粮食系统开设的“粮油超市”兑换不同品种的粮油或其他商品。

表 1-5 农业生产托管相关主体面临的风险识别

风险类型	风险内容	相关主体	防范措施
契约风险	违背意愿、改变用途；农户干扰、违规收回土地；粮食收益得不到保障；服务费被骗、服务质量不达标；服务规模不经济、拖欠服务费	农户、服务主体、政府	管理措施、金融措施
市场风险	产品（粮食）和服务两类要素，由于价格波动产生的风险	农户、服务主体、政府	管理措施、金融措施
自然风险	旱灾、洪涝灾害、冰雹灾害、风灾、虫灾等	农户、服务主体、政府	管理措施、金融措施
制度风险	政策变动、时滞风险、执行风险和管理风险	服务主体、政府	管理措施
粮食安全风险	土地非农化、没有推进土地适度规模；粮食生产不确定性；政策落实不到位、财政资金浪费	政府	管理措施

3. 不同组织方式下生产托管风险防范机制

由于农业生产不确定性因素较多，生产托管行为必然要面临着粮食的产量风险、价格风险、灾害风险及托管费收取交易风险等。理论上，生产托管风险由双方共同分担，但分担比例和防范机制需要交易双方商定。调研显示，生产托管服务主体普遍采取购买保险、提供资金融通等措施来防范粮食产量、价格波动和灾害风险，地方政府则是通过市场监管来防范市场风险。

（1）保险防范机制。为应对农业生产通常面临着合同以外的、企业或农户不可控制的市场风险和自然风险，需要生产托管双方建立风险防范措施和风险分担机制。其中，市场风险是指出现在生产投入过程中，由于种子质量、技术水平、农资质量等不合格造成的风险及粮食产量、市场价格下跌的产出风险；自然风险是指干旱、洪涝、冰雹、大风等自然灾害对生产造成不可逆转的损失。

调研显示，托管主体通常会采取以下一种或几种方式防范风险。一是购买政策性保险和商业保险。比如，超越合作社与太平洋保险公司合作，为托管农户承保 700 元/亩产值保险，农户自愿选择缴纳 25 元/亩保险费。保费可以选择直接缴纳现金或公司垫付两种方式。这种防范方式，使受托农户每亩地都有商业保险保产量、政策保险保成本，托管风险降低。企业有金融机构支持，经营的资金风险降低。二是给农户提供托管费贷款、购买农机抵押贷款、资金垫付等融资服务。宝清美莱公司建立了全程托管的代销服务机制。公司与中国建设银行合作，利用集约化经营的优势，将粮食作为担保物，建设银行为与公司合作的农户提供贷款，解决农户在生产过程中的贷款难题。三是建立粮食银行。超越合作社与中粮开展“粮食银行”项目合作，粮食收获后享受入库“绿色通道”，由托管农户根据市场行情自行选择结算时间。宝清美莱公司与中合粮油黑龙江有限公司合资成立“宝清中合粮油有限公司”，以粮食银行方式将托管农户的粮食全部统一收购，托管农户随行就市结算粮款，降低了市场风险，受到广大农户的普遍欢迎。

风险防范机制建立过程中，企业、合作社等生产托管主体风险意识更强，能懂得利用信贷、保险等金融手段，且注重采取与受托方共担风险方式。村集体、村社融合发展的托管服务形式中，托管主体社会责任更强，替农户承担了大部分风险，但其使用信贷、保险等手段控制风险能力弱。因此，需要加大对村集体、合作社等服务主体在信贷、保险等方面的扶持力度（见表1-6）。

表1-6　不同组织方式的风险分担机制比较

农户组织方式	典型案例	风险分担机制
企业主导型	嘉禾公司	政策性保险、赊购、粮食银行
	超越现代玉米农民种植合作社	政策性保险、商业保险、赊购、贷款、粮食银行
	宝清美莱现代农业服务有限公司	政策性保险、赊购、粮食银行
合作社主导型	金穗种植合作社	政策性保险、赊购
	双太村农村经济股份合作社	政策性保险、赊购

（2）市场监管机制。从宏观政策实施和组织管理角度看，生产托管还面临着市场机制以外，来自托管主体和受托方自身行为的风险。为确保托管双方利益和维持市场健康发展，政府部门通过识别生产托管过程中交易风险，从服务主体筛选、项目资金补助方式、资金监管、质量控制等方面进行风险防范。

浙江省干部到黑龙江省兰西县挂职主管农业副县长，带领当地经管干部开展生产托管政策设计，极大地推动了生产托管工作。黑龙江省兰西县的做法为：一是建立筛选和竞争机制。按照一定标准，筛选有条件、有能力的集体经济组织，开展农户组织化和生产托管，发挥示范带动作用；对其他社会化服务主体，采取公开招标的方式确定。二是"先服务、后补助"。大部分都是按照要求，服务之后进行补助，但对于补助对象和补助方法，各地还有区别。有的事先确定补助的服务主体，有的是建立服务主体名录，从中择优补助。三是服务费资金监管。目前，只有黑龙江省建立了财政人员担保机制、账户监管机制。如黑龙江省瑞丰玉米种植合作社，托管资金达到3000万元，服务主体在银行开立资金账户，县社会化服务办公室负责监管，农户以刷卡或移动支付的方式来缴纳服务费，账户资金采取授权支付的方式进行支付。四是质量控制机制。按照技术标准、环节、时限开展服务，并进行验收确认，搭建服务主体与技术单位、大的农资公司对接的平台，从技术、农资源头进行质量控制。

加强构建市场监管机制，净化生产托管的市场环境。山西省寿阳县针对服务主体的服务质量监督，制定了《项目资金管理办法》《资金补助规定》《服务主体名录管理制度》《服务规范手册》，并利用"双向选择"方式，对于不合格的服务主体进行淘汰。制度的出台，能有效防止生产托管过程中出现的一些风险。

三、本节小结

（一）服务主体联合的组织方式

生产托管服务主体在独立从事生产托管服务基础上，也在探寻节约成本、扩大服务规模的有效路径。主体之间的联合能有效提升服务供给能力，通常采取以下三种方式：第一，横向联合。为满足农户对农机、农资、技术等服务需求，专业化的生产托管服务主体之间联合开展农业生产托管服务，壮大服务实力，扩大服务规模。第二，纵向联合。生产托管服务主体牵头以“生产托管+研产（加）供销”的形式，将产前、产中、产后紧密衔接，推动农业经营组织化和产业化。第三，交叉联合。这是横向联合和纵向联合的升级版，兼顾生产托管的服务规模和效益。明确服务主体各自功能和定位是交叉联合网络系统有效运转的前提。

（二）带动小农户的组织方式

为了降低交易成本、提高服务效率，生产托管服务须在推动小农户组织化基础上实现土地规模化。当前，推动小农户组织化主要依靠三种力量：第一，村集体主导型。在村集体主导下，由村两委干部带动，将农户组织起来，统一接受社会化服务，村集体在其中发挥了组织农户的“桥梁”作用，不经营托管业务。第二，合作社主导型。由农民专业合作社、集体股份经济合作社承担服务主体职责，为社员或其他农户提供生产托管服务。第三，企业主导型。龙头企业、农业园区、专业服务队伍等社会化服务主体，以获取稳定粮源、超额利润、构建产业链等为目的，开展农业生产托管服务。

（三）利用现代信息化技术搭建综合服务平台

基于现代信息化技术搭建综合服务平台，生产托管资源、客源、信息、金融等生产要素在平台上得到共享，线上和线下结合，生产托管实现了组织化、可视化、实时化和全过程记录。通过搭建综合服务平台，打破了生产托管地域空间限制，解决了信息不对称问题。服务平台经济推进构建了新的商业模式，对盘活闲置土地资源、推进土地规模化发挥了积极作用。综合服务平台使得生产托管原来形成的直接交易关系，变成了间接交易关系，在服务主体与农户不直接见面情况下，也可以完成托管服务工作。服务平台推动了新型雇佣关系的变革，为那些拥有农机具、农资、经营管理能力的人员，提供了一个创新创业的机会。当前，服务平台主要面向农业服务主体，小农户对信息化工具的使用习惯和能力限制，还需要经纪人作为中介进行线下推广。

（四）服务主体与小农户的利益联结机制

第一，一般市场型。服务主体与农户之间针对被托管土地签订服务合同。合同是服务双方利益关系凭证。在村集体主导型、企业主导型、合作社主导型三种组织方式下，小农户通常借助村集体、本地农机手、经济人，实现与市场主体对接，农户只获得了与被托管土地面积相应或略高的粮食销售收入，没有建立促进小农户持续增收机制。第二，股份合作型。服务主体与农户之间针对被托管土地，签订股份合作合同，采取“保底产量+按股份分红”利益分配机制。企业和农户的利益联结比较紧密，托管服务主体着眼于制订长远发展规划和综合利用方案，利于将农户资源与服务资源进行统筹安排和综合利用。当前，大多是村集体经济合作社采取股份合作制利益联结机制。村集体以农户土地作为生产资源开展多元经营，获得增值收益，农户获得产量保底收益和二次分红收益。

（五）生产托管的风险防范机制分析

第一，保险防范机制。为应对农业生产通常面临的合同以外的、企业或农户不可控制的市场风险和自然风险，需要生产托管双方建立风险防范措施和风险分担机制。调研显示，服务主体通常采取购买政策性保险和商业保险，给农户提供托管费贷款、购买农机抵押贷款、资金垫付等融资服务和建立粮食银行。风险防范机制建立过程中，企业、合作社等社会化服务主体风险意识更强，能懂得利用信贷、保险等金融手段，且注重采取与受托方共担风险方式。村集体、村社融合托管形式中，托管服务主体社会责任更强，替农户承担了大部分风险，但使用信贷、保险等手段控制风险能力弱。第二，市场监管机制。为确保托管双方利益和维持市场健康发展，政府部门通过识别生产托管过程中交易风险，从服务主体筛选、项目资金补助方式、资金监管、质量控制等方面加强风险防范。黑龙江省兰西县通过建立项目筛选机制、先服务后补助机制、资金监管机制、质量控制机制等，防范生产托管风险，引导托管服务市场健康可持续发展。山西省寿阳县针对服务主体的服务质量监督，制定了《项目资金管理办法》《资金补助规定》《服务主体名录管理制度》《服务规范手册》，并利用“双向选择”方式，对于不合格的服务主体进行淘汰。制度的出台，有效防止了生产托管过程中出现的一些风险。

第三节　农业生产托管服务的小农户需求研究

本章将以问卷调查及实地访谈资料为基础，对农业社会化服务提供及农户的服务获得情况进行分析，发现当前农业社会化服务提供与农户需求之间的差距，并进一步分析其原因。

一、数据来源

（一）样本分布

本次问卷调查范围为山西、江苏、黑龙江三个省份从事农业生产的小农户，发放问卷共计 266 份，剔除部分信息不完整的问卷，回收有效问卷 243 份，问卷有效率达 91. 35%。本次调研样本均取自农业农村部在相关省份的农业生产托管服务试点项目区，样本对总体农户不具有普遍代表性，仅能反映试点地区的一些情况（见表 1-7）。

表 1-7　样本农户的分布

省	山西	江苏	黑龙江	合计
县	平遥、寿阳、文水	仪征	兰西、宝清、龙江	
问卷数量（份）	134	44	65	243

（二）样本户的基本情况

本次调查所获得样本户主的平均年龄为 54 岁，平均受教育年龄为 8 年，说明样本户主的文化水平在初中上下。样本农户的户均家庭人口为 4 人，劳动力为 2. 3 人；耕地面积在 30 亩以下的农户有 154 户，说明调研的农户以小农户为主；户均经营耕地面积为 54. 37 亩，户均玉米种植面积为 52. 25 亩，户均水稻种植面积为 17. 17 亩，户均小麦种植面积为 19. 78 亩；购买社会化服务的亩均支出为 253. 45 元，购买服务后亩均生产成本下降 10. 22%，粮食增产约7.89%，说明购买社会化服务后，农户降成本、增产量效果明显；家庭年均收入为58534.46元，其中，务农年均收入为24652.85元，务工年均收入为25934.77元，农户工资性收入略高于农业经营收入（见表1-8）。

表1-8 样本农户个人及家庭基本情况

户主的平均年龄（岁）	平均受教育年龄（年）	户均家庭人口数（人）	户均劳动力数（人）	30亩以下的农户数（户）
54	8	4	2.3	154
户均经营耕地面积（亩）	户均玉米种植面积（亩）	户均水稻种植面积（亩）	户均小麦种植面积（亩）	购买社会化服务的亩均支出（元）
54.37	52.25	17.17	19.78	253.48
购买社会化服务带来的成本变化（%）	粮食作物的产量变化（%）	户均家庭年收入（元）	户均务农年收入（元）	户均务工年收入（元）
-10.22	7.89	58534.46	24652.85	25934.77

二、小农户的生产托管服务需求获得情况

（一）农户购买农业生产托管原因分析

1. 购买服务的原因

从样本户购买农业生产托管的情况看，农户对农业生产托管的需求旺盛，有92.18%的样本农户选择购买了服务，购买原因以服务效率高和自己劳动太辛苦为主。数据反映的情况与实际调研中了解到的信息一致，如黑龙江省兰西县一位年纪较大的农户说，“之前因为自己年纪大了种不动，将土地都流转了出去，今年有全程托管服务以后就将土地收了回来，由服务主体帮忙耕种，也不用自己干，但是效率更高、收益更好”。

2. 没有购买服务的原因

调研数据显示，有7.41%的样本户没有购买服务，而“没有购买全套或部分服务”的原因以“服务价格高”和“服务的种类不符合需要”为主。以育秧服务为例，在江苏省仪征市调研中了解到，当地农户直接购买秧苗的成本比自己做更高，即使政府补贴30%，但是因为价格过高，农户更愿意自己育秧。除此之外，当地农业生产托管组织发育不够，提供的服务比较有限，农户购买不到服务或者有些服务的种类不符合实际需要，农户的需求得不到满足（如图1-8所示）。

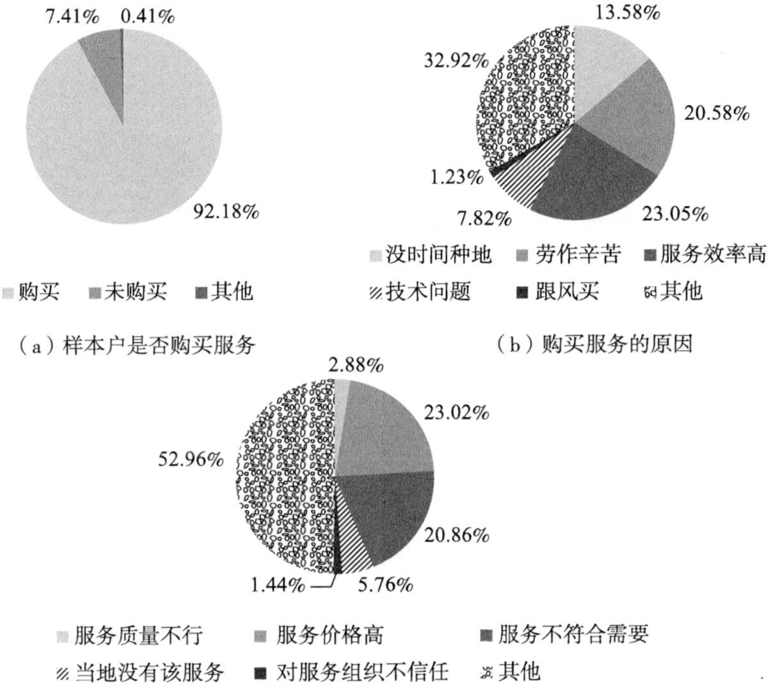

（a）样本户是否购买服务　　（b）购买服务的原因

（c）没购买服务的原因

注："其他"为数据缺失值；数据为多选和重复选。

图 1-8　农户购买农业生产托管的情况

（二）服务主体类型和服务标准

1. 服务主体类型

为样本户提供服务最多的组织是合作社，占比为 69.96%；村集体提供的服务次之，占比为 13.17%；其他组织提供的服务数量较少，如图 1-9（a）所示。数据表明，农业生产托管作为一种新的农业经营方式，农户需求旺盛，多元的服务主体有利于满足农户的不同需求，但目前的服务主体以合作社为主，未来应大力发展多元服务主体。

2. 服务标准建立

对于服务主体提供的服务，62.14%的农户不知道是否有统一的服务标准，说明了目前提供服务的服务主体数量较少，农户接触得少。有统一服务标准的占比为 18.93%，比例较低，说明农业生产托管业正处于探索阶段，大部分地区没有统一制定符合当地实际情况的服务标准，不利于保障农户的合法权益，这在一定程度会对农户的服务需求产生负面影响，不利于农业生产托管业的发展，如图 1-9（b）所示。

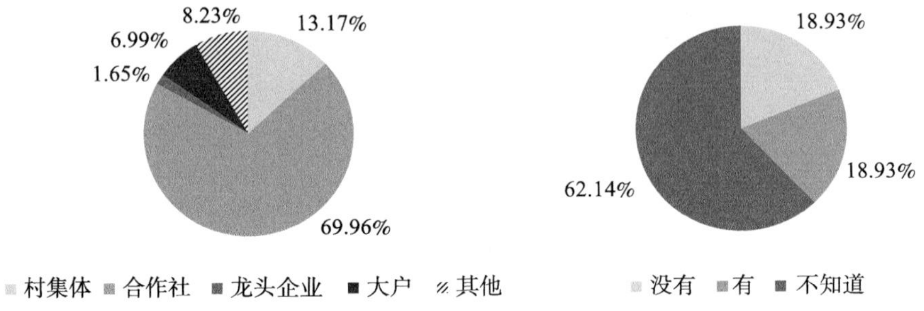

（a）提供服务的组织　　（b）是否有统一的服务标准

图 1-9　服务主体及其服务标准

（三）服务协议类型及农户利益保障

1. 协议形式

大部分样本户在购买服务时与服务主体签订书面协议，占比为 76.13%，正规合同在一定程度上保障了农户的合法权益，也减少了后续的纠纷，保障了双方的权益。口头协议和无协议签订比例分别是 9.47%和 7.82%，调研中了解到，样本农户向当地农机手等个人服务提供者购买的部分服务多签订此类协议，形式上不太正规，不利于保障农户的合法权益。未来应积极引导各类服务主体与农户签订书面协议，以保障农户的合法权益，如图 1-10（a）所示。

2. 对农民利益保护情况

以协议中是否保证最低产量来考察对农户利益保护情况。调研显示，在签订协议的样本农户中，只有 6.73%的协议里向农户保证了最低产量，比例较低，如图 1-10（b）所示。原因有两种：一是当地农业生产托管服务发展得还不够健全，服务主体不能保障农户的最低收益；二是服务主体根据本地实际情况制定了不同的协议标准，以另一种形式保证了农户的最低产出。比如，黑龙江省调研显示，由于当地看天收成的概率大，服务主体无法保证最低产量，但合同承诺“保证土地产出不低于同等地力同等地块的产量”，也就有效保障了农户的合法权益。

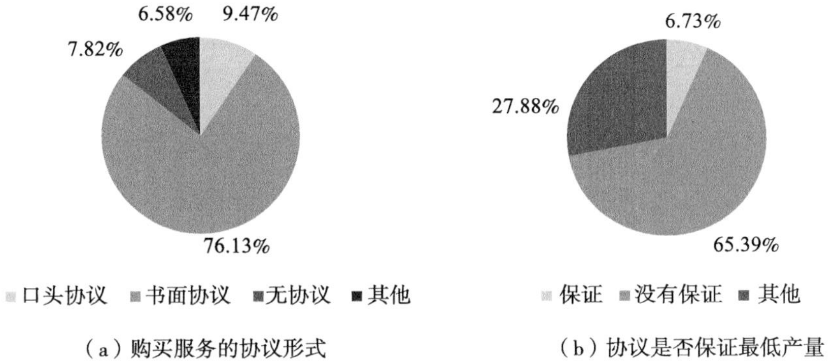

图 1-10 协议形式及其内容

（四）农户购买的服务方式及对服务收费的评价

1. 农户购买的服务方式

从整体来看，样本农户购买的服务方式以部分服务为主，占比为 49. 38%，购买全套服务的样本农户占比为 42. 8%，部分托管服务发展明显快于全程托管服务，如图 1-11（a）所示。这说明，部分作物、部分地区的农业生产托管虽然得到了农户的认可，但仍有较大的发展空间。

从表 1-9 中可以看出，山西省和江苏省的样本农户以购买部分环节服务为主，黑龙江省的样本农户以购买全程托管服务为主。在调研中发现，这和各个省份的气候条件及资源禀赋有很大关系。黑龙江地广人稀，目前为玉米和大豆两种作物提供农业生产托管，相较于大豆，玉米种植面积更广且社会化服务程度更高，更易推行服务。江苏省耕地分散、地块面积较小，作物主要以水稻为主，水稻的生产环节复杂，部分服务的价格昂贵，相比较农户更愿意自己做。以育秧环节为例，当地购买秧苗的成本较高，即使政府补贴 30%，但是因为服务费用过高，农户更愿意自己育秧，因此农户对部分服务的需求较大。山西省开展农业生产托管试点工作较早，服务模式较为成熟，农户可根据自己的实际需要选择购买服务，从实际情况来看，样本农户对大型机械作业环节的服务需求较为旺盛，因此购买部分服务的样本农户比例较高。

2. 对服务收费的评价

在服务费用的收取方面，只有 2. 47%的样本农户认为费用的收取不合理，大部分农户认为服务的收费合理，这离不开当地政府对服务定价的正确引导，如图 1-11（b）所示。比如，黑龙江省兰西县采取抽样的方式进行成本测算，核定了一个合理的收费范围，在保证农户节本增效的同时又确保了服务主体有一定的盈利空间，保证了双方各自的利益，农户的满意度高。

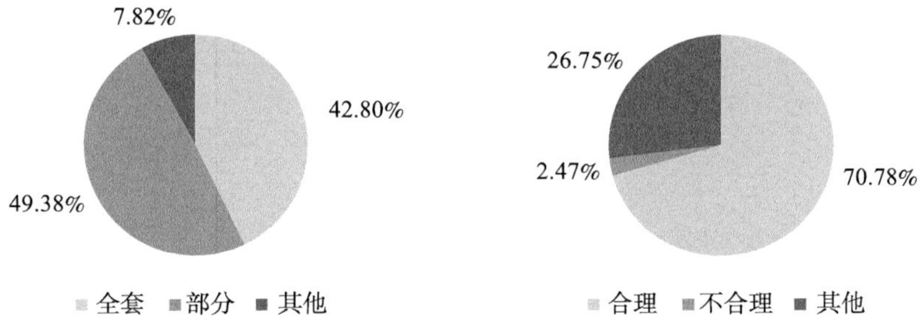

（a）购买的服务方式

（b）费用收取是否合理

图 1-11　农户购买的服务模式及收费评价

表 1-9　农户购买生产托管服务的方式

省份	主要种植品种	户均耕地面积（亩）	购买部分环节服务占比（%）	购买全程托管服务占比（%）
山西	玉米	18.21	61.90	38.10
江苏	水稻	4.32	96.97	3.03
黑龙江	玉米、大豆、水稻	209	15.38	84.62
合计			55.96	43.04

（五）农户购买生产托管服务的情况

1. 农户购买生产托管的总体情况

目前，样本户购买比例较高的服务集中在化肥统购、深耕深松、收割运输、秸秆还田等产中环节，占比分别为 79.00%、72.84%、65.84%、57.61%。一般来说，服务主体会对土壤进行检测，配置出适合作物生长的肥料，农户更愿意选择购买。除此之外，由于农户力量小、资金薄弱，很少有农户会选择单独购买大型机械，相比之下，农户更愿意向服务主体购买该服务，因此农户对大型机械作业环节的服务需求旺盛，购买比例较高。样本户购买比例较低的服务集中在烘干仓储、农药统购、种子统购等环节，未购买比例分别为 53.50%、53.09%、46.91%。对于烘干仓储来说，实地调研中了解到，农户购买比例较低的原因主要是提供该服务的农户组织数量较少，农户的有效需求得不到满足，比如，山西省寿阳县的金穗种植专业合作社，由于烘干需要烧煤发电，一方面购买服务设备的成本较高，另一方面造成了环境污染，所以服务主体没有烘干设备，不提供该服务。对于农药和种子环节来说，农户购买比例较低的主要原因是购买该环节服务的成本高，如江苏省的育秧环节等（如图 1-12 所示）。

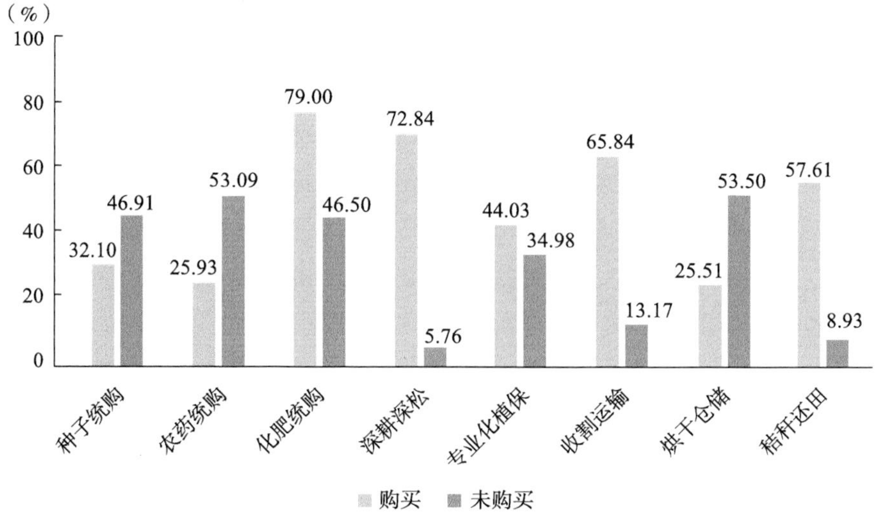

图 1-12　农户购买生产托管服务总体情况

由表 1-10 可以看出，首先，相较于其他两个省份，黑龙江省样本农户的农业生产托管获得情况最好，农户对各项服务购买比例都很高，说明试点地推行的全托管模式满足了农户的需求。其次，相较于山西省、黑龙江省，江苏省的样本农户购买服务的比例最低，这和水稻作业环节复杂、生产成本高有很大的关系，农业生产中的许多环节样本户更愿意自己做以节约成本。最后，相较于其他两个省份，山西省样本农户在农资环节购买的比例较低。在平遥县的座谈会时一位农户说，虽然服务主体提供的农资价格低于正常的市场价格，但由于目前农资价格上涨过快，成本上升明显，抑制了其正常需求。

表 1-10　各省农户购买的生产托管服务情况的对比　（单位：%）

省份	种子/苗统购	农药统购	化肥统购	深耕深松	专业化植保	收割运输	烘干仓储	秸秆还田
山西	17.16	5.97	17.91	92.54	40.30	79.85	36.57	66.42
江苏	67.74	25.81	12.90	32.26	25.81	70.97	6.45	45.16
黑龙江	94.64	96.43	96.43	96.43	94.64	94.64	23.21	91.07

注：山西省、黑龙江省以玉米种植为主，江苏省以水稻种植为主。

2. 不同作物托管需求存在差异

调研中发现，不同作物对托管的需求也存在差异。从托管的模式来说，玉米的社会化程度较高，以半托管和全程托管为主，节本提质增效效果更显著；水稻的作业环节复杂，以关键环节托管为主。从具体托管环节来说，不同地区的需求又存在差异：山西省以种植玉米为主，样本农户对收割运输、深耕深松、秸秆还田等大型机械作业环节的托管需求较高；江苏省以种植水稻为主，水稻的种植环节复杂，农户对机插秧和收割环节的托管需求较为旺盛；黑龙江地域广阔，耕地面积大，种植作物包括玉米、水稻和大豆，但生产托管多以玉米为主，购买玉米全程服务农户的提质增效效果更好，水稻种植环节复杂，开展全程托管难度相对较大，目前提供水稻托管服务的组织较少，而且多以收割环节为主，而且由于大豆托管的比较效益低，目前为大豆提供托管服务的组织较少。

（六）农户购买农业生产托管的情况

总体来看，在有服务主体供给的前提下，样本农户对农机作业服务和农资供应服务的购买比例较高，说明目前该服务的供给满足了农户的需求（见表 1-11）。

表 1-11 农业生产托管的供给及购买情况（单位：%）

项目		农资供应	农技推广	农机作业	农业信息	资金融通	农业保险	农产品销售
是否供给		是	是	是	是	是	是	是
农户购买	山西省	97.5	91.95	95.60	55.56	72.73	—	—
	江苏省	75	42.31	70.97	29.17	27.27	87.5	75
	黑龙江省	96.92	98.44	98.46	96.77	64	100	70.97

相较于其他两个省份，江苏省对多项服务的需求比例都较低，对“资金融通”服务的需求最低。一方面，水稻生产环节复杂，种植成本高，样本农户为了节省成本，多选择自己作业，如育秧环节；另一方面，江苏省经济发达，户均收入高，对资金的需求低。

（七）农户对生产托管供给满意度和满足度

总体上来看，样本农户对服务的满意度较高，平均在 90%，说明服务主体提供的服务大体上满足了农户的需求，也说明发展农业生产托管迎合农户需求，前景广阔（如图 1-13 所示）。

从满足农户需求来看，农户的机械化作业、农资供应、农业技术、信息化服务等满足度比较高，在 60%左右。但农户对资金融通服务、农产品销售服务的满足度较低，只在 30%左右。对于资金融通服务来说，由于农户实力较弱，收入得不到保证，一般农户个体购买农资或服务需要资金时，很难获得贷款，或者只能获得小部分贷款，且手续复杂。比如，黑龙江省兰西县的农户申请贷款需要将自家房屋或土地进行抵押，必须“两户担保”才可贷款，且一亩地最多贷 1000 多元，远满足不了农户的发展需要。对于农产品销售服务，调研中了解到，目前为农户提供农产品销售服务的服务主体数量较少，农户大多需要自己卖粮，但农户还是更渴望服务主体能够提供该服务，一方面可以提高粮食的售价，另一方面在市场中可以获得话语权。

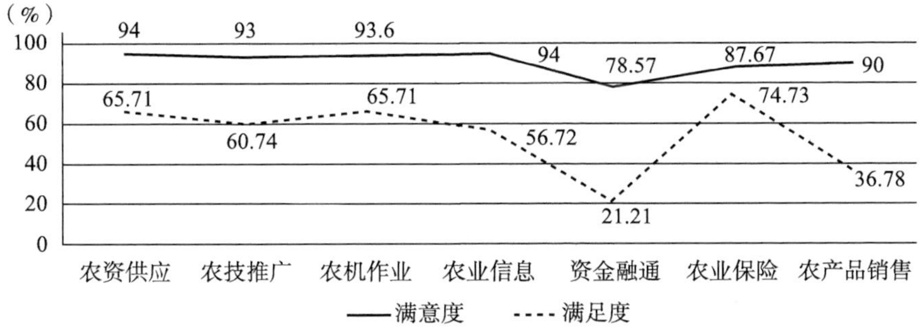

图 1–13　农户对农业生产托管的满意度及满足度

（八）农户对农业生产托管的需求展望

从总体来看，样本农户对农资供应、农业保险、农产品销售服务的需求较高，对资金融通、农业信息服务的需求次之，对农技推广、农机作业服务的需求较低（如图 1–14 所示）。

在农资供应服务中，样本农户对便捷购买服务的服务需求最为旺盛。近几年随着农资价格的上涨，农业生产成本不断上升，农户希望服务主体能够提供质优价廉的农资产品。

在农业保险服务中，样本农户对提高赔付额、及时赔款的需求最为强烈，这与调研中获取到的实际信息一致，如黑龙江省大部分试点区只有成本保险，遇到极端天气，农户最多只能保个成本，甚至连成本都保不住，因此提高赔付额并及时赔款对农户来说很重要。

在农产品销售服务中，样本农户对提高售价、拓宽销售渠道的需求最为强烈，由于农业生产托管试点工作近两年才开始，除了一些之前已经从事农业生产相关的经营主体，如黑龙江的超越合作社、宝清美莱现代农业

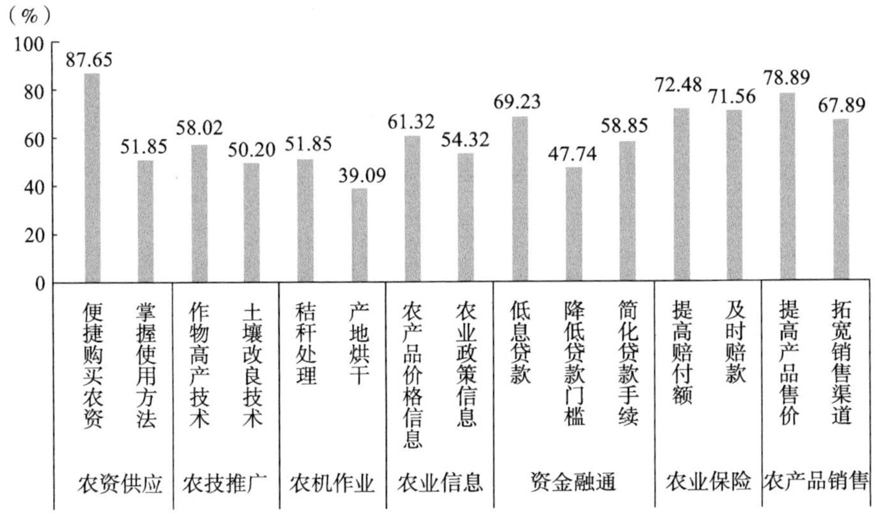

图 1-14 农户对农业生产托管的需求展望

和中粮建立了合作关系，农户可以随行就市结算粮款，其他实力较小的合作社很少有为农户提供粮食销售服务。实际上，不少农户希望可以建立“粮食银行”来拓宽销售渠道，同时可以提高粮食的售价，进而增加自己的收入。

在资金融通服务中，样本农户对低息贷款的需求强度最大，对降低贷款门槛、简化贷款手续的需求次之。实际调研中了解到，一般农户购买农资或服务需要资金，但是不容易获得贷款，目前的贷款门槛高、限制多，农户的有效需求得不到满足。

在农业信息服务中，样本农户对“农产品价格信息、农业政策信息”的需求最为强烈，了解农业政策走向和农产品的价格信息可以帮助农户更好地安排自己的农业生产活动，如有政策信息显示明年的大豆形势一片大好，大豆价格会提高，农户就可以增加大豆的种植面积，进而增加自己的收入。

在农技推广服务中，样本农户对作物高产技术的需求最高，对土壤改良技术的需求次之，高产是农户不断追求的目标，对土壤进行改良有助于提高作物的产量以及品质。比如，黑龙江省兰西县双太村，由于缺少大型农机具，小机械在进行田间作业时并没有打破犁底层，导致土壤板结严重，加上部分地区土地盐碱化程度较高，农户对土壤改良技术需求强烈。

农机作业服务中，样本农户对秸秆还田、产地烘干的需求强度最大，小农户不具备资金优势，农业投入能力不足，对于农业生产设施购置建设难以完成，因而更倾向于购买服务来满足自己的需求；烘干服务可以帮助农户减少因霉变而造成的粮食损失，但由于目前烘干设备价格昂贵，提供该服务的组织数量少，农户的有效需求得不到满足。

（九）农户对农业生产托管需求展望的对比

整体来看，样本农户未来在农资供应方面的需求较大。近年来，随着农资价格的不断上升，农户希望服务主体提供质优价廉的农资服务，不仅可以降低自己的生产成本，还能保证作物的品质及产量。

对比来看：一是山西省和黑龙江省对秸秆还田服务的需求较高。这与当地种植的作物玉米品种有关，玉米收获后会产生大量秸秆。还田后的秸秆覆盖在地表，需经过两年才能腐烂，时间较久；秸秆长时间覆盖在地表易造成土壤板结，不利于作物的生长；农户自己进行秸秆作业的成本高，相比之下，农户更愿意选择购买服务（见表 1-12）。

二是江苏省和黑龙江省样本农户对农产品销售服务的需求较为旺盛。这反映了目前大部分地区农业生产托管发展不够完善，结构不合理；农户希望拓展粮食的销售渠道，满足自己的粮食销售需求。

三是黑龙江省样本农户对农业保险服务中的提高赔付额需求旺盛。目前，黑龙江省大部分地区的保险公司为农户提供成本保险，比如，兰西县阳光农业保险公司为农户提供的成本保险，保险额度较低，玉米 4 元/亩，遇到极端天气，保险公司根据受灾程度为农户提供赔付，但是赔付额度也相对较低。例如，2019 年受台风影响，地块大面积受灾，农民颗粒无收，仅靠成本保险无法挽回损失。

表 1-12　农户对农业生产托管需求展望的对比　（单位：%）

		山西省	江苏省	黑龙江省
农资供应	便捷购买农资	91. 79	65. 90	92. 31
	掌握使用方法	35. 82	47. 73	87. 69
农技推广	高产技术	55. 79	47. 73	72. 31
	防控技术	58. 20	—	—
	土壤改良技术	—	47. 73	58. 46

续表

		山西省	江苏省	黑龙江省
农机作业	秸秆还田	80.60	52.27	69.25
	产地烘干	—	38.64	47.69
	专业化植保	41.04	—	—
农业信息	农产品价格信息	60.44	47.73	72.31
	农业政策信息	—	39.14	69.69
	市场供求信息	55.97	—	—
资金融通	简化手续	62.69	41.90	—
	降低门槛	42.54	40.90	69.08
	低息贷款	—	—	69.08
农业保险	及时赔款	—	43.18	75.38
	提高赔付额	—	54.55	84.62
农产品销售	提高售价	—	70.45	56.81
	拓宽销售渠道	—	84.62	75.38

三、本节小结

（一）农户生产托管服务需求旺盛，服务满意度高

农户对农业生产托管的需求旺盛，购买主要是由于服务效率高和自己劳动太辛苦。农户对服务满意度较高，显示服务主体提供的服务大体上满足了农户的需求，也说明发展农业生产托管迎合农户需求，前景广阔。除此之外，有7.41%的样本户没有购买全套或部分服务，原因是服务价格高和服务的种类不符合需要。生产托管组织发育不够，提供的服务比较有限，服务价格、服务种类不符合实际需要，农户的需求得不到满足。

（二）为农户提供托管服务以合作社为主，统一服务标准缺乏

目前，提供生产托管的服务主体以合作社为主。调研显示，为样本户提供服务的合作社，占比为69.96%，村集体次之，占比为13.17%。其他服务组织数量较少。对于主体提供的服务，62.14%的农户不知道是否有统一的服务标准。有统一服务标准的占比较低，为18.93%。这显示大部分地区没有统一制定符合当地实际情况的服务标准。

（三）生产托管初具规范，农户利益基本有保障

在购买服务时，大部分样本户与服务主体签订书面协议，占比为76.13%。口头协议和无协议签订比例分别是9.47%和7.82%，主要为农户从当地农机手等个人购买服务时，多签此类协议。调研以协议中是否保证最低产量来考察对农户利益保护情况，结果显示，在签订协议的农户中，只有6.73%的协议向农户承诺最低产量和“保证土地产出不低于同等地力同等地块的产量”。大部分农户认为服务的收费合理，占比为97.53%。这离不开当地政府对服务定价的正确引导。

（四）农户购买以产中环节服务为主，大型机械作业更为农户所需

农户购买服务方式以关键环节服务为主，占比为56%，购买全过程托管服务的农户占比为43%。其中，购买比例较高的服务集中在化肥统购、深耕深松、收割运输、秸秆还田等产中环节。农户对大型机械作业环节的服务需求旺盛，购买比例较高。农户购买比例较低的服务集中在烘干仓储、农药统购、种子统购等环节。农户购买烘干仓储比例较低原因主要是提供该服务的农户组织数量较少，农户的有效需求得不到满足。农户对资金融通服务、农产品销售服务的满足度较低，接近30%。对于资金融通服务来说，由于农户实力较弱，收入得不到保证，小农户购买农资或服务需要资金时，很难获得贷款，或者只能获得小部分贷款且手续复杂。

（五）农户对农业生产托管的需求展望

展望未来，农户对农资供应、农业保险、农产品销售服务的需求较高，对资金融通、农业信息服务的需求次之，对农技推广、农机作业服务的需求较低。其中，农资供应需要便捷购买服务，农业保险需要提高赔付额、及时赔款服务，农产品销售需要提高售价、拓宽销售渠道服务，资金融通中需要低息贷款和降低贷款门槛、简化贷款手续服务，农业信息服务需要农产品价格、农业政策信息，农技推广服务需要作物高产技术和土壤改良技术，农机作业中需要秸秆还田、产地烘干服务。不同区域比较，山西省和黑龙江省对秸秆还田服务的需求较高。这与当地种植的作物玉米品种有关，玉米秸秆还田后易造成土壤板结，农户自己作业的成本高，更愿意选择购买服务。江苏省和黑龙江省农户对粮食销售服务的需求较为旺盛，希望拓展销售渠道，满足销售需求。

第四节　农业生产托管取得的成效和存在的问题

一、农业生产托管取得的主要成效

（一）推动农业经营管理制度创新，培育了多元的生产托管主体

1. 各地探索了具有本地特色的农业托管制度

生产托管源于小农户需求，更离不开政府部门制度创新的推动。所调研地区按照相关政策要求，结合本地文化、产业和经济发展特点，编制生产托管实施方案和相关管理办法。各地生产托管政策着力点虽有差异，但制度创新都有力地推动了当地农业农村工作开展。山西省作为粮食生产大省，政府推动力度大，各级政府主动将生产托管作为推动现代农业发展的抓手，围绕主导产业、提出重点环节、扩大覆盖范围，集中连片推进服务。山西省涌现出了嘉禾公司，探索推进小农户组织化和土地规模化，平遥县和之瑞联合社，创新服务主体组织化方式。黑龙江省超越合作社探索的粮食银行和农业保险机制，兰西县构建生产托管风险防范和市场监管机制，宝清县宝清美莱合作社构建了市场导向的农户利益联结机制。江苏省城镇化程度比较高，土地流转率高，村集体经济比较发达，其中，淮安市建立了“党建引领、一点五式”综合改革模式，将生产托管作为培育壮大农村集体经济的一项内容，推动村产融合发展；仪征市创新“村社共建”托管模式，实现村集体经济组织、供销社、合作社三方共赢。生产托管解决了当前农业生产面临的组织性差、劳动力缺乏的痛点，实现了农户、服务主体、村集体、县乡政府多赢的效果，生产托管逐渐被当地农户接受，具有广阔的市场前景。这些典型呈现的良好绩效，发挥了“星星之火，可以燎原”作用，将推动生产托管在更大范围内发挥作用。

2. 生产托管主体数量和类型呈“双增长”

除龙头企业、农民专业合作社、专业服务公司、科技示范园区等服务主体外，试点政策还引导农村集体经济组织开展生产托管服务。此外，还有众多的种粮大户、粮食收购商、农资供应商加入生产托管队伍中，使生产托管的主体数量和类型呈现“双增长”趋势。这些服务主体围绕产业化发展开展

多种形式的横向、纵向和交叉联合，产业链服务能力不断增强。除托管服务外，这些托管服务主体还成为传播生产托管知识的重要载体，积极参加各类研讨会、论坛、会议，他们的经验也为中国特色生产托管的理论创造提供实践支撑。

（二）生产托管促进了小农户转变经营方式，推进了农业现代化发展

1. 推进了农业生产的组织化和规模化

生产托管创新形成的“万千小农户+大服务”新型生产关系，不以土地集中为前提，保留了小农户土地经营自主权，实现了农民种田不下田。生产托管包括从种植、田间管理到收获过程的托管，农民既可选择全托管，也可部分托管。通过订单收购、保底分红、二次返利、股份合作、吸纳就业等方式，小农户与现代农业生产经营主体建立了利益联结机制，实现了从分散经营、单打独斗到产加销一体化生产，推动农业生产向组织化、规模化和标准化转变。同时，生产托管以服务规模化带动土地规模化，成为农业适度规模经营的重要推手。黑龙江省兰西县2019年生产托管方案要求，各村推进农业社会化服务项目，实施面积中必须有3000亩以上的集中连片面积并且靠近主路，其他服务主体托管面积不能低于4000亩，并且要求受托对象中，小农户托管面积占比不得低于60%，托管服务区域内贫困户达到应托尽托，推动小农户与规模化生产对接。除此之外，具有一定规模经营的家庭农场、专业大户等也采取生产托管方式，实现生产规模的迅速扩大。山西省寿阳县嘉禾公司以生产托管方式集中土地，短短不到1年的时间托管土地达到1万亩，通过打破田垄、联耕联种，有力地推进了墨西哥玉米高产集成技术在山西的落地。

2. 加速了农业现代科技的应用

农业生产托管让农户借由服务主体的专业化服务将先进适用的品种、技术、装备等要素导入农业生产，切实解决经营方式粗放落后、生产效率低等问题。一是推动了科技引进、应用和示范。生产托管服务主体整合国内外的科研资源，将先进信息化、互联网等现代要素引进托管领域，成为先进技术进入农业的一个重要渠道。推动了新品种、新技术、新装备、新理念等现代生产要素在农业中的应用。例如，寿阳县引进墨西哥功能玉米新品种后，农户将用适合食品和特种玉米加工的订单新品种代替原来竞争力较弱的传统产品，从而提升产品市场需求，提高农户议价能力，增加销

售利润。宝清美莱公司建立“千亩示范田”，示范先进的种植技术，精良的农机具，对当地其他服务主体发展产生了巨大影响。现代农业的发展成果经由生产托管的形式，通过规模化作业，真正延伸到了小农户。二是推动了服务主体自主创新。服务主体利用自有资金，在技术、品种、肥料、基质等方面进行创新，并在“统一”服务过程中进行示范推广，由此产生了技术外溢效应。山西金穗种植合作社与山西农大共同研发的有机肥撒施机、谷子联合收获机、膜侧播种一体机等在全省范围进行推广，带动了山西省杂粮全程机械化种植。专业服务主体拥有的装备先进，深松整地、统防统治、有机肥替代化肥等绿色高效技术的推广能力强，可以有效帮助和带动缺乏相应装备和技术的普通农户。

（三）生产托管推动了农业节本增效，促进了农民增产增收

1. 推动农业节本增产增效

通过开展规模化的统一托管服务，服务主体可以集中采购农业生产资料，采用先进耕作技术、充分发挥农业机械装备作业能力，选用新品种、推广标准化生产，实现农业节本增产增效增收的多重效益。调研显示，通过标准化、机械化作业，农户生产成本可降低 10%左右。一是有效降低农业物化成本和生产作业成本。调研中了解到，通过集中采购农业生产资料，可以有效降低农业的物化成本；通过标准化、机械化作业，农户生产成本可降低 10.22%左右，其中黑龙江省成本下降得最多，达 11.47%。具体来说，黑龙江省农户自种成本在 360~380 元/亩，购买全托管服务后费用在 320~340 元/亩，每亩节约 40 元左右；再比如山西省农户自种一亩地生产成本在 600 元左右，进行托管后每亩成本在 300~400 元，每亩节约成本为 100~200 元。二是提高单位面积产量。调研数据显示，购买服务后，农户亩均产量增加 8%左右，其中山西省增产 10%左右，江苏省增产 6%左右，黑龙江省第一年实行农业生产托管试点工作，作物未成熟，但预测能增产 10%左右。服务主体采用新品种和新技术，发挥集约化和规模化种植的优势帮助农户增产，如黑龙江省的宝清美莱现代农业，保证在不增加投入的前提下提高公顷产 2000~3000 斤，单位产量提升明显。三是提升作物的品质。农业生产托管带来在品种、技术、作业环节的精细化，促进了作物品质的提升。为节省生产成本，有些生产技术环节农户不愿去做或执行不到位，如增施叶面肥、深耕深松等，而服务主体会将每个环节都执行到位，提升了作物的品质。

2. 提高了农户非农收入

农业具有产业链条短、季节性强、生产周期长的特点，这就使农户在传统粮食种植方面增收渠道非常有限。生产托管之后，不但使劳动力从土地上解放出来，还拓宽了农户就业和增收渠道，增加了工资性、财产性、其他经营性等非农收入。从农业上解放的劳动力转移到第二、第三产业，获得工资性收入。例如，江苏省乡镇企业发达，农民进入工厂或社会化服务企业；黑龙江伟河农机合作社反映，托管之后，农户外出打工，户均增收 1 万～2 万元。农户通过土地入股或资金入股等形式加入农业社会化服务合作社，合作社在年底对社员进行分红，农户可获得分红收入。如山西省寿阳县南燕竹村的金穗农民专业合作社在 2017 年给社员分红 33 万余元。部分托管企业，打造农产品品牌，农户获得了农产品增值收入。例如，山西省寿阳县在生产托管基础上，通过土地整理，在村庄治理、产后仓储、加工等方面带领农户增收。

二、农业生产托管发展存在的主要问题

虽然推进农业生产托管速度比较快，但是生产托管的组织管理方式和运行机制尚在探索中。调研显示，农业生产托管在思想认识、充分对接农户、提升服务水平、满足农户需求等方面仍然存在问题：

（一）服务主体实力不强，产业发展带动能力弱

1. 服务主体普遍“小而散”，服务能力弱

当前，服务组织发育仍不充分，总体数量较少，多元化发展程度较低。调研发现，提供生产托管服务组织主要是小农机手、农资商和农民专业合作社，龙头企业或专业服务公司数量总占比不到 20%。以集体经济合作社为代表的村级托管服务组织刚起步，专业性、服务能力不强，发展后劲不足。专业化的合作社一般都是公司性经营，服务农户的意识不强。托管试点项目刚开始启动，扶持数量和影响范围还是十分有限，各类服务主体的托管经验还很缺乏。生产托管产业带动能力弱。黑龙江省、江苏省的很多生产托管服务主体都面临着卖粮难的问题。拥有雄厚资金实力、先进生产技术和管理经验、服务能力更强的龙头企业或专业服务公司的数量比较少，农业生产托管整体上还处于一个较低的发展阶段。各类小农户组织方式、服务主体对接方式等都在探索中，开展联合合作深度不够，创新模式少。农业生产周期长、风险大，即便现在看起来是成功的一些典型模式，随着发展形势的变化，能不能

经过市场考验，还需要锤炼和现实时间的检验。

2. 组织管理和服务人才缺乏

基层农经管理部门人员在思想认识、素质、约束和激励手段、资源利用等方面存在不足。面临知识老化、年龄偏大、结构断层的问题，主动创新工作的意识和方式方法缺乏。各级领导对农业生产托管改革创新工作的理解和重视程度不一，改革创新难度较大，有的顾虑较多，可供推广的创新成果不多。此外，生产托管服务人员老龄化严重。调研发现，留在村里的劳动力多数是 50 岁以上的中老年人，农村老龄化突出，拖拉机手严重短缺，年轻人不愿意涉足农业。合作社、农村集体经济组织等新加入社会化服务行列的组织中，管理人员文化水平不高，企业化的经营管理思路不清晰，市场谈判能力、合同管理能力、人员组织管理能力都很缺乏，距离实现生产托管企业标准化、现代化和集约化发展仍有差距。

3. 与农业规模化服务相匹配的基础设施薄弱

近年来，我国农业固定资产投资总量不断增加，但从其所占比重及农业固定资产投资在农业发展中的重要地位来看还是严重不足的，且投资增速也有明显下降（见表 1-13）。调研显示，农业生产基础设施和大型农机具是制约农业生产托管发展两块“短板”：由于农业基础设施落后，田间道路多为泥沙路面、坑洼多，道路的通达情况较差、通行安全系数较低，给农业机械的正常通行造成较大的困难，特别是不适应大型现代农业机械开展作业的需要。调研显示，2019 年黑龙江省宝清县、兰西县的 50 年一遇的涝灾，由于河道、沟渠排水不畅，造成托管农田绝收。地方经济十分薄弱，基础设施资金投入力度不大，而生产托管服务主体投入能力有限，导致托管主体生产经营面临很大风险。还有一些服务主体缺少开展深耕深松、秸秆还田、免耕的大型农机具。因此，推进农业现代化，需要政府继续增加农业基础设施投入和推进农机具的更新换代。

表 1-13 2010—2018 年全社会及一产固定资产投资情况

年份	全社会投资（亿元）	一产投资（亿元）	一产投资占总投资比重（%）	一产投资比上年增长（%）
2010	241431	3926	1.63	17.0
2011	302396	6919	2.29	25.0
2012	364845	8772	2.40	28.6

续表

年份	全社会投资（亿元）	一产投资（亿元）	一产投资占总投资比重（%）	一产投资比上年增长（%）
2013	435747	9109	2. 09	20. 6
2014	501265	11803	2. 35	31. 9
2015	551590	15562	2. 82	31. 8
2016	596501	18838	3. 16	21. 1
2017	631684	20892	3. 31	11. 8
2018	635636	22413	3. 53	12. 9

资料来源：《中国统计年鉴》（2019），国家统计局。

（二）农户组织化程度不高，农户生产服务和增收需求尚未得到充分满足

1. 小农户组织化程度有待进一步加强

生产托管核心是在土地使用权集中基础上，依靠农业服务规模化推进土地规模化。当前，小农户土地碎片化和种植结构不统一，小农户意愿分化，难以协调统一。在推动分散小农户组织化方面，面临着人口老龄化突出，农户年龄偏大，思想观念保守，主动接受服务的意识淡薄等问题，参与性的集体活动难以组织起来。大多数专业服务组织不是内植于农村，有实力的服务组织多数是工商资本下乡组建的公司，在与农户对接方面“先天不足”，难以融入农村和获得农户信任，在组织农民方面能力也有限，在破除田垄、成方连片提供服务、推动服务规模化上仍面临很大阻碍。虽然，各级政府下发指导意见，但广大农户接受新事物是一个循序渐进的过程，需要时间和典型事例的引导。

2. 需求不足和需求得不到满足并存

生产托管农户需求有待进一步挖掘。农业生产托管作为新生事物，部分农户对服务主体缺乏信任感，对购买生产托管服务还有顾虑。调研显示，有56%的农户购买了部分环节服务，有43%的农户购买全托管服务。这表明部分作物、部分地区的农业生产托管虽然得到一部分农户的认可，但仍有较大的发展空间。由于每个农户所购买部分托管的服务内容和环节不一样，服务主体无法实现规模作业，农业适度规模的优势无法实现。此外，部分农户服务需求尚未得到充分满足。当前，生产托管服务主要集中在产中的耕种防收

环节，而产前、产后和产中部分环节服务供给存在不足。调研显示，有50%左右农户因为服务价格高、服务种类不符合需要或当地服务组织没有提供该服务等原因而没有购买到自己需要的服务。其中，63%的农户售粮服务没有得到满足、72.6%农户没有烘干仓储服务、80%农户在购买生产托管服务的信贷需求未得到满足。除此之外，农户对产中环节的服务需求较高，像深耕深松、秸秆还田等需要大型机械作业环节的服务仍存在相当的供需缺口。

3. 带动农户增收利益机制尚待完善

利益联结机制不完善，龙头企业、合作社等虽然与农户合作时初步形成了“利益共享，风险共担”的利益联结，但由于机制不健全，利益联结不够紧密，产业链条的断裂、脱节及合同违约现象时有发生。企业与农户之间签订的合同约束力不够，加之有些农民法律意识淡薄，导致违约现象时常发生。风险防控机制不完善，环节托管时，农户向受托方支付一定服务费用，并将生产过程的部分环节委托给受托方完成，此时，土地的种植决策权、产品处置权和绝大部分田间管理权归农户所有，当外生风险发生时，所造成损失一般由农户承担；全程托管时，从理论上讲，农户不需要承担任何非不可抗力风险。而实际上，风险发生时，若受托方无力承担损失、农业保险亦不能解决问题时，极易导致违约，农户将承担全部的风险。

（三）试点工作重视不够，制度有待进一步完善

1. 试点地区政策执行力度不够

各级领导对农业生产托管改革创新工作的理解和重视程度不一，改革创新难度较大，有的顾虑较多。政策要求，生产托管项目要经过招投标、服务面积确认、农户满意度调查、作业单审查验收等程序，需要大量的人力、物力和财力，部分县级财力紧张，经费保障不足，也存在部分干部认为生产托管工作不重要不愿意做，配套政策跟不上。政府相关职能部门、乡镇政府和村集体人手紧张，生产托管繁杂头绪多，开展托管工作积极性并不高。比如，村级集体组织还兼具行政管理职能，工作量大，同时托管工作好坏与自身利益不挂钩，除部分村集体做得好以外，大部分村集体开展生产托管以完成上级布置任务为主。除此之外，还存在政策解读不到位，导致试点项目实施和组织管理与中央政策要求并不十分一致的问题。例如，部分市县的社会化服务试点任务，由农业技术推广部门主导，以技术推广项目来开展生产托管。还有些市县没有在培育农业社会化服务的供给和需求市场上下功夫，而将试

点项目经费用于加强新型经营主体、农村集体经济组织能力建设方面，明显偏离了政策指导方向。由于生产托管政策创设科学性不足，存在农户购买不到服务或服务成本偏高、农户也不愿购买的现象，即使加上政府补贴 30% 的服务费，仍不足以激发农户购买积极性的问题。

2. 服务制度规范有待完善

推动生产托管发展过程中，还存在服务主体经营不善，服务合同无法履行，没有按照既定技术标准、环节、时限等开展有效服务，服务质量差、农户服务费被骗等情况发生。也有农户干扰生产经营活动、违法收回已托管土地、拖欠服务费的行为，给托管服务主体造成损失的情况。因此，需要政府发挥生产托管市场监管主体作用，完善生产托管服务标准和规范，是农业托管高起点、规范化、高质量发展的有力保障，利于帮助小农户解决怎么选择服务主体、签订合同、规范托管服务行为、规避销售假冒伪劣农资等众多问题。2019 年 8 月 25 日，山西省率先发布了《农业生产托管服务规范》地方标准，其他地区适合本区域的标准还很缺乏。

三、当前农业生产托管面临的新形势分析

（一）生产托管从关键环节向全程服务转变

“三权分置”改革放活了土地经营权，在保护农民相应权益的同时盘活了土地资源要素市场，加快了土地流转速度，使农业经营主体由传统农民发展为家庭农场、大户、企业等，成为新型职业农民，规模化、组织化程度不断提高。农业种植规模不断扩大背景下，农业生产投入需求由传统的农资科技扩大到金融、保险、管理、信息等综合要素，农业生产不仅看重产中，产前、产后各环节都成为重点。在供给侧结构性改革背景下，市场需要的产品，需要从产业链条全过程去控制。因此，现代农业生产的技术需求从单向技术应用向技术、设施、装备等多项技术措施集成转变，由产中关键环节服务向全产业链条的服务转变。调研显示，当前农户的资金融通服务、农产品销售服务需求满足度较低。由于农户实力较弱，收入得不到保证，一般农户个体购买农资或服务需要资金时，很难获得贷款，或者只能获得小部分贷款，且手续复杂。例如，黑龙江省兰西县的农户申请贷款需要将自家房屋或土地进行抵押，必须“两户担保”才可贷款，且一亩地最多贷 1000 多元，远满足不了农户的发展需要。对农产品销售服务来说，目前为农户提供农产品销售服务

的服务主体数量较少，农户大多需要自己卖粮，但农户还是更渴望服务主体能够提供该服务，一方面可以提高粮食的售价，另一方面在市场中可以获得话语权。

（二）服务主体呈现融合发展趋势

“大国小农”是我国的基本国情农情，是农业必须长期面对的现实。培育新型经营主体、发展适度规模经营，已经成为现代农业发展的必然选择。我国小农户经营为主的农业特点，必然增加服务主体交易成本。因此，服务主体组织方式上，只有联合、融合发展，才能构建现代产业发展体系，实现延长产业链、提升价值链、完善利益链。农业链条长，农民不可能将链条联结起来，必须依靠企业才可以进行专业化。涉农企业、专业化服务组织，借助村集体、合作社等本土服务主体，以横向、纵向、交叉联合方式，将农资农机、金融、产后等要素引进产业链条，培育壮大了生产托管的供给市场。供给市场壮大，不但推动小农机向大农机更新换代，也推动农业生产管理向现代经营方式转变。这其中，村集体经济组织、农民专业合作社发挥了“统”的作用，成为服务主体同小农户之间的联结点，在社会化服务体系中起着承上启下的桥梁、纽带作用。在村集体、合作社组织下，提高了农民的组织化程度，提升了农户市场地位，也减少了服务交易成本。同时也为壮大村集体经济、提升基层组织的社会治理水平创造了条件。例如，平遥县在县政府的协调下，以农机合作社联合社方式搭建垂直的服务体系框架，将农机商、农资商、农业企业等各类主体捆绑在一起，通过“区域布点”的模式铺设网络，提供包括农资在内的全程生产托管服务。通过这一托管模式，农民社会化服务需求容易得到满足，方便企业进行农资销售，科技含量较高的农资产品更容易送到田间地头。

（三）新一代数字技术成为新的服务手段

大数据、人工智能、物联网等新一代数字技术和共享经济理念，越来越广泛地应用在农业生产托管领域。开发服务管理硬件、软件产品，提高生产托管管理水平。例如，农机具装上 GPS，机手完成作业后台就知道作业面积及质量，开发 App 软件进行托管农户合同管理，既节省人工，又提高了作业效率。再如，神州数码，借助互联网、移动通信、大数据及渠道优势，搭建了基于土地产权交易为中心的综合服务平台。服务平台经济，推进构建了新的商业模式，盘活闲置土地资源、推进土地规模化。通过信息化手段，社会化服务实现了可视化、实时化和全过程记录。农村土地确权登记颁证后，进一步推进了农村承包土地经营权有序流转。信息化技术应用，解决了生产托管的供给与需求信息不对称问题。服务平台主要面向农业服务主体，小农户对信息化工具的使用习惯和能力限制，还需要经纪人作为中介进行线下推广。互联网服务公司需要很强的信息资源获取能力和服务市场开发能力，要提高线上线下用户活跃度。

（四）不同地区生产托管特点差异较大

首先，生产托管在各地发挥作用不同。以江苏省为农业生产代表的中东部地区，规模经营主体存在托管服务需求；经济发展水平较高，农民离开土地意愿高，土地流转率较高，加之农业收入在农户总收入中占比较低，农户对于托管提高土地产出率期望不高。生产托管工作与村集体经济组织建设结合起来，培育了与农民关系最为紧密的村集体作为托管服务主体，以解决“谁来种地”的难题。江苏省做法重点在于壮大农村集体、合作社等农业新型经营主体，但由于这些主体并不根植于市场，开展服务内生动力不足，在提升农业效率和推动农业现代化方面作用发挥有限，所以，这一做法不适用在粮食主产区推广。以山西省和黑龙江省为代表的西部和东北地区，土地规模大、机械化程度高，农业收入在农户总收入中占比高，生产托管后土地增收明显，因此，小农户和服务主体都愿意参与其中，以前采取土地流转方式的农户，都纷纷转向采用生产托管。与粮食主销区相比，在粮食主产区开展全程托管的服务主体多，全程托管面积大。生产托管不仅解决了“谁来种地”的问题，还解决了“怎么种好地”的问题，在推动农业生产经营规模化的同时，还培养了一批职业农民和未来农场主。

其次，不同作物托管需求有差异。各地要根据当地农业生产和农户需求，按照补齐现代农业建设短板和农民群众的欢迎程度，确定本地区重点支持的托管环节和服务内容。本次调研省份生产托管作物是玉米、大豆、小麦和水稻。从托管的模式来看，玉米、大豆、小麦这类旱作农作物，托管服务后节本、提质、增效效果更显著，以半托管和全程托管为主，托管接受程度较高；水稻生产的作业环节复杂，以关键环节托管为主。不同作物所需托管的关键环节存在差异。山西省以种植玉米为主，农户对收割运输、深耕深松、秸秆还田等大型机械作业环节的托管需求较高；江苏省以种植水稻为主，水稻的种植环节复杂，农户对机插秧和收割环节的托管需求较为旺盛；黑龙江省地域广阔，耕地面积大，种植作物包括玉米、水稻和大豆，但生产托管多以玉米为主，购买全程服务农户的提质增效效果更好，水稻种植环节复杂，开展全程托管难度相对较大，目前提供托管服务的组织较少，而且多以收割环节为主，大豆生产托管的比较效益低，为大豆提供托管服务的组织较少。

四、关于生产托管需要解决的几个关键问题

（一）如何培育小农户需求市场

1. 关于适度规模经营

适度规模经营是生产托管的基础。适度规模经营是现代农业的重要特征，在我国双层经营土地制度框架下，土地流转和生产托管是推动土地规模经营的两条重要路径。近年来，广大农村地区承包农户有较强的“惜地情结”，不愿意放弃土地，流转土地成本日益加大。再加上近年来玉米价格较高，农民收入稳定，有些农民还开垦出荒地进行种植，所以以土地流转方式集中土地举步维艰。山西省 27 个生产托管示范县，土地流转率仅为 17%，只有全国的一半。农村还面临着人口老龄化问题，靠繁重劳动进行的农业活动，很难维系，必然需要服务组织提供生产托管服务。农业生产托管在确保农户土地经营权不变情况下，促进服务规模经营的需求越来越迫切。目前，山西省各县小农户购买生产托管服务已经常态化，春耕、旋耕、播种已经全部实现了机械化。农业生产托管试点项目在培育需求市场方面发挥了重要作用。经过 2 年项目实施，山西省生产托管培育了需求市场，推动了农村土地规模化，节约了劳动力，农民收入稳定并得到了增加。

2. 关于“如何组织农民”

广大农村地区，生产托管存在着生产服务需求不足及需求无法满足并存现象，生产服务质量也难以控制。根源在于农业种植规模小、地块分散、种植结构不统一，农户需求异化，集中连片耕种难以实现。为解决农户小规模与服务大规模的对接矛盾，需要推动小农户组织化来实现土地适度规模，这其中需要注重以下三方面内容：

一是将“本土化”作为服务切入点。农业生产托管工作必须正视我国小农经济的基本国情，寻找服务“进村入户”的有效方式。生产托管工作只有真正嵌入农村社会结构中，才可能激发乡土社会的内在活力，提高农户学习和采用服务的积极性。当前，农村生产托管服务的主体力量，通常是依靠各

级政府、农民专业合作社、教学科研机构等引导或指导，在开展自我服务同时，辐射带动广大农民。山西省生产托管工作中，充分利用村集体组织、乡村精英、熟人社会等因素在组织小农户中的作用，这些服务主体与农民打成一片，与农民逐渐建立信任合作关系。同时，通过“做给农民看，带着农民干”，发挥示范带动作用，在生产过程中维护一批农户，在这个过程中开展营销和服务。

二是以维护农户为核心利益。生产托管服务首先要解决“谁来种地、种好地”和实现持续增收等利益诉求。为确保农户利益，在利益分配机制上，除与农户自己种植收益做比较外，还应考察土地作为农户的资产，能否为农户带来增值收益。与农户利益分享机制，主要依靠市场，农户与服务组织协商，政府不干预。以购买服务单一方式，向“土地股份+分红”等多元收入发展，让农户有更多收入来源。小农户在“被服务”中有更多“获得感”，培育壮大小农户的需求市场。

三是重视发挥农村集体组织作用。农村集体组织既是生产托管的组织者，又是生产托管的服务者。他们是农村承包土地的所有者，与承包农户有着天然的联系，在协调多元农户利益诉求、组织农户实现集中连片经营、协调服务组织与农户关系等方面发挥组织协调作用，也是各类合作社、工商资本进入农业农村领域的桥梁和纽带。有一些村集体采取两委干部领办合作社方式，为本村农户开展生产托管服务，解决农户种地难题。山西省寿阳县采取“整村推进”或“村集体+合作社+农户”方式，最大限度提升农民组织化程度和市场经济主体谈判地位，利于实现分散小农户与农业社会化服务大市场顺利对接。

（二）如何培育服务供给市场

1. 关于服务组织

服务组织发展是生产托管的前提。服务组织发展目标的价值导向特点，决定生产托管服务行为必须为主体带来利润，成长空间及具有获利能力是企业不断努力的方向。近几年，在农机补贴政策支持下，农村小型农机具蓬勃发展，也导致农机服务组织之间激烈竞争。调研中发现，对托管地块开展农机作业的机手年龄大多是五六十岁，面临着后继无人，农机维修工人缺乏、农忙时候找不到配件或农机维修不及时，耽误生产问题。农业投入品的市场产能严重过剩，利润空间越来越低，销售假冒伪劣农资现象依然存在。这些服务组织，由于竞争压力大、市场空间小、盈利能力弱等原因，不少服务组织只能艰难度日，很难保证服务质量。在此情况下，需要充分发挥市场机制作用，培育服务组织发展壮大，引导服务组织之间联合合作，解决“小而散”、服务能力弱、产业发展带动能力不强、后备人才短缺等问题。

2. 关于“谁来组织服务主体”

为确保小农户利益，规范各类组织行为，在服务组织市场培育初期，还是需要政府开展政策引导作用，充分利用市场和行政结合的调控手段，发挥市场信号和价格传导机制作用，引导生产托管服务组织发展壮大。

一是引导服务组织“抱团取暖”，在竞争合作下，争取更多发展机会。例如，在平遥县政府的协调下，以农机合作社联合社方式搭建垂直的服务体系框架，将农机商、农资商、农业企业等各类主体捆绑在一起，通过“区域布点”的模式铺设网络，提供包括农资在内的全程生产托管服务。通过这一模式的托管服务，农民农资、技术等生产性服务需求容易得到满足，方便企业进行农资销售，科技含量较高的农资产品更容易送到田间地头。

二是政策支持开展示范和引导。将农业生产托管作为发展现代农业的抓手，依靠政府行政力量推动，做好顶层设计，鼓励基层创造，培育和树立一些可复制可推广、可观可学的典型模式，以点带面推进工作。以开展试点项目为契机，加大农村基础设施投入，为降低农业服务成本创造了良好的环境条件。例如，寿阳县政府主管领导亲自抓，县乡村组上下联动，出台方案、标准，与地方防火等工作结合，村集体、合作社和农户都获益，积极性也非常高。推行农业生产托管两年来，改变了“家家地里忙，户户各干各”的经营状况，土地生产管理有专业的人才、专业的技术、规模的团队、精良的机具装备，更多的农民加入现代农业发展中。寿阳试点项目实施第二年，非项目支持区域的社会化服务价格也得到降低。

三是建立规范，倒逼服务组织提质增效。生产托管服务组织，除面对数量众多的小农户以外，还要面对政府、村组、企业等其他组织，必须突破唯利是图的单一思想，交付标准更高、要求更严的作业服务质量，还要注重自身能力建设、市场竞争力和社会影响力，承担起社会责任等。因此，需要政府发挥生产托管市场监管主体作用，完善生产托管服务标准和规范，是农业托管高起点、规范化、高质量发展的有力保障。

（三）如何建立生产托管运行机制

开展生产托管工作主要涉及政府、服务组织、小农户三方主体，需要厘清各主体职能、功能定位和利益诉求，建立多方共赢的生产托管运行机制，才能有力地推进工作开展。

1. 关于农户利益联结机制

农民的生产需求和利益诉求是生产托管服务首先要关注的问题。为确保农户利益，在利益分配机制上，除与农户自己种植收益做比较以外，还应考察土地作为农户的资产，能否为农户带来增值收益。当前，农户与服务组织协商利益分享机制主要是依靠市场力量，政府基本不干预定价。农户与服务组织之间利益联结机制，从市场化购买服务的单一方式正向“土地股份+分红”等多元化方向发展，农户收入来源日益多样化。此外，农户与服务组织还协商建立了生产托管的风险防范机制，将信贷保险等要素引入了托管领域。

2. 关于托管行为市场监管机制

社会化经营组织发展的速度之快，已经吸纳了众多的农户，有些经营组织拥有大量农户生产基础数据，他们的生产组织行为将对于当地产业结构调整、粮食生产具有重要影响。为确保托管双方利益和维持市场健康发展，需要政府部门通过识别生产托管过程中交易风险，从服务主体筛选、项目资金补助方式、资金监管、质量控制等方面进行风险防范。山西省寿阳县对于服务组织的服务质量监督上，制定了《项目资金管理办法》《资金补助规定》《服务组织名录管理制度》《服务规范手册》，并利用“双向选择”方式，对于不合格的服务组织进行淘汰。

（四）如何推进生产托管工作

1. 关于推动土地相对集中连片

通过生产托管以土地规模化实现农业的节本增效，出现了不能僵化理解“土地规模化”这一问题。因为在推动分散小农户之间的组织化面临着农户意愿分化，难以协调统一。土地碎片化和种植结构不统一，造成土地规模化在破除田垄、实现集中连片作业存在难度。目前阶段，只能采取服务带动性适度规模经营，宜理解为“土地经营权的集中”，地块空间上的相对集中，利于减少农机路上的消耗和提高服务效率。农村土地作业面积小，农机运输成本高，农时时间短，农事服务需要机械移动迅速。在相对地块集中的条件下，采取抓“薄弱环节+关键环节”，“撬动”农业生产全过程托管。寿阳县提出生产托管与防火工作结合，抓种植环节机耕的薄弱环节和秋季机收、秸秆还田的关键环节，推动了农业生产托管工作。

2. 关于发挥生产托管带动作用

服务主体对于采用国内外先进科技具有很高的积极性，生产托管成为当前先进要素进入农业的一个重要渠道。寿阳县引进墨西哥功能玉米新品种后，农户将用适合食品和特种玉米加工的订单新品种代替原来竞争力较弱的传统产品，从而提升产品市场需求，提高农户议价能力，增加销售利润。生产托管信息技术的应用，也大大提升了农业生产的服务与管理效率。平遥县和之瑞专业合作社联合社，对受托农户信息采集、合同档案管理全部电子化，“互联网+”手段大大提升了生产托管服务工作效率，信息化服务在生产动态监测、精准管理和远程控制等中的作用进一步凸显。此外，生产托管发挥了较强的产业带动作用。农业产业链条短、季节性强的特点，使农户在粮食种植方面增收渠道有限，必须在农业生产之外寻找农民致富出路。寿阳县探索了在生产托管基础上，以土地整理推动村庄环境治理，以生产托管带动粮食仓储、加工销售及休闲旅游等产业发展。

第五节 国外开展农业社会化服务的组织方式

一、典型国家经验

（一）美国：私营公司+合作社

美国农业呈现的是以家庭经营为主导的规模化走向现代化农业的典型。根据美国农业部数据，2017 年美国农场有 205 万个，其中小型农场（农场年收入低于 35 万美元）占 90%。美国农业除农场主自我服务外，社会化服务体系是建立在大规模家庭农场基础上，主要依靠市场机制来保证体系的顺利运行。由于美国的农业社会化服务体系是在商品经济竞争中发展起来的，政府直接干预少，私营企业、合作社、政府部门等多元主体、多种形式共同竞争，形成了互为补充、相互协调的服务系统。

1. 私营公司为农场主提供全链条服务

私营公司也美国社会化服务的主体之一，在美国农业社会化服务中承担重要的职能。这些公司为美国农场主提供系统的购销、加工以及产中产后服务，在一定程度上也承担农业科研、技术推广及教育培训的功能。“私营公司+农场（农户）”是美国农业社会化服务的主要形式，比较有实力的公司主要有 ADM、邦吉、嘉吉等跨国农业服务公司。私营服务公司通过签订供销合同和垂直一体化，将农业生产的上游阶段和下游阶段包含在一个公司内。垂直一体化使得农产品加工公司扩展其业务至原材料生产，或者农业产品运输公司将其业务拓展到农产品加工领域，这样全方位的市场化运作，使农产品可以最大限度地实现商品化。根据农产品销售合同、农业生产资料购买合同，私营公司能够及时为农场主提供市场信息，有效调节农业生产结构，帮助农场主少走弯路。

2. 合作社为社员提供农资农技和信贷理财服务

美国的合作社服务体系主要包括两个部分：一是农场合作社，根据提供的服务不同可以分为生产合作社、销售合作社和购买合作社，为农户提供销售、运输、信贷等农业生产托管，还发挥着联结政府、涉农教研机构的桥梁作用。二是合作农业信贷体系。在美国联邦政府农业信贷管理局领导下，由联邦土地银行、联邦中期信贷银行和合作社银行 3 大系统组成，通过会员入股来吸收存款，向农场主提供低息信贷服务，传授金融理财知识，帮助农场主提高理财能力，组织运行方式和机制上充分体现了互助合作的原则。

3. 政府负责科技、金融保险等公共服务投入

政府公共服务部门主要是由农业部下属的农业研究局、农业推广部门、各州际合作部门、各州立大学农学院、州立农业试验站以及各县农业推广等部门共同构成，在联邦财政的支持下，为农业生产提供科技、金融保险及信息服务。美国政府很少直接通过行政手段干预农业发展，农业支持主要是通过服务实现的。美国政府通过立法和财政支持，为美国农业发展提供长期的制度安排，在农业服务体系中处于基础性地位。美国政府支持政府联邦农作物保险公司、商业保险机构参与农作物保险业务，补贴保险公司保费及运营费用。另外，政府还成立非营利性的农业保险服务性组织——农作物保险协会，为农民提供农作物保险的法律援助和政策指导。美国各级政府通常负责投资大、收效慢的基础设施等服务项目，如交通运输、仓储设施、能源供应等物质基础设施以及农业教育、科研和推广、农业保险等社会基础设施。此外，农业部还提供全国农业统计服务，及时收集、整理出版国家和州级的农业统计数据，帮助许多发展中国家开展统计数据的信息服务。

（二）荷兰：合作社+商业公司

荷兰政府将农业定位为持续、独立、具有国际竞争力的行业，建立了销售服务导向下，政府科教推服务、拍卖公司销售服务和合作社生产服务共同构成的农业社会化服务体系。

1. 合作社是农民组织化的主要形式

荷兰农业的经营主体是家庭农场，大型农业企业较少。由于生产规模小，市场竞争力偏弱，农民的权利得不到保障，因此，农民自发地组建了各类农业合作组织。它们共同采购农业生产资料，加工和销售农产品，筹集资金以降低投资成本，提高产品收入水平，使农民在激烈的市场竞争中获得最大的经济效益。荷兰的农业合作社也是“法定产业组织”，即以各种协会的形式存在，可以划分为“行业协会”和“商品协会”。这些协会将农民团结起来，以加强农民的政治地位和社会地位，有助于从根本上保护农民自身利益。荷兰农业合作社与农民有着深层次的利益关联，各种合作社都非常清楚自己的职责，并热衷于为农民服务。大多数荷兰农民参加三到五个合作社，同时以缴纳会员费的形式确定与合作社的关系，并获得各种所需的帮助和服务。荷兰农民和合作社之间通常存在良好的互信关系。以销售合作社为例，合作社和农民之间有收购或者出售特定比例商品的义务和责任。合作社为农民提供服务不以营利为目的，但在市场上，合作社追求利润最大化，为合作社成员谋求最大的利益。扣除各项合理费用后，合作社将根据会员销售产品的销售比例将利润返还给他们，这表明合作社与农民之间的利益是完全一致的。

2. 商业公司负责农产品销售流通服务

商业公司也是社会化服务供给方的重要部分，在农业基础设施建设、农作物种植培养、害虫防治以及产品销售等各环节都有商业公司参与。其中，最具有代表性的是荷兰农产品拍卖市场和与之配套的拍卖公司。拍卖商品种类繁多，除了各种花卉、水果和蔬菜的经典品种，一些新品种只要符合市场的相关规定，都可以在拍卖市场进行拍卖竞价。首先，拍卖市场更好地解决了农民与市场的供需直接对接问题，有助于形成公平竞争的市场环境。拍卖市场建立了严格的质量检测体系，指导农民按照标准体系对产品进行选择，然后分类和包装，并提供储存设施和冷库设备服务。其次，拍卖市场还会进行有效的市场调研、市场分析和销售管理、海内外销售推广等，为生产经营企业提供供求信息，保障了市场经营的稳定，大大降低了经营者风险性。

3. 政府提供科技金融服务，重视生产过程管理

荷兰有着相当发达的农业科研、教育和推广系统，这三项被誉为荷兰农业发展和一体化经营的三个支柱。荷兰农渔业部为面向农民的教育和农业技术推广服务提供相应的资助。为了解决农民的融资问题，荷兰政府建立了三条重要的农业融资渠道。第一，建立农民合作金融制度。政府允许成立农民合作银行，为社员提供信贷支持等各类金融服务，不干预银行的经营活动。目前，荷兰有90%以上的农户信贷来源于农民合作银行。第二，建立农业担保基金，为了方便荷兰农民的融资，荷兰政府在第二次世界大战后设立了农业担保基金，主要为从银行借款并提供担保的农民提供贷款服务。第三，设立农业安全基金，以帮助遭受自然灾害的农民。荷兰政府重视农业生产各个环节的过程管理，而非目标管理，每一环节制定严格的标准，从而保证了农产品品质稳定性。

（三）日本：农协服务

日本国土面积小，家庭农场平均面积不足 3 公顷，农业主产区北海道面积略大，为 28 公顷，其余地区为 2 公顷。日本农业虽规模小，但小型农机普及率比较高，生产环节以自我服务为主，服务外包比例不高。除此之外，农户所需要的其他服务，都依靠农协来完成（见表 1-14）。

表 1-14　日本农户水稻生产各环节的服务外包面积占比　（单位：%）

年份	全程作业	育苗	耕整地	插秧	植保	收割脱粒	干燥
2000	2.12	4.00	4.73	5.48	2.10	12.00	9.58
2005	2.23	3.35	3.06	4.12	1.87	8.88	8.08
2010	1.78	4.59	3.92	4.92	4.10	10.30	9.51
2015	1.90	3.90	3.21	4.36	4.76	9.32	8.53

资料来源：罗必良．中国农业现代化的路径选择［Z］．2019 中国农业经济学会年会（北京）.

1. 日本农协发挥重要服务作用且影响力巨大

在政府的大力扶持下，日本建立了以农协为载体，由基层农协、农联联合会和农协中央会三级构成的农业社会化服务体系。农协提供的服务主要有 5 个方面：一是农业生产指导。帮助会员制订产前生产经营计划，避免品种种植单一或重复造成价格波动。二是生产资料供应，为了改变农户在购买农业生产资料时的弱势地位，日本农协在农户购买生产资料的过程中扮演中间人

角色。农协主要是以会员为对象，代理生产资料和生活资料的购买，农协与生产资料供应商展开谈判，通过大量交易得到廉价商品。农协还集中购买大型设备，有偿提供社员使用。三是农产品的收购和销售。农协对农户生产的农副产品实行无条件委托销售，即农户不是把产品卖给农协，而是委托农协销售，不附加任何条件。委托销售的农产品卖什么等级、什么价格均以市场成交情况为准，避免了各个农协会员之间的相互压价竞争，保护了农民的利益。农户约有60%的农产品通过农协进入市场。四是农村金融服务。日本农户入股参加基层农协的信用合作社，由农协负责为农户提供低息信贷服务。农协要求会员把销售款及分红的一部分存入农协。农协贷款不以营利为目的，解决农户生产性和生活性支出资金不足的问题。五是农业科技服务。“政府+农协”的农业科技中介服务体系是日本农业发展的主要亮点。各都、道、府、县都成立了农村科技服务中心，邀请农业科技专家讲授现代技术，设立专项经费奖励农业科研和农学院学生。农业协会引进先进的农业设备和技术，日本中央政府及以下各级政府均给予相应的资助，资助额度最高可达80%。

2. 日本政府提供公益服务并履行监督职能

除农协外，政府也为农业提供社会化服务。首先，日本政府提供直接的资金补贴，其中最直接的补贴方式就是实行农田水利建设和农业保险补贴制度。日本政府预算中，有专门的“农田基本建设款”，由政府出面直接兴建大型农田水利工程。日本政府主要是对投保人、经营者和再保险组织进行财政补贴。无论是自愿保险还是强制保险，都享受政府补贴，费率越高、补贴率越高。其次，研究机构、农业改良普及中心等提供农业教育和科研服务，日本的农业教育主要由日本中央政府和各级地方政府开设的农业高中、农业大学、农业技术学院、农业改良普及中心、农协、青年俱乐部共同完成，并提供各种专业进修、农业实验、实习、海外留学等途径提高农业从业者的知识和技术水平，成为培养农业从业者的重要基地。日本政府还制定了详细而完善的农业相关法律，为农民利益提供保障。

二、启示

（一）加强政府农业基础设施和公共服务投入

农业基础设施条件和农业科技、教育、信息、保险等公共服务水平，直接关系到劳动生产率的提高，对社会化服务具有很大影响。国际经验显示，政府是农业基础设施和公共服务投入的主体，为农业社会化服务事业发展奠定良好基础。美国政府重视农业基础设施建设、农业基础性研究和教育投入，并承担联邦农作物保险公司的各项费用，吸引商业保险机构和人员参与农作物保险业务，对商业保险公司保费及运营进行补贴。荷兰政府的服务集中在农业融资和金融担保，荷兰政府相当重视发展农业教育及农业科技的研究和应用，建立了农民合作银行、农业担保基金、农业安全基金三条重要农业融资渠道，解决农民的融资问题。日本政府负责兴建大型农田水利工程，并为其他农田水利建设和农业保险提供直接补贴，出资建立农业教育培训机构，为农业科研、技术推广提供补贴资金。各国对农业基础设施和公共服务方面的保障性投入，为农业社会化服务的发展奠定了良好的基础。

（二）推动合作社规范发展和提升服务农户能力

合作社作为提供农业社会化服务的主要力量之一，经济上与农民有着密切联系，为社员提供各种服务并为农民发声。各国政府都非常重视发挥合作社的组织带动作用，充分尊重其自主经营权，在税收、信贷等政策上多方扶持，不断提升合作社服务能力。荷兰的农业合作社也是“法定产业组织”，即以各种协会的形式存在。合作社负责采购农业生产资料，加工和销售农产品，筹集资金以降低投资成本，提高产品收入水平。日本的农协组织非常庞大，几乎垄断了现代农业经营所必需的各种社会化服务。美国农业服务主体中，合作社占有重要地位，为农户提供销售、运输、信贷等生产过程中需要的各种服务。这些合作社成立初衷都是为专业化生产农户提供服务，因此，推进合作社治理制度规范化、提高社员参与度是合作社服务之本源。随着产业发展和需求增加，服务领域不断向资金融通、销售、供应、加工和储藏等领域延伸，服务不断得到了强化。

（三）鼓励产后服务实体参与农业社会化服务

具有产后销售能力的公司从事农业服务，利于引导农户生产机构调整、规范农业生产过程，增强了整个产业链的活力，对于农业产业化发展具有重要作用。美国私营服务公司通过签订供销合同和垂直一体化，将其与农场主结合为一体。美国三大农业跨国公司运作渗透到农业生产的每个环节，从产前、产中、产后的农业技术服务，再到生产中所需的各种农资，最后到农产品的深加工直至进入市场，都有完整的市场化运作体系。农产品市场化过程中建立发达的物流系统及专业零售终端，其中每个环节的参与主体都以追求利润最大化为目的，实现高效的农业产业发展、农产品市场化服务。荷兰的农产品拍卖市场和与之配套的拍卖公司，提供产品销售、分级保障、仓储物流、销售信息等服务，引导农业生产结构调整、标准化、高质量农产品生产，为荷兰农产品持续的国际竞争力提供了有力保障。日本农协无条件负责农户所生产的农副产品销售，委托销售的农产品卖什么等级、什么价格均以市场成交情况为准，避免了各个农协会员之间的相互压价竞争，保护了农民的利益。在农业市场化、社会化背景下，需要鼓励具有产后带动能力的企业参与社会化服务，弥补农户在仓储烘干、销售加工等环节能力不足的短板，提升农民种粮积极性和带动整个产业发展。

（四）强化农业领域保险信贷服务

农业生产高风险和准公共产品特性，决定了不能完全依靠市场机制来提供，需要政府的支持和建立运营高效的农业金融制度，强化农业领域的保险信贷服务。美国政府财力支持联邦农作物保险公司、商业保险机构开展农作物保险业务，还成立农作物保险协会，为农民提供农作物保险方面的法律援助和政策指导。荷兰政府建立了农民合作银行、农业担保基金、农业安全基金三条渠道，以解决农民融资难题。日本农协建立的农村合作金融制度，为农户的生产生活提供了方便的金融支持。国外经验显示，政府应该为保险机构提供经营管理补贴、利税优惠和再保险等资金支持及政策保障，鼓励发展农民互助合作保险，满足农户生产投入资金需求（见表 1-15）。

表 1-15　美国、荷兰和日本农业社会化服务主要做法及启示

	政府	合作社	私营公司	突出特征
美国	负责投资交通运输、仓储设施、能源供应等基础设施投入，负责农业教育、科研推广、农业保险等社会服务基础设施投入	产后服务发挥组织协调作用，有产后加工和销售的能力的合作社加入社会化服务中来，通过签订合同实现垂直一体化发展	提供购销、加工、产中产后服务，承担农业科研、技术推广及教育培训的功能	从最初以政府服务为主逐渐建立起政府、合作社和私营公司分别提供公共服务、合作社服务以及私人服务的服务体系

续表

	政府	合作社	私营公司	突出特征
荷兰	提供融资和担保服务，建立农民合作金融制度、农业担保基金、农业安全基金三种重要融资方式	农民组织化的主要形式，农民通过合作社共同采购农业生产资料，加工、销售农产品和筹集资金	参与农业基础设施建设、农作物的种植培养、害虫防治以及农产品拍卖	销售公司引领生产性服务，农业合作社为农户提供资料供应、产品销售、融资等方面服务
日本	为农田水利建设提供资金补贴，为研究机构、农业改良普及中心等提供资金支持，制定详细而完善的农业相关法律	农协是综合性合作社，农业经营必需的生产指导、农产品销售、生产资料供应、金融保险、科技等服务，均由各级各类农协承担		日本农协覆盖全国农村，除经济、信用、共济主体业务外，还包括福利、农业指导、信息咨询等其他辅助业务

第六节　推进农业生产托管发展的对策建议

一、大力扶持生产托管服务主体，提高服务供给能力

（一）扶持生产托管服务主体发展壮大

服务产业是农业弱质产业，客户又是小农户，企业盈利能力弱、风险大，所以对于托管服务主体能力要求非常高。充分发挥财政资金引导作用，按照主体多元、形式多样、服务专业、竞争充分的原则，鼓励培育和支持多种类型的面向小农户的社会化服务组织的发展。一是充分发挥村集体带动作用。村集体既是农户组织者，又是服务主体。要深化农村集体产权制度改革，推进政经分开、政社分开，建议有经营能力的专业机构对集体资产进行管理，实现保值增值。二是规范合作社发展，增强服务带动能力。进一步规范合作社章程制度、组织机构、财务管理，完善合作社与社员紧密相关的利益联结机制，提高社员的参与度。鼓励合作社加强加工仓储物流等关键环节能力建设，延伸产业链条，向产加销一体化拓展。支持合作社开展生产托管，依法依规开展互助保险。引导家庭农场组建或加入农民合作社，鼓励同业或产业密切关联的农民合作社通过兼并、合并等方式进行组织重构和资源整合。支持农民合作社依法自愿组建联合社。三是积极培育社会化服务组织发展壮大。

引导和鼓励在烘干仓储、售粮服务等产业服务环节具有较强的组织，牵头整合生产托管产业链上各类资源，组建服务联合体，提升产业发展带动能力。鼓励各类服务主体之间横向、纵向开展联合，以“抱团取暖”方式，争取更多服务和被服务机会。针对村集体、合作社等主体使用金融、保险等手段防控风险能力不足的情况，积极引导商业银行、农村信用社等金融部门，创新适合托管服务组织的金融产品，简化审批手续，使生产托管顺利开展，帮助解决托管服务组织流动资金不足的问题。

（二）加大生产托管经营管理人才培养力度

随着政府支持生产托管工作开展，经管部门作为政府机构代表，职能也在发生转变。从农经管理数据的统计到开展模式创新，承担了更多的技术方案研究、服务效果监督评价等职能，这些职能对经管干部的技术服务能力、组织协调能力要求更高。一方面要重视现有农业经管人才的思想和能力建设，更新其知识结构层次，适应现代农业发展的新要求。另一方面要按照“懂农业、爱农村、爱农民”的要求，吸引培育选拔一批新的专业人员充实到经管队伍。农业专业人才培养和管理人员的思想建设，是合作社、村集体经济组织等社会化服务组织发展的基础保证。开展多种形式的培训活动，选拔和培育合作社、农村集体经济组织、职业农民等社会化服务人才，促进合作社等新型经营主体的管理人员思想有高度、发展有目标、工作有规划、管理有水平。以项目方式，支持大学生、农村能人等以生产托管方式开展的创新创业活动，培育新产业新业态，提升农村产业发展活力。完善农村人才引进制度，培养有文化、懂技术、会经营的农业托管人才，以解决制约农业生产托管发展的人才问题。

（三）重点加强农业基础设施和设备投入，支撑农业生产服务的规模化作业

当前，农田基础设施多为便于小农生产的道路交通环境，为推进农业生产服务的规模化，迫切需要改善农田道路、防洪排涝等基础设施，以适应连片种植，机器操作大规模作业。尤其是生产托管起步阶段，需要树立发展农业生产托管，农业基础设施建设先行的意识。以开展生产托管试点项目为契机，加大农村基础设施投入，改善农田整治、灌溉排水设施、田间道路、林网配套等基础设施条件，减少生产托管主体风险，为大型机械作业提供方便。调整我国农机具补贴方式，加强对大型农机具的补贴，尤其是烘干仓储、适

用免耕技术大型农机具的购置补贴，并适当向规模以上的托管服务主体倾斜，提升规模化服务能力。创新机制，引导企业、大户等各类经营主体投资农业基础设施建设，鼓励各地积极探索农业基础设施经营管理机制，引入竞争机制，提高农业基础设施供给效率。

二、推动小农户组织化，培育壮大需求市场

广大农村地区生产托管服务面临需求不足及需求无法满足并存的问题。根源在于农户种植规模小、地块分散、种植结构不统一，难以实现集中连片耕种。为解决小农户与服务大规模的对接矛盾，在推动小农户组织化时需要注重三点。

（一）搭建托管服务主体进村入户平台

正视中国小农经济社会特点，坚持“本土化”原则，重视利用农村集体组织、乡村精英、熟人等本土资源在组织小农户中的作用。鼓励各地探索“整村推进”“村集体+合作社+农户”“合作社+农户”等生产托管组织方式，通过“做给农民看，带着农民干”，发挥示范带动作用，并引导建立以增加农户收入为核心的利益分配机制和多元化、长效增收机制，让小农户在“被服务”中有更多“获得感”，培育壮大小农户的需求市场，利于实现分散小农户与农业社会化服务大市场顺利对接。不断创新托管服务方式，引导小农户由单环节托管、多环节托管、关键环节综合托管逐步走上全程托管，不断提升生产托管对小农户的覆盖率。

（二）推动乡村产业融合发展

托管政策需要配套产业政策，才能保证持续性。鼓励将生产托管作为壮大农村集体经济的重要手段，推进乡村主导产业发展壮大，延长产业链条，为农民转移就业、人才下乡创造更多的就业机会和更好的环境。生产托管发展壮大，需要农村产业壮大。农村产业发展，将会促进更多年轻人返乡创业，有助于培养新型职业农民，有利于解决服务主体后继无人、农机维修工人缺乏、农忙时候找不到配件或农机维修不及时等问题。加快一二三产业融合发展的步伐，推进农业的二产化、三产化，提高农业产业的整体盈利水平，提高受托主体产业链的高端获利能力，从而将生产端的利润让利于民，带动农民共同致富。将生产托管试点工作与本地其他相关工作结合，能够发挥“引领”和“撬动”作用。

（三）完善服务主体与农户的利益联结机制

从目前探索实践来看，农户与服务主体的利益联结模式大致可分为一般市场型和股份合作型两大类。从构建紧密型利益联结机制、强化企业联农带农的目的出发，应大力推广股份合作型利益联结机制，强化村集体、合作社在利益联结机制中的上通下联作用。引导村集体、龙头企业、合作社通过双向入股方式实现利益联结，鼓励小农户以土地、劳务、资金等入股合作社，合作社集中资源入股企业，解决产业基础的规模化和节约化问题。引导企业主体、合作社和农民完善利润分配机制，推广“保底收益+按股分红”分配方式，明确资本参与利润分配比例上限，维护农民利益。支持合作社开展生产托管，依法依规开展互助保险。推动生产托管的模式创新，支持企业以资金、技术、品牌等入股专业合作社。利用农村集体经济组织、乡土能人等本土资源组织小农户的作用，鼓励各地探索整村推进、代耕代种、联耕联种、订单托管、产业化联合体等组织方式。

三、加大生产托管体制机制创新，完善市场环境

（一）加强生产托管政策顶层设计

相关部门和领导要进一步提高思想认识，高度重视社会化服务工作，将生产托管作为落实乡村振兴战略、深化农村改革、推动农业现代化的重要手段。认真学习、深入落实生产托管相关政策，正确解读生产托管政策，确定发展目标，细化支持政策，科学编制和完善实施方案。以试点项目为契机，从政策设计、组织管理、典型打造、资金配套等方面通盘考虑，在服务指导、政策扶持、规范管理、宣传推广等方面发挥政府主导作用，推动生产托管工作开创新局面。加强试点地区政策执行情况监督检查，一旦出现偏差，指导其结合实际情况及时纠偏。建立创新性工作的试错纠错机制，打消基层工作人员的顾虑，大胆开展政策创设。

（二）审慎推进典型引路工作

作为一项创新性工作，生产托管的模式推进不能操之过急。因为，对生产托管政策的理解，典型树立、模式总结提炼需要过程。生产托管的典型应该发源于市场，也要经得起市场竞争的严峻考验。尤其是农业生产，不确定因素很多，能不能在竞争中生存发展下去需要检验，更要避免依靠政府资金

创造出来的典型。即使是现在看起来优秀的典型，仍有需要规范之处。越是典型，越要规范和监管，否则就会有错误引导信号，给生产托管市场带来不好的影响。

（三）加强生产托管市场监管与风险管控

随着农业生产托管的逐步发展壮大，建立行业标准便于生产托管的市场发展和行业管理。如山西省在2019年建立了全国首个农业生产托管地方标准DB 14/1807—2019《农业生产托管服务规范》，对因地制宜推进农业生产托管和促进农业生产托管服务规范发展起到了很好的引导规范作用。具体而言，鼓励各地因地制宜，建立农业生产托管服务的基本原则、服务方式、服务主体、服务内容及服务要求等方面的相关标准和良好操作规范，引导业态规范发展，提升水平。加强托管行业自律和监督检查，建立服务主体的资信动态监测和管理体系，为被服务对象选择服务主体和政府部门购买服务提供参考依据，并推动服务主体信用记录纳入全国信用信息共享平台。强化合同内容约束和可追溯管理，帮助小农户与服务主体签订规范合理的合同条款，保护农户利益和避免更大的粮食安全风险。

四、以试点项目为抓手，深入推进生产托管研究与实践

（一）扩大生产托管项目试点范围

生产托管试点项目在培育农业社会化供需市场发挥了重要作用，很受地方欢迎。但由于实施时间短，还需要加强宣传和实施指导，加深认识和达成共识，提高地方积极性，才能发挥政策“撬动”作用。项目组织实施过程中，重视发挥农村集体经济组织在协调多元农户利益诉求、有效组织农民、整合土地要素等方面的作用，并探索壮大农村集体经济的有效路径。建议将生产托管政策作为确保粮食安全的重要工具。老百姓不愿意种的作物品种，采取托管种植方式，把品种补贴和托管补贴结合，可以补贴给服务组织，补贴给托管主体的成本可能更低、效果可能会更好。要按照财政部和农业部的相关要求，认真开展全国试点工作，省级层面也要安排专项资金开展试点，进一步扩大试点范围，将工作基础较好的县市区纳入试点范围。

（二）总结提炼地方性创新经验，重视规范典型模式行为

各地区针对当地特点进行了实践探索，总结推介农业生产托管服务先进

经验和做法，切实转变广大农户不愿做、不想做的思想。地方探索经验和模式都有成功之处，但是从国家的层面来说，不能单独地发展某一个，必须结合地域、农业结构和特色综合考量，要“一省（市县）一策”，不搞“一刀切”。建议生产托管开展较好的省市与未开展托管及经验不足的地区建立“一对一”帮扶模式，通过互动交流、人员挂职、干部轮训等方式，推动托管工作打开新局面。借鉴并推广兰西县建立主体筛选、资金监管、“先服务、后补助”、质量控制等四项机制，防范粮食生产托管风险。此外，生产托管作为一项创新性工作方式，对生产托管政策的理解，典型树立、模式总结提炼需要过程，当前要审慎推进典型引路工作，加强监管。生产托管的典型应该发源于市场，也要经得起市场竞争的严峻考验。尤其是农业生产，不确定因素很多，能不能在竞争中生存发展下去需要检验，更要避免依靠政府资金创造出来的典型。即使是现在看起来优秀的典型，仍有需要规范之处。树立越是典型越要规范和监管的意识，确保生产托管市场良性发展。

第二章

不同地区农业生产托管的典型调研

第一节　山西省农业社会化服务组织方式与运行机制调研

课题组于 2019 年 3 月 26—29 日，赴山西省晋中市寿阳县、平遥县和吕梁市文水县，围绕政府推进农业社会化服务业的模式创新，结合农业生产社会化服务项目及生产托管实践探索，开展农业社会化服务组织方式和运行机制调研。4 天行程中，共走访了 6 个生产托管服务组织，召开了不同层面座谈会 6 次，参会人数近 150 人次。在调研和参加相关活动过程中，课题组成员与各级主管部门领导、专业化服务组织、农户代表等进行经验交流，了解了情况，总结了经验，对发展面临的挑战有了新的认识，并得到几点启示。

一、调研区域概况

2017 年 8 月中央财政支持山西省开展农业生产托管试点工作以来，山西的农业生产托管从自发探索阶段进入政策引导的快速发展阶段。寿阳、平遥和文水三县，为粮食生产大县，共拥有耕地 227.9 万亩，2018 年三县生产托管总面积为 18.36 万亩，占总耕地面积的 8.06%。寿阳县起步较早，2017 年、2018 年连续两年实施试点项目，农业社会化服务处于山西中游水平，涌现“嘉禾公司”和“金穗种植合作社”两种模式。寿阳县托管项目，2017 年涉及 3 个乡镇 55 个村组 3829 户农户，托管面积为 56021 亩；2018 年 4 个乡镇 90 个村组 5827 户农户，托管面积为 57015 亩。平遥县 2018 年开展项目示范，在县委、县政府领导下，由和之瑞种植专业合作社联合社、中化公司、山西省农科院玉米所等单位参与并建立了“全域立体式”生产托管服务模式。平遥县托管项目涉及 6 个乡镇 5788 户，实施面积为 79891 亩。文水县 2018 年开展项目示范，在短短 6 个月时间内，按照规定工作流程完成了农业托管试点任务，在全县营造了生产托管的舆论氛围，在吕梁市发挥了良好的示范带动作用。文水县项目资金 300 万元，涉及 10 个乡镇、50 个村，接近 1 万户，涵盖玉米机收、秋耕两个环节，实施面积 46708.77 亩。实践显示，在农业生产托管试点项目带动下，实现了农户、服务组织、村集体、县乡政府多赢的效果，形成了山西全面建设现代农业的新局面，为全国起到了很好的表率示范作用。

二、农业社会化服务主要做法

（一）寿阳县

1. 四级联动抓落实

采取“县级部署督导、乡镇组织协调、村组调度实施、服务组织规范作业”方式落实工作。县政府成立“农业生产托管服务试点项目工作领导组”，由县长任组长，财政、农经、农机、项目实施乡镇主要领导任成员，并确保经费；乡镇按照“党委政府总体布置、分管领导具体协调、农经站室日查周报”方式，进村入户宣传，协调村组和群众做好配合；村组制定作业进度，安排专人协调农户、指路认地、保障食宿等；“服务组织和服务对象双向选择”并签订合同，明确服务地块、服务内容、作业时间和质量要求等，按照农机作业操作规范要求开展作业服务。

2. 整村推进重实效

一是工作思路上，按照“围绕主导产业、突出重点环节、扩大覆盖范围、集中连片推进”思路，以玉米为主导产业，对秋季机收、秸秆还田、机耕三个环节捆绑进行补助，项目集中在耕地面积大、防火任务重、机械化程度高的 5 个乡镇。二是项目布局上，坚持“因地制宜、注重实效、整村推进”原则，在秋收较快、机械作业认知度高的区域，有利于实施机械化生产；农林交错区，有利于体现托管效应并能缓解防火压力；公路沿边及靠山各村，以小农户为主并兼顾到农业适度规模经营。三是服务组织选择上，坚持“服务能力为基础、双向选择为关键、综合评定为根本”原则，确定质量标准，服务组织与实施区域乡镇、村组负责人及农户代表“双向选择”，评选结果进行公示。四是服务质量上，制定了《项目资金管理办法》《资金补助规定》《服务组织名录管理制度》《服务规范手册》；县农经中心与服务组织签订服务协议；建立“寿阳农业生产托管交流群”，实行每日影像报告制度；县乡村三级到田间地头检查，建立作业台账；以“查看资料与入户核实、定量抽查与整村全查、电话访查与入村实查”三结合方式进行验收。

3. 广泛宣传，鼓励创新

2018 年“中国农民丰收节”上，以条幅、版面、宣传单为形式，开展了宣传活动；利用各类机会，对服务主体、乡镇农经工作人员、各村组报账员等进行生产托管知识培训。通过“寿阳发布”公众号、“寿阳农民合作社”“寿阳广播电视台”等媒体平台，发布农业生产托管信息和播放相关视频。在推动生产托管良好氛围下，各类服务组织不断创新托管方式，涌现出以企业为主的“嘉禾公司模式”、以合作组织为主的“金穗合作社模式”。

（二）平遥县

平遥县在外出参观学习、掌握托管工作基本做法和成功经验基础上，制定了县级农业生产托管试点项目组织实施方案，筛选服务组织后，与 3 家合作社签订托管协议。为确保工作落实，县农经办与合作社签订了目标责任书。为避免内部竞争，3 家合作社以和之瑞种植专业合作社为核心组建联合社，并与中化公司合作，共同承担生产托管任务。联合社在 6 个乡镇推进生产托管，同时，还在机械化程度低的丘陵地区开展托管试点，为全县推进托管工作积累经验。平遥县农业生产托管模式，成为中化公司等工商资本进入农村农业领域最快捷的方式，既发挥了农民专业合作社作用，又避免了工商资本垄断农业，对推动农业现代化具有示范带动作用。

（三）文水县

文水县成立了由副县长任组长、相关部门主要负责人为成员的“农业生产托管试点项目领导组”，出台《关于文水县农业生产托管试点项目实施方案的通知》。在全县公开遴选了 8 家农机专业合作社承担试点项目，县农经局代表县农业生产托管领导组与服务组织签订合同书、责任书。项目实施过程中，相关负责人下乡宣传、指导、督查，边做边摸索经验、发现问题及时整改。各服务组织按 5%的比例自查，然后提出验收申请。县农经局会同财政局对所有服务组织采取随机抽查、电话回访、绩效评价综合等方式进行验收。在完成工作的基础上，认真总结典型经验，为完善托管工作打下坚实的基础。

三、服务主体开展农业社会化服务典型介绍

（一）嘉禾公司：企业+村集体经济组织+农户

1. 基本情况

寿阳县嘉禾农业科技有限公司（以下简称嘉禾公司）成立于2015年，注册资金为1000万元，是一家经营蔬菜、水果、中药材种植、林木育种育苗、造林更新等业务的农业科技企业。拥有意大利马斯奇奥7~9行精密播种机4台，意大利马斯奇奥深松犁5台，美国凯斯4088型籽粒收获机2台。在中国"一带一路"倡议推动下，嘉禾公司与墨西哥艾特尔农业技术咨询公司建立战略合作关系，共同建设"中墨功能农业合作交流示范园"。如何在短期内集中一定规模、集中连片的生产用地，是他们面临的一大难题。2017年，公司以流转土地方式，以1200元/亩高价艰难流转了近5000亩土地，运营压力陡然倍增。2018年，公司转变了思路，积极开展了生产托管服务，使其在很短的时间内，经营土地扩大到1万亩，打破田垄、联耕联种，推进了墨西哥玉米高产集成技术在山西的快速落地。

2. 生产托管组织方式

公司采取了整村推进方式，由村集体负责跟农民签订合同，然后对接公司进行全托管。目前，公司与4个乡镇7个村对接，以50亩为一个作业单元，破除田垄连片服务，托管土地面积达到1万亩。现已实现7500亩无地膜覆盖种植、测土施肥、无倒伏、高密植，平均亩产1092公斤，创造了山西旱作玉米最高产纪录。

3. 利益分享机制

嘉禾公司对服务地块提供玉米生产全过程托管服务，真正把农民从土地中解放出来，安心外出务工。托管内容包括从整地、播种、植保、收获、仓储销售一条龙服务。公司在园区建立了"收、烘、储、运"四位一体的万吨粮食仓储物流中心，对内与农民建立"粮食银行"机制，免费为托管农户进行粮食安全储存，解决农民收储和卖粮难题；对外与各大中型加工企业形成"订单模式"，形成稳定的外销渠道。公司与农户签订周期为3年的托管合同，收费方案有三种选择。第一，收取600元/亩服务费，次年交农户900公斤/亩粮食。第二，给农户900元/亩收入，公司负责从种到收及粮食的销售。第

三，收取600元/亩服务费，保证增产100公斤/亩，农户自己销售粮食。整个过程中，农民不花钱，公司垫付所有费用，秋收后结清或将玉米折价。其中，第三种是公司主推的方案，农民自由度更大。目前，选择三种方案的农户比例分别是15%、80%、5%。

4. 风险防范机制

合同约定，如果遇到不可抗拒的自然灾害造成损失，由所在地乡镇政府和农业保险公司协商处理，保险由农户自行选择，谁投保谁受益。农民不能违规收回托管地，或者干预生产经营活动。公司也不能随意改变土地用途，造成土地永久性损害、土地撂荒的，农户可解除合同。

5. 科技示范推广机制

公司构建了"国内企业+国外企业+科研单位"联合技术开发机制，示范推广玉米及高粱有机旱作种植技术、先进的农机设备等。墨西哥农学专家欧奈斯特·克鲁斯·冈萨雷斯先生，对公司的生产进行全程跟踪式技术服务、指导以及培训。克鲁斯针对旱作区玉米，优化集成了"有机旱作玉米精益种植24步法"，又简化为"三增三改一精准"技术法则，即增加密度、增加出苗率和根系发达程度、增加机械作业效率，改整地方式、改种植方式、改施肥方式，全程数据化精准管理。与传统种植方式相比，具有产量高、脱水快、容重高、病虫蚀粒少、抗性强等优点，减少了机械动力的消耗，营养的平衡措施，降低了化肥农药投入。公司也与山西农科院等科研院所建立了长期稳固的科研合作关系。

目前，公司承建的"中墨功能农业合作交流示范园"初见成效，先进的种植方式和农业机械设备，都在当地产生了较大影响。除生产托管外，园区还承担了农业科技示范、新型职业农民培训等功能。在其承办的2018年"寿阳县丰收节"上，外国专家亲自培训农民。以此为契机，寿阳县政府提出了在全县范围内打造一批以"中墨功能农业合作交流示范园"为代表的有机旱作农业精品示范田，引领带动全县有机旱作农业高质量发展。

（二）金穗种植合作社：合作社+村集体经济组织+农户

1. 基本情况

寿阳县南燕竹镇南燕竹村，有648户、1570人，耕地面积为5100亩，以粮食种植为主。2008年，村两委主要职员领办的金穗种植专业合作社成立，注册资金为60万元，社员为5户20人，以土地流转、全托管、半托管、保底分红、不保底分红、租赁为经营方式。2008年，流转土地500余亩，入社成员当年增收50%。在生产托管政策推动下，更多的农机大户、营销大户要求入社，推动了合作社发展壮大。截至2019年底，社员已增加到217户，注册资金达到260万元，带地入社3000余亩，拥有农机具60余台（套），服务周边8000~10000亩土地。服务面积扩大到5000多亩，带动本村农户增收100万元。目前，合作社全托管1000余亩，半托管4000余亩。

2. 生产托管组织方式

合作社以“村两委+合作社+农户”方式组织生产托管工作，发挥了乡村基层组织引领作用，确保农民利益，实现了村集体、合作社、农户的多赢。一是村两委领办合作社。村委主要成员威信高、能力强，在协调处理各种矛盾中发挥了重要作用。合作社与农民直接签订生产托管协议，村委会负责监督。二是组织管理比较规范。采取民主集中制度，选出18名成员代表，1名监事长，参与合作社的民主监督、决策和管理。财务管理制度健全，配有专职会计，为财务核算、红利分配、经济发展提供支撑。三是拓展增收渠道。合作社以土地流转、全程托管、半托管三种方式，经营了村里80%的土地，还经营化肥、农药、农膜等农资，建有超市、蔬菜采摘大棚各一处。合作社联合农村商业银行，开展“丰收贷”“农资贷”“农机贷”等贷款业务，为农户购买农资提供授信服务，同比降低利息40%左右，在助农创业、融资中起到积极的作用。

3. 利益分享机制

以确保农户利益为核心，建立了“股份合作保底+分红”收益分配机制。其中，保底收入有三种形式：一是全托管收入。按750~1000公斤/亩粮食，次年1月15日市场挂牌价，扣除生产费用（生产资料、机械作业、管理合计600元）以现金方式返还给农户。针对集中连片土地，为农户提供覆盖粮食生产的耕、种、收、管、售等“一条龙”式全程服务，合作社垫付费用，次年结算。二是土地半托管收入。农户负责种子、化肥、农药等全部农资投入，合作社负责某个时段的劳务项目，按100元/亩收取服务费。通常是地块小、不连片、大型农用机械进不去的地方。三是流转土地。按900元/亩流转收入。合作社股份有两种形式：土地入股和现金入股。农户以承包地入股，土地按200元/亩折价，成为合作社社员。如农户不愿意出资，可参与合作社的其他实体经营。土地入股和现金入股的实体分别核算和二次红利分配。此举极大地调动了农民的积极性，也对无资金农户提供了增收的机会。2018 年，合作社留足发展基金后，39 万元用于社员分红。

4. 风险防范机制

合作社与社员建立了风险共担机制，如有 50%以上减产，社员与合作社协商解决，或经第三方机构评估后协商。这一机制的实施，也是要依赖作为社长的村支书的威信。此外，根据经验，当地近百年来无大灾，最坏的年景也有七至八成收入，合作社可以承担较小的减产风险。

5. 技术示范推广机制

合作社和山西农大共同研发的有机肥撒施机、谷子联合收获机、膜侧播种一体机等，在全省范围进行推广，为山西杂粮全程机械化种植推广起到了收获破壁的作用。合作社利用培训中心优势，积极开展各类农技等新型职业农民培训。

（三）和之瑞合作社联合社：合作社联合社+企业+农户

1. 基本情况

和之瑞种植专业合作社联合社，组建于 2017 年底，由山西和之瑞联合社及另 2 家合作社共同组建。目前，对平遥县 6 个乡镇 67 个村 38744 亩农田实施了托管服务，提供代购农资，从播种到收获全程的农机、农技和粮食收购服务，每个村示范 100~500 亩农田。联合社还成立党员突击队，在乡村服务站体系建设中发挥了党员先锋作用。2018 年 11 月，党员突击队带领六台大型拖拉机、行程 70 多公里为贫困村 500 多亩土地进行了免费秋耕。2018 年 12 月，经当地组织部门批准成立了“山西和之瑞种植专业合作社联合社临时党支部”，是山西省在《中国共产党党支部管理条例（试行）》颁布后的第一个临时党支部。

2. 生产托管组织方式

联合社纵向建立了直接面对农户的服务网络，横向整合中化公司、种子经销商、农资商、粮食收购企业、植保公司、信息化服务公司等生产资源，共同为农业生产托管提供服务，形成了平遥县的“十字托管”模式。（1）联合社组建了由乡级服务站和村级服务点构成的服务网络。凭借根植本土优势，拓展农户市场，直接与农户签订土地托管合同，为农户提供生产托管服务。联合社还托管农机具 48 台（套），实行统一调度，开展联种、联耕、联收。

截至2019年1月，联合社已组建乡级服务站6个，村级服务站106个。（2）在平遥县政府组织下，联合社重点与中化公司开展合作。中化公司依托所建立的“现代农业平台（MAP）”，采用园区化方式开展种子、化肥、农药、保险、收购粮食等经营，开展测土配肥和配套农资。中化公司为联合社托管的土地，提供一整套的农资农机服务技术方案。联合社通过服务网络，将中化公司的技术服务方案和农资落实到田间。中化公司提供的农资质量好，粮食收购价格高，受当地农户欢迎。（3）和之瑞联合社还联合了11家种子经营大户、6家农资大户及6家粮食收购企业，提供生产资料供应和粮食购销服务；联合了山西田航公司、山西飞农植保公司，提供植保服务；联合了“爱种网”、兴农丰华数字农场，提供托管数字化管理。

3. 利益收益分享机制

联合社探索“整村托管”“土地入股”等多种机制。例如，中都乡东庄村全村1000余亩土地，其中，894.06亩土地全程托管。宁固镇左家堡村开展土地入股托管试点，全村3000余亩土地，由村集体经济合作社组织，以土地入股的形式集中交由联合社连片种植、统一管理、保底分红。目前，已完成70%农户、近2000亩土地入股登记工作。合作社提供了菜单式“全托”与“半托”服务，且以高于市场价1～6分/公斤的价格收粮，使每户平均增收230.6元。联合社还建立了“粮食托管中心”，为农民免费储粮、销粮，储粮户可以根据粮食市场行情来决定粮食出售时间。粮食托管中心与当地多个村的粮店联合成立联合商店，储粮户未卖粮就可以到联合商店提前消费。粮食托管中心从联合商店获得3%～5%提成来补贴储粮费用，为逐步净化农村消费市场发挥了一定作用。

4. 科技示范推广机制

组建了由山西省农科院、山西农大、山西大学及农业科研推广部门的30余名专家顾问组成的技术服务团队。2018年，和之瑞联合社与农科院玉米所、高粱所、环资所、山西大学应化所签订了战略合作协议，安排了化肥减量增效、种肥同播、绿肥宽窄行轮植等多项高新技术试验示范，为科技快速转化奠定了基础。

（四）三类主体农业社会化服务的比较分析

1. 生产托管组织方式比较

小农户的利益需求存在较大差异，很难形成统一的集体决策，增加了市场化托管服务对接小农散户的交易成本。由此，提高小农户和托管服务主体的组织化程度，以规模化需求对接规模化服务，降低交易成本，是当前生产托管组织方式创新的重要内容。调研显示，在小农户组织方面，三类主体选择各有侧重。其中，嘉禾公司借助村集体力量，以整村推进方式实现了小农户的组织化，并尝试开展整建制托管、成方连片种植，不但有效整合地边地沿，每千亩地多整理10%左右的空间，还充分发挥大型农机作业效率高、化肥药剂使用效率高及全程数据化管理的优势。金穗合作社采取村集体与合作社方式组织农户，且村集体参与生产托管的运营服务，推动了农村集体经济资产“三变”改革，在壮大农村集体经济、推动乡村自治方面发挥了重要作用。此外，村集体还在帮助服务主体整治田间路、指认地块、收取托管费等方面发挥了积极作用。和之瑞以合作社方式组织小农户，村集体的参与程度不高，未推动集体经济的发展壮大。在服务主体组织方面，嘉禾公司是以自身为主，季节性聘用外部服务组织，没有推动农机、农资等服务主体资源整合。金穗合作社、和之瑞联合社推动了合作社、农机手、农资商等各类生产服务主体的资源整合，实现了服务供给主体的组织化，也是中化公司等工商资本进入农村领域的桥梁和合作伙伴，发挥了农民专业合作社作用，而整合村级农机合作社和农机手，利于淘汰小马力农机和空壳合作社，推动基层农机化水平整体提升（见表2-1）。

表2-1 组织方式比较

	农户组织方式	服务主体组织方式	特点
嘉禾公司	村集体经济组织负责组织小农户，但未参与托管运营服务	企业为主，据需要雇用其他服务主体，未推动服务主体整合	利于推动土地规模化、降低服务成本，但服务机械投资大，要求有一定经济实力
金穗合作社	村集体经济组织、合作社联合组织小农户，参与运营服务，激活了农村集体资产	村支书、供销社、合作社为一体，推动了部分合作社、农机手、农资商等服务资源整合	组织农户力度大，利于推动土地规模化、降低服务成本；以本村的社员、小农户、农机手为服务对象，受益面更广，更适合广大农村地区
和之瑞联合社	合作社为主，村集体经济组织未参与组织和运营	推动了合作社、农机手、农资商等服务资源整合	提高了服务资源配置效率，但组织农户、推动土地规模化方面能力有待提升

2. 生产托管机制比较

利益联结机制上，还应考察是否建立与农户的利益联结机制。嘉禾公司和和之瑞联合社未建立与农户的利益联结机制，被托管农户只获得了种粮收入。而金穗合作社为农户建立以土地股份分红、务工等渠道的利益联结机制，农民能够分享合作社发展收益。风险防范机制上，金穗合作社替农户承担了大部分风险，另外两类模式，采取双方共同承担的方式，三者在托管服务上都没有引进金融、保险等服务。技术推广机制上，均围绕生产托管服务需求，建立了产学研联合的技术示范推广机制。嘉禾公司采取国内外科研技术结合、示范先进的种植技术，精良的农机具，对当地其他服务主体发展产生了巨大影响，探索的新产业新业态发展模式，对推动农村产业兴旺具有重要意义，技术服务“溢出效应”更为突出（见表 2-2）。

表 2-2 生产托管服务相关机制比较

	利益联结机制	风险防范机制	技术推广机制
嘉禾公司	农户获得种粮收入，无联结机制	双方共同承担，金融保险不介入	企业为主，与生产托管服务结合，示范推广国内外先进技术
金穗合作社	农户获得种粮收入，土地股份分红，建立联结机制	小风险，合作社承担；损失 50%，风险共担，金融保险不介入	合作社为主，与生产托管服务需求结合，开展技术示范推广
和之瑞联合社	农户获得种粮收入，无联结机制	双方共同承担，金融保险不介入	联合社与科研机构结合，结合托管工作，开展技术示范推广

3. 生产托管工作进展比较

三类典型模式使生产托管工作呈现了由自发到有组织、由低效率到高效率、由与农户关系松散到紧密的阶段性特点，且在一个地区生产托管的不同阶段并存。对不同阶段的托管工作特点进行辨识和引导，利于推动托管服务向更深层次推进。第一阶段，生产托管自发阶段，为农户和服务主体自发开展的托管。在机械化程度比较高的农村广大地区，农户根据生产需要，购买社会化服务。自发阶段托管服务，农户组织和服务的效率不高，需要政策的宣传引导，加强联合合作，降低公关成本。第二阶段，政府试点项目带动下开展有组织、规模化的生产托管。比如，和之瑞联合社、金穗合作社，都参与托管试点项目，农户和服务主体组织程度进一步得到提高，优化了服务效率和效益。这一时期，应注重政策宣传和经验总结。第三阶段，小农户与服务主体建立长效的利益联结机制。金穗合作社开展以土地有效利用为核心的“土地股份合作+保底分红”，农户收入有增长预期，服务主体的经营效益好，为推进生产托管工作指明了方向。

四、取得的成效和面临的挑战

（一）取得的成效

1. 农业托管在山西省形成了良好的氛围

山西省各级领导工作态度积极，一些县市主动将生产托管作为发展现代农业、推动地方经济发展的大事来抓。山西省农业厅经管总站，严格按照政策制订好实施方案，并对所属市县乡负责人进行培训和沟通，督促做好工作，确保项目安全、规范实施。基层生产托管工作的组织管理人员认真负责、有担当、善于创新，为工作推进和形成良好氛围发挥了重要作用。

2. 投入成本降低，实现多方共赢

农业生产托管后，服务上门，保质保量保农时，农户外出务工安心，每个环节可省 5~15 元钱，可省成本 25~30 元/亩，实现打工和土地收入“双丰收”。对托管服务组织来说，服务规模扩大，作业质量和效率大大提高，连片作业亩均增收 5%左右。粮食存入粮食银行，减少 7%、10 万公斤的粮食损耗。对服务市场而言，大部分农机户参加托管项目，市场不再无序竞争，农机安全隐患降低。对农业发展而言，深耕和秸秆还田改掉了农民焚烧秸秆的陋习，减轻了护林防火压力，降低了土地板结程度，减少了风蚀和水土流失，恢复和提高了地力，推动了农业绿色可持续发展。

3. 创新经营方式，破解适度规模经营难题

近年来，农村青壮年劳动力大量外出打工，土地无人耕种、管理粗放，甚至撂荒等现象在农村越来越突出，而且，农村土地承包经营权确权为推进农业社会化服务提供了便利。农业生产托管推进农业适度规模经营作用得以更好地发挥。例如，寿阳县推行农业生产托管两年来，改变了“家家地里忙，户户各干各”的经营状况，农户有话语权、决策权，土地生产管理有专业的人才、先进的技术、规模的团队、精良的机具装备，农业经营规模化水平明显提升。

4. 增强服务组织综合发展能力，提高农民组织化程度

托管服务不仅解决了小农户的问题，也为合作社、农业企业发展带来了机遇。推动服务组织积极延长产业价值链，不断提升产业融合发展水平。服

务内容不断丰富，除托管服务外，还探索提供农资、粮食收储，初加工、流通等多元化服务，通过拓展服务领域、创新服务模式等方式提升服务组织综合发展水平，综合服务能力不断提升。此外，生产托管还推动了农村基础设施建设，降低了整个社会的农业社会化服务成本。农业生产托管项目的实施，对承担机械作业任务的服务组织特别是农民专业合作社提出了更高的规范要求。承担试点项目服务组织，不但要保证作业服务质量，还要注重自身能力建设、社会影响等。越来越多的农民加入合作社、依托合作社，小农户发展现代农业成为自愿、自觉、主动的行为，社会化服务水平和农民组织化程度得到提升。

（二）面临的挑战

尽管山西省推进农业生产托管速度比较快，但调研发现，农业社会化服务在服务组织化发展、丰富服务内容、推动服务规模化等方面仍面临着不少挑战：

1. 生产托管组织化程度需提升、服务内容需拓宽

从需求的角度来看，山西省广大农村地区的农民热爱土地，加上近年来玉米价格较高，收入稳定，购买农机作业、采用“半托管”农户仍占多数，对于“全托管”模式的社会化服务接触较少，农业社会化服务市场需要培育。从供给的角度来看，当前提供农业社会化服务的多为拥有大型农机具的、无组织的农机手，每个村有3~5名，提供服务以农业机械作业和部分生产环节为主，提供优质农资、农技、农业信息的能力较弱；能够提供全托管的服务性组织还不多，生产托管组织化程度较低。如何整合现有的服务资源，培育发展有组织的、服务内容完善的专业服务性组织是推进农业社会化服务亟待解决的问题。

2. 对接农户、推动服务规模化仍面临困难

生产托管虽然能同步推进农业服务规模化和土地经营规模化，但有实力的服务组织多数是工商资本下乡组建的公司，在与农户对接方面“先天不足”，难以融入农村并获得农户信任，在组织农民方面能力也有限，因此在破除田埂、成方连片提供服务、推动服务规模化上仍面临很大阻碍。同时，本土发展起来的合作社多数实力小，承担风险、破除田埂、服务规模化方面能力有限。然而，村集体在组织和发动农户方面有优势。农业服务组织、合作社如何借助村集体在组织农户方面的作用，以实现与农

户有效对接有待进一步探索。

3. 农业发展现代化要素仍旧短缺

农业人才短缺。调研发现，留在村里的劳动力多数是50岁以上的中老年人，农村老龄化突出，年轻人才缺乏，拖拉机手严重短缺，年轻人不愿意涉足农业。

农业发展资金短缺。农业合作社、涉农公司仍面临贷款难的问题，制约着生产托管组织发展壮大。

农业增收难。大部分地区，农业生产仍是谋生手段，农业产业链条短，季节性强，就业时间短，农民增收渠道十分有限。

五、几点建议

（一）加大项目示范范围和督促检查力度

生产托管试点项目在培育农业社会化供需市场方面发挥了重要作用，很受地方欢迎。但由于实施时间短，还需要加强宣传和实施指导，加深认识，提高地方积极性，才能发挥示范带动作用。项目组织实施过程中，重视发挥村集体在协调多元农户利益诉求、有效组织农民、整合土地要素等方面的作用，并探寻壮大农村集体经济的有效路径。

（二）完善生产托管机制

引导建立以增加农户收入为核心的利益分配机制，探索多元化的农户增收机制，让小农户在“被服务”中有更多“获得感”，培育壮大小农户的需求市场。推动保险、金融进入托管领域，探索更为完善的风险防范机制，壮大服务组织。发挥服务组织的作用，以生产托管服务为依托，提高农业新品种、新技术的示范推广力度。

（三）推动农村产业融合发展

对农村空心化、老龄化、农机手后继无人等制约农业生产托管发展的关键问题，不仅需要农业服务组织拓展思路，挖掘和整合已有的服务资源，借力发展；更需要地方政府发挥组织管理作用，推进农村主导产业发展壮大，延长产业链条，为农民转移就业、人才下乡创造更多的就业机会和更好的发展环境。

第二节　黑龙江省农业社会化服务组织方式与运行机制调研

课题组于2019年9月1—7日，赴黑龙江省齐齐哈尔市龙江县、绥化市兰西县和双鸭山市宝清县3市3县，围绕政府推进农业社会化服务业的模式创新，结合农业生产社会化服务项目及生产托管实践探索，开展农业社会化服务组织方式和运行机制调研。7天行程中，共走访了8个生产托管服务组织，召开了不同层面座谈会7次，参会人数近150人次。在调研和参加相关活动过程中，课题组成员与各级主管部门领导、专业化服务组织（合作社、村委会）、农户代表等进行经验交流，了解了情况，总结了经验，发现了问题并得到几点启示。

一、调研区域概况

黑龙江省土地总面积47.3万平方公里，农用耕地118710km^2，占农用地的30%，全省人均耕地面积4.6亩，是我国人均耕地面积最多的省份。龙江县、兰西县地处松嫩平原，宝清县地处三江平原，为黑龙江省传统的粮食生产大县，共有耕地1462万亩，人均耕地10.25亩/人。主要种植玉米、水稻和大豆，以上作物也是生产托管的主要品种（见表2-3）。

表2-3　龙江县、兰西县、宝清县农业基本情况

	农业人口（万人）	耕地面积（万亩）	人均耕地面积（亩/人）	托管面积（万亩）
龙江县	44.7	480	10.7	25
兰西县	40	262	6.55	61.5
宝清县	22.2	720 （县属300，农垦420）	13.5（县属）	55
合计	106.9	1462	10.25	141.5

资料来源：课题组调研。

三县人均耕地面积大，家庭农场多，土地规模化、集约化、机械化程度比较高，合作社、职业农民、家庭农场、企业等农业社会化服务主体相对较多。2016年黑龙江省获得中央财政资金支持的农业生产托管试点项目，推动了本省农业社会化服务工作开创新的局面。龙江县、兰西县和宝清县为2018年试点县，当年资金到位较晚，三县于2019年才启动项目实施。各自根据本地区农业种植传统及环境特点，因地制宜，制定了农业社会化服务方案和管理细则。从实践来看，玉米、大豆的机械规模化作业效率高，托管方式以从种到收的全程托管为主；水稻是机插秧和收获阶段的托管服务，中间的看水环节一般由农户负责。玉米、大豆的种植方式有常规及免耕两种模式。

兰西县“以培育壮大社会化服务市场、规范服务主体行为”为核心，创新农业生产托管的组织管理方式，优先扶持壮大农村集体股份经济合作社和遴选有效社会化服务主体，建立服务担保机制、托管资金监管机制，实行“谁服务，补助谁”“先服务，后补助”，推动了服务市场健康可持续发展，也使农户真正获得了服务。2019 年，兰西县全口径托管服务面积达到 61.5 万亩，占全县耕地面积的 1/4；其中，服务规模 3000 亩以上的专业服务组织发展到 10 家，全程托管面积达到 18.35 万亩，服务小农户 1.1 万户。

龙江县，户均种植面积超百亩，种植面积 200 亩以上大户超过 5000 户，土地适度规模经营推动了新型经营主体发展和职业农民的兴起。截至 2018 年末，龙江县工商登记合作社 1590 家，家庭农场 895 个。龙江县在水稻飞防、玉米收获环节基本实现了社会化服务能力全覆盖。2019 年，龙江县投入资金 1200 万元开展全程托管，主要用于支持玉米耕、种、防、收四个环节，各环节生产托管所占比例分别为 36%、27%、10%、27%。

2019 年，龙江县制定了农业生产社会化服务方案和实施细则，鼓励合作社、村委会等各类社会化服务组织开展农业生产社会化服务，探索出合作经营、委托经营和跨区经营等多种方式。经过近一年培育，涌现了超越玉米种植合作社、吾谷丰登水稻合作社、鸿柳农业服务公司、龙科水稻合作社、韩彬玉米种植合作社、喜田水稻种家庭农场等一批社会化服务组织。

宝清县，集中在全程托管以及起标准大垄镇压达到待播状态和稻瘟病飞防两个主要环节。目前，已有 2.98 万亩全程托管土地完成秋收前的服务项目、48.7 万亩土地起标准大垄镇压达到待播状态、27.2 万亩土地完成稻瘟病飞防项目。本县的宝清美莱现代农业服务有限公司为全国知名的服务组织。

二、农业社会化服务主要做法

（一）兰西县

兰西县成立了农业生产社会化服务试点办公室，负责统筹协调农业生产托管服务相关工作，强化了对服务组织的认定及监督指导。明确政府监管、服务组织市场化操作的运行机制，通过市场化的选择，培育适应农业生产方式变革的服务组织。制定《兰西县 2019 年农业生产社会化服务项目实施方案》《农业生产服务质量监测制度》等相关文件，为规范托管服务提供了抓手；制发全程托管服务合同样本，合同中明确了服务范围、收费标准、服务价格、质量标准等内容，为后续监管提供了依据。围绕"算好账、有保障、省人力、见效益"等群众关注的问题，通过宣传条幅、入户、微传媒等方式进行重点宣传。针对县、乡、村三个层面逐级组织召开培训会，从托管服务、农资采购、作业流程及金融支持等方面进行了全面培训，重点突出乡镇干部的主体作用，形成了一级抓一级、一级动员一级的工作局面。2018 年，兰西县开展农业生产托管试点以来，探索建立了一套农业生产托管的新机制，培育了供需市场，推动了农业生产托管取得长足进步。兰西县农业生产托管的新机制，主要特点如下：

第一，建立筛选机制，严把生产托管市场"入口"。兰西县生产托管试点项目对于托管面积、带动小农户数量、托管服务价格等，都提出明确要求。优先把村集体股份经济合作社作为遴选重点，要求村集体经济合作组织必须有 3000 亩以上的集中连片土地，通过村级申报、乡镇政府审核，县政府审批；其他服务组织则由政府通过社会公开招标方式，建立服务组织名录作为项目补贴候选人。申请进入名录的服务组织，托管面积不低于 4000 亩，且从事社会化服务 1 年以上并有盈利，拥有与其服务能力相匹配的设施设备和人力资源。要求受托对象中，小农户土地面积必须超过 500 亩、带动小农户数量 70%以上，避免出现"垒大户"情况，进而实现带领小农户进入现代农业，破解小农户与规模化生产难题。

第二，建立"先服务，后补助"机制，严控项目资金"出口"。这些进入了服务组织名录的服务组织，并不确定一定能得到财政补助。只有那些服务完毕并经审核验收合格后，才能获得财政资金补助。县农业生产托管办公室采取抽样方式，在对生产托管成本进行测算的基础上，确定和公布托管服务费用的指导价格，作为市场参考，避免服务主体低价竞争客源。规定单季作物全程托管亩均财政补助标准不超过 100 元，单项托管财政补助占服务价格的比例不超过 30%。补助资金也设有上限，补助面积不超过 2 万亩。控制补助额度，防止了服务组织由于人力和机械力量限制，对服务质量打折扣；"先服务，后补助"，防止了服务组织以获得补助资金为目的而开展服务，有利于社会化组织在没有补助资金情况下，仍然可以正常地、持续地开展服务。

第三，建立资金监管机制，严控服务费支出"渠道"。落实资金担保制度，要求农村股份经济合作社为服务主体，以董事会、监事会成员工资做担保；其他社会化服务组织每亩拿出50元，由5个财政开支人员做担保，将托管服务可能存在的风险降到最低。同时，建立资金账户监管制度。申请参加生产托管试点项目的服务组织，必须在县建设银行开通专项资金账户并配备POS机，县生产社会化服务办公室负责账户监管。服务组织与农户之间采取无现金交易方式缴纳服务费，农户以刷卡或移动支付的方式来缴纳服务费，账户资金采取授权支付的方式进行支付。只有年终结清全部拖欠农户的费用，服务组织才有资格自主决定账户资金用途。这一机制，确保了服务资金的安全，也有利于判断服务组织的盈利状况，并将此作为项目补助依据，对于没有盈利的服务组织则不予补助。

第四，建立质量控制机制，为托管服务保驾护航。县生产社会化服务办公室根据服务组织名录，对各服务组织运营情况进行监管。按照合同中规定的技术标准，按环节、时限开展不定期抽查。服务组织在每个服务环节作业完成后填写作业单，并由服务对象签字确认，乡镇政府对托管对象、服务质量、作业数量等进行审核。建立采取技术特派员制度，由各级农技推广人员对各托管地块实行网格化的技术包保，从种到收全程提供技术支持。推荐服务组织从大型农资公司集中直采农资，由农资公司负责对托管地块提供测土配方施肥，降低投入成本，实现环保耕种。

兰西县因地制宜，结合当地粮食经营和传统种植特点，探索了防范生产托管风险、确保服务质量的新机制。2019年，全县全口径托管服务面积达到61.5万亩，占全县耕地面积的1/4；其中，服务规模3000亩以上的专业服务组织发展到10家，全程托管面积达到18.35万亩，服务小农户1.1万户。生产托管以生产的节本增效、让利给农民、增加非农收入和带动贫困户等方式，在为小农户提供实实在在服务的基础上增加了收入，有效推动了农业现代化进程。

（二）龙江县

龙江县要求参与试点项目的村集体和其他社会化服务组织，应具备与服务规模相适应的设备和人才，负责人应从事过相关工作或有成功的托管服务经验、案例，有专业财务人员和完备的财务管理制度。村集体应召开村两委会和代表会，经乡镇政府同意，向县农业主管部门提出申请，县农业主管部门同意后向社会公示。其他社会化服务组织采取公开招标方式遴选，要求具有两年以上农业社会化服务经验，且全程托管面积超过 1500 亩，托管真实，手续齐全，机械设备与托管规模相适应且履行相关手续。社会化组织向农户收取的托管服务费用，应低于当地市场价格。要与农户或其他服务组织签订完备的托管协议，并明确服务范围、价格、托管费用支付方式等信息。参与项目的耕地必须进行全程托管，采用大垄双行种植技术及标准，适时进行中耕、深松（打破犁底层或深松 30 厘米以上）和病虫害防治，粮食统一收获入场后秸秆碎粉还田。采用“先服务，后补贴”的方式进行，玉米全程托管补贴标准为 100 元/亩。

（三）宝清县

宝清县成立了社会化服务领导小组，农业农村局总牵头，农经服务中心制订方案和总体指导，农机总站负责起标准大垄镇压和全程托管项目、农技推广中心负责统防统治项目、乡镇人民政府是服务项目组织主体。制定了《2019 年宝清县农业生产社会化服务全程托管项目具体实施方案》和《2019 年宝清县农业生产社会化服务起标准大垄镇压项目具体实施方案》，按照支持农业生产社会化服务关键环节和薄弱环节以及全程托管先行先试的总体思路，试点项目覆盖玉米、大豆和水稻三大作物，重点支持起标准大垄、水稻统防统治、集中连片整村推进生产全程托管。2018 年，秋整地部分托管面积 18 万亩，全程托管面积 2. 68 万亩。起标准大垄镇压每亩补助 13. 5 元，大豆和玉米全程托管每亩补助 64～100 元，水稻飞防每亩补助 1. 8 元。

三、服务主体开展农业社会化服务典型介绍

（一）超越现代玉米农民种植合作社

1. 基本情况

黑龙江省龙江县超越现代玉米农民种植合作社（以下简称超越合作社）成立于 2013 年 2 月，注册资金为 1000 万元，现吸纳社员 387 户，流转土地达到 3. 3 万亩。合作社占地 3 万平方米，拥有储藏钢板粮仓一间，储存玉米能力达 20000 吨，机具库 7000 平方米，各类农机具设备齐全，总价值 4000 万元。合作社 2014 年开始以“家庭农场+社会化服务”方式，采取免耕方式，开展玉米专业化种植和搭建社会化服务平台。2014 年，代耕代种 1000 亩，由

于免耕技术不成熟，土地太硬，苗势长得不好，产量不高，托管效果不是很好。2015 年，合作社在国家玉米产业体系专家支持下，采取抗旱种植技术，提高玉米产出效率，并推动生产托管服务规模迅速扩大。2016 年托管服务面积为 1000 亩，2017 年为 15 万亩，2018 年为 16.4 万亩，2019 年达到 42 万亩。服务区域拓展到与龙江县相邻的讷河市、甘南县、扎赉特旗、阿荣旗。

2. 生产托管组织方式：合作社+服务经理+技术员

合作社对托管的土地实行网格化组团式管理，每一个乡（镇）区域合作社派一名服务经理，每一个行政村（或者屯）聘请一名农机手作为技术员，负责客源、对接农户、开展服务。目前，合作社已经招聘了 840 名农机手，年龄在 30 岁左右，每年还派一定数量农机手去大专院校学习。农机手年收入（保底+绩效）可达到 10 万元左右。公司根据农机手前一年学习情况，进行打分考评。这些农机手懂得种植技术，年纪小，未来有可能成为新型职业农民。受托农户家庭承包经营权不变，一户一算账，不搞集中连片，农户愿意接受服务，解决百姓信任问题。

3. 节本增效情况：服务费+粮食银行

农户向合作社支付农业生产全程托管费，合作社提供农资供应、配方施肥、农机作业、统防统治、收储加工的一体化服务。第一，托管服务费，350 元/亩，包括 110 元机械服务费和 240 元农资费用。农户直接付款或贷款（公司垫付）。合作社规定，如果农户托管费由合作社垫付，粮食必须卖给合作社；如果农户选择直接缴纳现金，合作社负责粮食收获并送到农户家中。第二，粮食银行。为解决托管农户愁销路、卖粮难的问题，合作社紧抓“出口”销售策略，积极与中粮开展“粮食银行”项目合作，粮食收获后直接送到粮库，由托管农户根据市场行情自行选择结算时间。从一家一户单打独斗到集中卖粮，真正让农户在粮食销售上赢得话语权和主动权，让粮食有出路、有去路，实现保值增值。

据统计，2018 年，生产托管农户每亩地少投入生产成本 25~30 元，多增收 300 元，合作社每亩土地综合利润 25 元。2018 年，合作社全程托管 16.4 万亩，合作社赢利 410 万元，农户增收达到 4920 元。由于合作社统一供种、统一耕作、统一管理、统一收获、统一销售，提高了农业生产效率和农业标准化水平，保证了农产品品质，增强了农产品市场竞争力。生产托管减少了农户的工作量和农业机械设备的投入，不仅保证了农户收益，而且增加了农户收入，更重要的是解决了无生产能力农户的种地困难。

4. 风险防范机制：金融+保险

合作社探索创新了“金融+保险”风险防范机制，保证了银行、企业、农户各自收益。为增强抵御市场风险能力，合作社积极建立了农业生产全程托管参保机制。合作社与太平洋保险公司合作，为托管农户承保700元/亩产值保险，农户自愿选择缴纳25元/亩保险费。保费可以选择直接缴纳现金或公司垫付两种方式。公司还争取了北京一米农业科技公司给予金融支持。银行等金融机构的介入，解决了企业缺资金的问题。受托农户每亩地都有商业保险保产量、政策保险保成本，托管风险降低。企业有金融支持，经营的资金风险降低。由于当地较好的生产条件，在不下雨的情况下，耕地也有300元左右收成，银行理赔的风险也较小。

5. 科技示范推广机制：产业技术体系+示范田推广

龙江县属于半干旱地区，一般大户仅限于种植100亩地，如果没有灌溉设施，一人一台车进行灌溉，开展规模化经营很难。合作社则依靠科研单位及时支持，采用免耕技术，匹配适宜当地的农业机械，提高了土地产出效率。

合作社依靠黑龙江省农科院齐齐哈尔分院为农业生产全程托管提供技术支撑。在栽培技术上，开展玉米保护性耕作技术试验，形成了适应当地半干旱、风沙种植环境的玉米保护性耕作技术，充分利用秸秆进行保水保沙，较以往传统种植，节约了资金，提高了效率，培植了土壤肥力，解决了秸秆焚烧污染环境问题。在施肥技术上，合作社建立了测土配方配肥站，根据当地土壤供肥实际状况和作物需肥特点确定肥料的品种、配比和施肥量，做到“缺啥补啥、找准症结、按方抓药”，保持了土壤均衡供肥，降低了化肥使用量，提高了农作物产量和品质，减少了环境污染。合作社作为中化农业智能App战略合作伙伴，合作开发了智能App“智农管理系统”，在网上全程实现了精准、高效、实时、便捷的“耕种管收”一体化管理服务，有效助力产业提质增效，促进农业社会化服务提档升级。

（二）宝清美莱现代农业服务有限公司：托管成为企业掌控生产全过程的抓手

1. 基本情况

黑龙江省宝清美莱现代农业服务有限公司（以下简称宝清美莱）成立于

2015 年，前身是具有 25 年农资经营历史的宝清丰收农业、宝清丰收种业和宝清植物病虫害防治医院，拥有丰富的作物栽培、病虫草害防治等经验。宝清美莱依托长期积累形成的优势服务资源，通过农业生产全程托管经营模式，为小规模分散经营农户提供集农资供应、农机作业、粮食收储销售、农产品加工、农业金融服务于一体，覆盖产前、产中、产后全产业链的农业社会化服务，解决了小农户分散经营面临的难题，实现了农业生产规模化、标准化、现代化。截至 2018 年底，宝清美莱在宝清县全程托管土地达 2. 5 万亩，服务农户数量超过 1000 户。农资和飞防服务各为 6. 75 万亩，农机服务为 5. 94 万亩，玉米粮贸 4. 8923 万吨，总产值达到 1. 05 亿元（见表 2-4）。

表 2-4　宝清美莱托管服务情况

	单位	2015 年	2016 年	2017 年	2018 年	2019 年	合计
农资服务	亩	5000	9500	13000	15000	25000	67500
飞防服务	亩	5000	9500	13000	15000	25000	67500
农机服务	亩	2700	9500	11000	13500	22700	59400
玉米粮贸	吨	3510	6842	9633	11388	17550	48923
总产值	万元	821	1457	2146	2602	3476	10502

2. 生产托管组织方式：订单农业+示范田+统一标准+粮食银行

公司每年根据粮食市场需求订单情况，制订生产托管服务方案。方案中将种植面积、地块整合、种植定制、农资集中采购、农机使用计划等落到实处，按照品种统一、肥料统一、耕种统一、田间管理统一、作业统一、收获统一的“六统一”标准开展服务。目前托管的盈利点主要是农机、无人机和农资。公司在 10 个乡镇各打造一个千亩左右的高产示范田，按照标准化的种植流程操作，在关键节点进行广泛宣传推广，让农户知道和信服，进而选择托管服务。为提高农户组织化程度，公司采取招募、培训等方式，充分调动村屯种植能手、农机手、村干部等能人的积极性，协助推进土地集中连片托管。收获环节，公司负责将所有托管地块上的粮食统一运送到粮食仓库，农户根据市场行情自行确定结算。

3. 利益分享机制：规模化种植+标准化生产+产销售一体化

种植规模化，实现农户经营降本增收。与小农户的分散经营相比，全程托管后，每亩大豆可减少生产资料投入近 27 元，提高产量增收可达 106. 8 元，综合效益达到 133. 8 元/亩；每亩玉米可减少生产投入近 21 元，提高产量增收可达166.7元，综合效益达到187.7元/亩（见表2-5）。在一定的农业生产规模化基础上，统一组织适用先进的农资产品、农业生产技术和全面机械化作业，并将农业生产产前、产中、产后各环节纳入规范的生产和管理渠道，实现农业生产标准化，在提高农业生产效率的同时，也提升了农产品质量。公司以农业生产全程托管为基础，进一步打通产业链的各个环节，通过与上下游产业的广泛联动，以集约、高效的现代化农业生产服务让农户在减少生产、销售压力的基础上获得更高收益。

表2-5 宝清美莱全程托管效益测算

	作物品种	大豆			玉米		
	经营方式	分散经营	集约托管	二者比较	分散经营	集约托管	二者比较
农资成本（元/亩）	种子	38	32	-6	66	56	-10
	农药	24	20	-4	22	18	-4
	化肥	40	32	-8	90	80	-10
机械作业成本（元/亩）	翻地	0	0	0	0	0	0
	施耕	20	18	-2	20	20	0
	播种	10	10	0	10	20	10
	苗前封闭	5	5	0	5	5	0
	苗后除草	5	5	0	5	5	0
	中耕起垄	20	20	0	20	10	-10
	植保	7	7	0	5	5	0
	航化		8	8		8	8
	收获倒运	40	25	-15	60	55	-5
总成本（元/亩）		209	182	-27	303	282	-21
产量（公斤/亩）		183.3	216.7	33.4	733.3	900	166.7
销售价格（元/公斤）		3.2	3.2	0	1	1	0
销售收入（元/亩）		586.56	693.44	106.88	733.3	900	166.7
综合效益（元/亩）		377.56	511.44	133.88	430.3	618	187.7

4. 风险分担机制：以实施全程代销服务，实现减压增收

探索金融领域服务，解决贷款难题。公司与中国建设银行合作，利用集约化经营的优势，可以将粮食作为担保物，建设银行为与公司合作的农户提供贷款，解决农户在生产过程中的贷款难题。

深化产销领域服务，扩展产品市场。为建立畅通的粮食购销通道，宝清

美莱与中合粮油黑龙江有限公司合资成立“宝清中合粮油有限公司”，将托管农户的粮食全部统一收购，让托管农户随行就市结算粮款，积极对接市场开展订单农业，提高了小规模散户的种植收益，降低了市场风险，受到广大农户的欢迎。

5. 技术推广机制：以推广农科技术服务引领转型升级

宝清县是中国水稻所北方水稻研究中心的所在地，研究中心所有育种基地全部是宝清美莱托管，每年要完成上万个育种材料的栽培、田间管理和统计工作。公司将水稻科研成果试验示范与生产托管有机结合，在部分托管地块上建立示范田，推广新作物品种、展示新技术、实行集约化和标准化种植方式，让托管户真正看到并信服规模化托管服务和科技创新发展带来的好处。例如，公司根据当地土壤、气候等情况，统一采用增产潜力大、抗倒伏、抗病的红丰 11、垦农 23 等优良大豆品种，保证粮食增收。在大豆种植中，配套的生产技术采用“垄上四行大垄窄行密植栽培技术”，实现农作物合理密植，增产幅度可达 15%。托管服务模式下，统一进行机械化作业，采用联合收割机大面积统一收获，收获的粮损失率远低于分散经营模式。

（三）伟河现代农机专业合作社：社会化农机服务企业

1. 基本情况

兰西县伟河现代农机专业合作社成立于 2012 年 7 月，建设规模 2210 万元，农机具 113 台套。烘干粮食设备两套，烘干能力 600 吨/天。合作社自成立以来致力于玉米规模化种植。但由于单纯靠流转土地来实现合作社大规模发展阻力大、困难多。因此，从 2018 年以来合作社为了调动广大农户的积极性，让更多的农户获得更大的效益，在上级有关部门的指导和帮助下，积极开展了生产托管服务，目前，托管土地 24313 亩，其中全程托管 18600 亩，涉及 4 个乡镇、11 个村、1023 户。

2. 生产托管组织方式：玉米合作社与农机合作社融合

合作社整合资源优势，实现大型农机设备，玉米收储、烘干，生产托管的有效统一。生产托管要想发展好、发展快，离不开大型农机具、粮食收储、烘干等有效措施的支撑。因此，合作社成立之初非常注重三者的有效结合。一是整合农机资源，成立玉米、大豆、水稻托管和玉米种植联合社，实现两社合一，既解决了农机合作社大型农机设备闲置问题，同时也大幅度提高了玉米托管种植合作社的作业标准和质量，提高了玉米的产量和效益。合作社利用自有农机对托管土地，开展包括耕地、施肥、播种、锄草、病虫害防治增加营养、成熟收割等服务并提供种子、化肥、农药等农资。大型机械作业和生产资料团购，使粮食种植成本平均降低 30 元/亩。受托管地块产量增产 100 公斤/亩。农民自己种地程序大体是整地、起垄、播种、灭草、中耕、追肥、收获等，合作社对托管土地增加了喷矮壮素、喷叶面肥各一次，农户只是苗前灭草，合作社对托管土地苗前苗后各灭一次，做到作业程序只增不减。在整地上采取秋整地深翻 40 厘米，重耙两遍，GPCS 起标准垅；在播种上使用大型播种机深浅度一致，出苗率高，苗齐苗壮。在田间管理上，每个地块至少落实一名责任人，对田间管理的每个环节都做好记录。每个作业环节合作社都严把质量关，对每个作业机组都安排一人检查作业质量，对作业质量不合格的地块立即停止作业，研究解决办法，直至合格为止。二是筹集资金增加玉米烘干设备。玉米烘干是保证玉米质量和销售顺畅的有效措施，合作社投资建设了 200 吨和 300 吨烘干塔各一处，建设 2000 平方米储粮仓一处，保证了合作社粮食的烘干和储存。三是合作社还按高于同期当地玉米收购价格 0.02 元，负责收购农户的粮食。合作社与辽宁、山东、黑龙江、内蒙古等地收购企业签订订单，确保玉米稳定销售。

（四）双太村农村经济股份合作社：村支部书记+农机合作社，托管作物大豆

1. 基本情况

兰西县远大镇双太村位于兰西县西北部，距离兰西县城 50 公里，距镇政府 16 公里，全村 3 个自然屯，8 个村民小组，共有耕地 29856.58 亩。现有 963 户、2665 口人，常住户数为 392 户，常住人口为 1238 人。全村农作物主要以玉米、大豆为主。双太村是国家级深度贫困村，土地资源匮乏，土壤盐碱成分大。多年来，农户小型机械作业投入增加，土地板结，耕种难度大。因此，双太村成立股份经济合作社托管种植。合作社现有大豆收割机约翰迪尔 2 台套，东方红 2004 大马力 1 台，654 拖拉机 1 台。

2. 生产托管组织方式：整村推进

2019 年，双太村股份经济合作社采取村民小组“整小组推进”的方式，吸引了 318 户，占全村 81%的农户参与全程托管，土地面积达到 10380 亩。

为确保托管服务顺利进行，双太村股份经济合作社召开股东代表大会，确定了由村委会对托管土地开展服务。

3. 节本增效情况：节约成本+增加产量+发展庭院经济

村委会生产托管经营，降低了生产资料的采购成本、提高了粮食产量和村集体经济组织收入。一是成本节约50元/亩。其中，统一购买农资，节约成本20元/亩；托管土地集中连片管理，降低了整地、播种、田间管理、喷洒除草剂、叶面肥以及杀虫剂等成本，降低成本30元/亩。二是由于种子选择合适、技术指导到位、田间管理到位，托管经营的土地苗齐苗壮，长势良好，预计产量将达到175公斤以上，粮食销售增收100元/亩。托管后，村委会组织本村各类农机小分队开展服务，农户之间实现了有序管理，老人在家节省时间发展庭院经济。乡里组织把粮食卖出去，农户又获得一部分收入。

4. 风险分担机制：村委会+经济合作社双保险

村委会和合作社共同努力，保障农资质量。种植所需的机械、种子、化肥、农药等农资以及种植技术和种植服务，村干部拉着股东代表去跟黑龙江农科院及厂家进行谈判，考察多家。摒弃农户与农机手之间的私人雇佣关系，合作社与农机手签订正式的雇佣合同，保证农机手作业效果。农机手为合作社提供大马力机车、播种设备、镇压设备、籽肥运输车辆等，进行耕种土地作业服务，农机手在机械作业时必须按照土地耕种标准完成：作业时不能出现大小垄；必须按照合作社的要求保证每亩播种7.5斤、化肥30斤的标准进行播种施肥；在播种时出现大小垄、种子外漏、断籽、偏墒、播种过深或过浅造成的经济损失由农机手自己承担。

（五）瑞丰玉米种植合作社：大学生返乡创业

1. 基本情况

兰西县兰河乡瑞丰玉米种植专业合作社（以下简称瑞丰合作社）2015年3月成立，主营业务为生产托管、谷物种植、中草药种植、农业种植采摘观光等业务。合作社创始人回家乡成立合作社之前一直在教育系统工作。2018年是合作社采取免耕种植的第二年，玉米种植托管第一年，全程托管面积为8161亩；2019年玉米托管面积为10万余亩，玉米全程托管为31695亩。目前瑞丰玉米种植合作社拥有的农机数量在当地位居前列。2019年，91名农机手加入合作社，拥有农机214台（套）。

2. 生产托管组织方式：全程托管+关键环节托管任选

一是玉米全程托管。玉米全程托管服务方式，包括代购种子、化肥、农药、播种、喷洒除草剂、收割及运输等服务。玉米全程托管服务收费标准340元/亩。除前述服务项目外，如果农户需要其他服务的，如喷洒叶面肥、杀虫剂、防病药等，按市场价格另行缴费。合作社为农户代购符合标准的种子、化肥等农用物资，按100斤/亩施肥，株距按种子要求标准播种。农户选择玉米种植托管服务方式的，合作社保证粮食产量不低于国家数据统计的当地产量或不低于当地当年相同地块、相同品种（角质粮或半角质粮，转基因品种除外）邻地100斤/亩的产量。

二是玉米关键环节托管。玉米关键环节托管服务过程中农户提供种子化肥等基本农用物资，合作社提供专业机械和技术人员进行机械作业和植保服务，主要解决农户在种地过程中的关键环节和薄弱环节，提高机械化和科学合理种植方式。主要含耕地（起垄）、播种、压滚子、喷施除草剂（不含农药）一遍、收割、粮食运输到家、玉米收储（自愿）服务。选择农用物资产品，如除草剂、叶面肥、管控药、病虫害药剂等，按相应收费标准另行缴费。选择玉米耕种服务，农户负责提供种子和化肥，合作社提供种植机械进行玉米播种。农户选择此项服务的，合作社仅负责播种，播种结束时合同双方履行完成，合作社不承担任何责任（见表2-6）。

表2-6 瑞丰玉米种植合作社收费标准和收费方式

生产托管组织方式	收费标准（元/亩）	服务内容	收费方式		
			第一次收费	第二次收费	第三次收费
玉米全程托管	340	种子、化肥、耕种、除草剂、喷洒除草剂、玉米收割、运输到家	第一次缴费按260元/亩收费，协议签订同时一次性全额交付	第二次在玉米出苗前交费，按20元/亩收费	第三次收费，按60元/亩收取运输到家费用
玉米关键环节托管	120	起垄种植	第一次按托管费60%交纳，即72元/亩	第二次在玉米收割前（9月份）交齐剩余服务费	
	100	免耕种植	第一次按托管费60%交纳，即60元/亩	第二次在玉米收割前（9月份）交齐剩余服务费	
	30	只负责玉米耕种	一次性缴费		

3. 节本增效情况：扩大服务面积+多元种植+提高机手收入

生产托管就是农户在不流转土地经营权的条件下，向合作社分批次缴纳一定金额托管费用，由合作社来完成农业生产中的耕、种、防、收，最后土地所产生的全部收益都归农户所有。通过对比，可以明显地发现，与农户自我种植相比，生产托管种植成本提高了40元；同时，种植收入由540元提高到720元，扣减种植成本之后，农户自己种植综合收入为210元，托管综合收入为350元。生产托管使种植的综合收入提高了140元，提高幅度为67%。

瑞丰玉米种植合作社2019年吸引农机户带机入社218台（套），托管服务面积增长到10万亩，年可实现收入180万元。大量作业面积提高了农机手的作业面积和作业效率，提高了农机手的经济收入。农机手加入合作社后，都是大面积作业，工作量大，而且多环节作业，有条件的农机手可在耕、种、防、收、粮食收购等多环节作业，收入明显提高。同时合作社还积极开发合作社新产品，如“屯小菜”品牌蔬菜、杂粮、婆婆丁茶叶，带领他们外出销售，增加收入。为了减轻农机手购买农机具压力，合作社提供免耕播种机，农机手提供牵引机的，合作社按15元/亩支付农机手服务费；农机手提供免耕机和牵引机加入合作社的，合作社按20元/亩支付农机手服务费；农机手提供喷药车、收割机的，合作社按次支付收割费用和植保费用；在合作社单程托管服务过程中，因土地分散、不便于机械作业、作业效率低等原因，合作社根据农机手农机作业真实亩数（单程托管合同、作业单、验收单为准）给予3元/亩机械作业补贴。

4. 风险防范机制：资金账户监管+农资采购确保质量+科学制定技术规范

一是资金监管。瑞丰合作社托管资金达到3000万元，服务组织在银行开立资金账户，县社会化服务办公室负责监管，农户以刷卡或移动支付的方式来缴纳服务费，账户资金采取授权支付的方式进行支付。二是把握种子、化肥、农药质量。合作社必须采购知名度较高、本地有使用过的、企业有一定实力、社会口碑较好的农资。采购时要有合同和票据，使用前要留样，种子还要做催芽实验。三是严格按照技术规范种植。采用先进的种植技术和植保服务为粮食产量保驾护航。因地制宜采用传统起垄种植、免耕种植、深翻地种植相结合，提高粮食产量，叶面肥、病虫害防治等科学合理使用，保证粮食安全和粮食质量。2019年瑞丰合作社采取宽窄行免耕轮作种植技术，出苗率98%以上，基本全苗。

5. 技术推广机制：农资厂家指导+农机手服务

一是借助农资厂家的技术指导。2019 年，黑龙江省倍丰集团为瑞丰合作社根据测土配方专门生产“谷粮”玉米底肥，并提供技术指导。二是发挥农机手优势。本地农机手相对其他留守农户，视野更开阔一些、综合能力更强一些，文化水平更高一些、组织协调能力更好一些。合作社吸引这些农机手，带机加入合作社，他们既是合作社员工，从事农机作业服务，又是托管服务经纪人，负责客源和承担粮食收购、经济作物种植和销售、合作社屯小菜品牌蔬菜的种植和销售等工作，成为支撑合作社发展的骨干力量。

四、取得的成效和存在的问题

（一）取得的成效

1. 引导和规范农业生产托管行为

黑龙江省的生产托管起步较晚，但从省级、市县级层面，对于生产托管工作还是非常重视，工作态度非常积极。在良好的、自发开展的生产托管服务基础上，结合本地区实际，从组织管理、细化方案、组织实施、强化监督等方面开展了工作，引导和规范了农业生产托管行为。如黑龙江省农业厅经管总站，按照政策制订了本省社会化服务工作的实施方案，并对各级市县乡的负责人进行培训和沟通、督促做好工作，确保项目安全、规范实施。所调查的龙江、兰西和宝清三县，各自根据方案要求，成立了分管副县长领导、相关部门参加的工作小组，组建办公室，并根据本地区生产实际，对社会化服务方案进行细化，配套出台了监督管理办法，有力地推动了生产托管试点工作的开展。基层生产托管工作的组织管理人员，认真负责，加强宣传和组织管理，在推进生产托管工作、培育农业社会化服务市场方面发挥了重要作用。

2. 推进了土地规模经营和农业现代化

生产托管以服务规模化推动了土地经营规模化，进而利于提高农业机械化效率，推动农业新装备新技术的应用和带动农业生产对接大市场。第一，提高农业机械化效率。虽然黑龙江省农业机械化程度很高，但一直以来小农户仍是分散经营、自给自足的传统种植方式，机械效率并不高。生产托管的开展，一方面，推动了土地规模经营，使农业生产的机械化效率得到显著提高。另一方面，各类生产托管服务组织都尽可能利用、整合各村已有的农机具，统一开展作业，提高了农机具的利用效率。而且，农机具的整合利用，也加快了老旧农机具的淘汰速度。第二，推动农业新装备新技术的应用。生产托管服务，使国内先进的农业生产技术直接运用到托管土地上，带动了当地农业技术的提档升级。例如，龙江县降雨量少，农户传统是“坐水”种植玉米，如果采用保护性耕作技术，则需要配套大型机械和种植技术，普通农户很难做到。超越合作社等生产托管服务组织的实力较强，具有购买大型耕作机械实力，又能获得科研机构帮助，通过“免耕技术+合适大型机械”，结合测土配方施肥、大垄双行播种、中耕深松等先进技术，保证了托管地块的高产高效。宝清美莱合作社则是通过产学研结合的方式，为农户定制种植方案，包括新品种、植保、测土配方施肥等，新品种新技术通过托管服务组织推广下去。第三，带动农业生产对接大市场。生产托管是确保土地经营权未流转情况下，推动土地集中经营。托管主体由于掌握大量的粮源，有能力、有资格对接粮食、农资等大公司，而统一种植方式，确保了粮食品质，实现了农业生产对接大市场。生产托管有效破解了当地玉米种植户长期面临的“小生产”经营困局，获得了规模化、超额产量效益，增强了大宗农产品议价能力，实现了农业增效、农户增收和农产品增值。

3. 为小农户提供服务和促进农户收入

生产托管以生产的节本增效、让利给农户、增加非农收入和带动贫困户等方式，在为小农户提供实实在在服务基础上，又增加了农户收入。第一，实现农业节本增收。生产托管比农户自己种，节约成本和提高产量，确保粮食销售收益。以兰西县玉米种植为例，生产托管比分散种植多收入 180 元/亩。集中连片的全程托管服务，集中采购农业生产资料，比农户自己种植节约了投入成本 40 元/亩。标准化生产、机械化作业、及时植保防治、应用测土配方施肥技术等，使单位面积增产 100 公斤/亩，平均增收 140 元/亩。第二，部分服务组织采取让利农户方式，促进农户增收。例如，宝清美莱合作社与村集体经济组织结合，充分利用村里已有的农机手。农户能干的让农户自己干，农户不能靠自己能力完成的环节由公司做，如出种植方案、栽培技术、大型机械、粮食收购等。宝清美莱合作社将生产托管环节让利农户，并通过延长产业链条，打造产品品牌，提高产品附加值获得利润。兰西县生产托管细则规定，项目扶持的集体经济合作社开展生产托管服务，所获取盈利的70%要用于村民分红。第三，农户获得非农收入。全程托管在保证农户对于土地的收益权基础上，把农户从繁重的农业劳动中解放出来，选择安心养老或自主创业、进城务工，增加了非农收入，自主创业、进城务工等人均增收约3万元。第四，助力农户精准脱贫。超越合作社针对贫困户普遍缺少劳动力的情况，与其签订生产托管帮扶协议，为其垫资服务费和进行全程服务。2018年，超越合作社为龙江县景星镇62户贫困户提供全程托管服务，产量和效益明显提升，人均增收3000元。兰西县引导无劳动能力贫困户将土地进行托管，现有107户贫困户1843亩土地加入托管，户均增收4650元。双太村为深度贫困村，建档立卡贫困户18户共339.59亩土地全部托管入社，既帮助贫困户解决了生产难题，也增加了农户收入。

4. 多元化服务主体市场得到培育

黑龙江省农业生产托管，在培育合作社、村集体经济合作组织、职业农民等服务组织和人员方面取得显著成效。第一，服务企业快速发展。调研显示，黑龙江省许多合作社、企业最初从流转土地发端，逐渐转向以生产托管为主，尤其近三年经营土地面积得到飞速扩大，服务范围不断拓展，其中，超越合作社、宝清美莱合作社已成为全国知名的托管服务企业。兰西县以村集体经济组织为遴选重点，虽然双太村、曙光村等村开展生产托管不满一年，但目前来看，即使在8月份遭受涝灾情况下，受灾土地产量与农户自己经营土地相比，仍然呈现了良好长势，预期产量较高。第二，托管方式充分调动了村干部、集体合作社、农户等相关人员积极性，呈现良好的发展势头。龙江县以景星镇景山村和山泉镇柳树村为整村推进试点村。宝清县永安村也采取整村推进、全程托管，以村集体经济组织自我托管服务为主，受到农户欢迎。第三，生产托管推动农机合作社发展。超越、双太、宝清美莱等服务组织，都联合了村级农机手开展托管服务，统一规划集中作业，提高作业效率。一方面充分利用了村级小、闲、散农机手；另一方面农机作业面积扩大，也增加了农机手收入。合作社还对农机手进行专业化培训，使其能系统掌握关于植保、栽培、机械、营养等方面的种植知识，成为潜在的农场主，利于解决将来谁来种地问题。第四，托管还吸引了大学生返乡创业。生产托管给爱种地、能种地的那些年轻人提供了一个渠道。如，瑞丰合作社的理事长，放弃城市工作，返乡创业成立玉米种植合作社，为农户提供生产托管服务。充分发挥其组织管理、资源整合方面的优势，组织当地农机手开展生产服务，实现城市智力资源支持农村。

（二）存在的问题

1. 对农业生产托管认识还有待进一步提高

农业生产社会化服务和生产托管是一个新生事物，一些农户对经营主体缺乏信任感，担心托管收益得不到保障，不愿意托管。虽然各级政府下发指导意见，但广大农户接受新事物是一个循序渐进的过程，需要时间和典型事例的引导。试点项目实施处于研究、试验和探索阶段，部分基层干部对于生产托管的认识、相关政策的理解和运用还不十分到位，推进生产托管工作的内生动力不足。

2. 对托管服务主体培育和监管仍有待加强

黑龙江省市场化服务组织发育仍不充分，普遍呈现“小而散”、真正有实力和具有一定规模的组织不多，且各县发展还很不平衡。以集体经济合作社为代表的村级托管服务组织刚起步，专业性、服务能力不强，发展后劲不足。专业化的合作社一般都是公司性经营，服务农户的意识不强。托管项目 2019 年刚开始启动，试点的数量和范围还是十分有限，各类服务主体的托管经验还很缺乏。此外，服务组织行为需要加强监管。少数规模较大服务主体，由于其经营方式对当地农业生产影响较大，而且与小农户联系紧密，需要政府部门对其组织行为加强监管。部分托管企业与农户之间签订协议条款仍有不足。例如，有的托管合同中规定，由农户来完成测产，而实际上，以农户现有实力很难完成科学测产。一旦生产出现减产，举证困难，造成合同条款浮于表面，难以保障农户充分享受权利，因此需要政府部门对之进行监管。

3. 基础设施和大型农机具的投入有待进一步增加

黑龙江省农业生产基础设施和大型农机具是制约农业生产托管发展的两块“短板”：第一，农村基础设施薄弱。由于近些年来持续干旱，黑龙江省对于乡间道路、水利、排涝排淤的沟渠建设相对滞后。田间道路没有硬化，雨后机车无法进入作业现场，影响田间管理和粮食运输。沟渠淤堵严重。如 2019 年宝清县、兰西县的 50 年一遇的涝灾，由于河道、沟渠排水不畅，造成很多托管农田绝收。地方经济十分薄弱，基础设施资金投入力度不大。生产托管服务主体投入能力有限，因而对托管主体生产经营造成了很大风险。第二，大型农机具缺乏。大规模生产托管，小农机具过剩，但大型农机具缺乏，这是制约生产托管面积进一步拓展的关键因素。由于当地保护性耕作、免耕种植技术要求，需要大型农机具打破犁底层，否则将出现土壤板结，影响种子出苗。更新大型农机具需要大量资金，而大型农机具补贴力度不够，使合作社陷入困境。

4. 金融服务有待进一步加强

随着托管服务规模扩大，托管服务主体在农机具购置、农户服务费垫付、基础设施建设投资等方面支出增大，而农业产业项目周转周期长，金融需求不断增加。也有部分农户，尤其是贫困户资金紧缺，借贷困难，无能力支付服务费用。融资难、融资贵是当前制约农业生产社会化服务组织发展的一个重要因素。合作社没有金额较大的抵押物，贷款额度十分有限且利息很高。依靠土地承包经营权抵押贷款，获得了一定信贷，但是数额较小。有商业保险保障产量问题，但是保费较高，农户与经营主体承担不起。适合农业生产托管服务的保险种类少，险种科学性还待加强。随着农业生产经营形式的变化，国家政策性保险政策也有待进一步优化。

5. 生产托管人才培育还有待加强

生产托管的管理和服务人才缺乏。第一，管理人才缺乏。基层农经管理部门人员在思想认识、人员素质、约束和激励手段、资源利用等方面存在不足。面临知识老化、年龄偏大、结构断层的问题，主动创新工作的意识和方式方法缺乏。各级领导对农业生产托管改革创新工作的理解和重视程度不一，改革创新难度较大，有的顾虑较多，可供推广的创新成果不多。第二，服务人才缺乏。合作社、村集体、专业服务队等新加入社会化服务行列的组织中，管理人员文化水平不高，企业化的经营管理思路不清晰，市场谈判能力、合同管理能力、人员组织管理能力都很缺乏，距离实现生产托管企业标准化、现代化和集约化发展仍有差距。

五、几点建议

（一）加强农业生产托管宣传

相关领导及政府部门要进一步提高思想认识，高度重视社会化服务工作，将生产托管作为落实党的十九大乡村振兴战略、深化农村改革、推动农业现代化的重要手段。认真学习、深入落实生产托管相关政策，以试点项目为契机，因地制宜推动生产托管工作开创新局面。并通过推进会、现场会、新闻宣传等形式，加强对农业生产托管服务意义、效果的宣传，总结推介托管服务的典型经验和做法，切实消除农户顾虑，形成开展农业生产托管服务的良好舆论氛围。

（二）培育壮大市场服务主体并加强市场监管

支持合作社、农村集体经济合作组织、职业农民、企业等服务组织开展生产托管等社会化服务，推动农业新型服务主体的转型升级，并加强对服务组织市场行为的监管。各地应根据今年实施情况，在借鉴典型经验的基础上，创新思维，正确解读生产托管政策，科学编制和完善实施方案。如兰西县出台的市场指导价格、资金担保、以奖代补等政策，值得研究与推广。调查显示，按照现在托管服务蓬勃发展趋势，未来 2~3 年，土地集中程度会更高。因此，在发展初期，政府监管不能缺位，应帮助小农户与服务组织签订规范合理的合同，并及时对托管行为进行监督检查，以保护农户利益和避免更大的粮食安全风险。黑龙江省农业耕地面积大、机械化效率高，是我国粮食主产区之一，当然也是生产托管“主战场”。密切跟踪和监测东北地区生产托管进展，关注生产托管发展趋势和服务效果，有助于为完善生产托管政策、挖掘更多更好的典型提供支撑。

（三）加大农业基础设施和农机装备升级改造投入

协调各乡镇、农技中心、金融担保机构，制定行之有效的支持政策，形成支持生产托管的合力。加大农田基础设施投入，重视乡间道路、田间道路、水利设施等的建设和后期运维管护投入；加大大型农机具补贴力度，改革农机具补贴政策，重点向 1 万亩以上的托管服务组织倾斜，参考吉林省的经验，按照服务主体需要，补贴标准由原来的 30% 提高到 60%，让补贴到的农机具真正发挥作用。

（四）加大信贷保险等金融服务支持力度

研究和找准生产托管利益双方的风险和利益分配关键节点，协调农村信用社、商业银行等金融部门，及县、乡财政部门，给予中小托管服务组织信贷、保险支持，以解决托管服务组织由于资金不足制约发展的问题。随着生产托管发展，原有针对小农户开展的政策性成本保险，应根据农业生产托管的发展及经营特点进行适当调整。如鼓励投保企业，在政策性农业保险基础上，增加农业产值保险，或将农业政策性的成本保险改为产量保险。经过测算，产值保险费每亩36~40元，原来政策性成本保险每亩16元，两者缺口最少20元。如何解决这一资金缺口？建议在地力补贴中拿出10元，同时农户和农事企业分别承担10元，由此增加商业性产值保险的投入。这样可有效保证生产托管后的粮食产量，解决企业及农户担忧的风险，更能有力地推动生产托管。

（五）加大托管人才培养力度

农业生产托管涉及农业产前、产中、产后各环节，联结政府、小农户、企业、金融保险等多元主体，是一项复杂的农业经营管理工程，需要高水平的管理人才、服务人才。重视现有农业经管人才的思想和能力建设，更新其知识结构层次，适应现代农业发展的新要求。同时，按照“懂农业、爱农村、爱农民”的要求，吸引培育选拔一批新的专业人员充实到经管队伍。农业专业人才培养和管理人员的思想建设，是合作社、村集体经济组织等社会化服务组织发展的基础保证。开展多种形式的培训活动，为合作社、村集体选拔人才，培育新型职业农民，促进农业新型经营主体的管理人员思想有高度、发展有目标、工作有规划、管理有水平。

第三节　江苏省农业社会化服务组织方式与运行机制调研

课题组于2019年5月20日至23日，前往江苏省淮安市淮安区和仪征市开展调研。调研组走访了村集体、农民专业合作社、服务企业等社会化服务主体，了解了各类主体提供农业生产性服务的主要做法、取得的成效和面临的问题，并对农业社会化服务相关问题进行了深入探讨，对于理解我国以农业服务推进农业现代化发展道路探索，有了更深入的认识。现将调研情况汇报如下。

一、调研区域概况

江苏省辖江临海，是我国经济比较发达的省份之一，也是“人多地少”特点最为突出的省份。淮安市淮安区位于苏北地区，地处淮河下游，江淮和黄淮两大平原交界处，地势平坦，是农业生产大区，以稻麦两季为主。全区有耕地111.09万亩，农户19万户，人均耕地1.2亩。有农机合作社175个，农机保有量5200多台，农业生产基本实现全程机械化。仪征市位于苏中地区，人均耕地 1.1 亩，大部分耕地分布在中北部的低岗丘陵地区，集中连片地块比较少。

江苏省经济社会发展速度位于全国前列。工业化、城镇化进程发展较快，大量的农村剩余劳动力向第二、第三产业转移，“谁来种地、怎样种地”的问题日益凸显。2015 年开始，江苏省全面开展农村土地承包经营权确权登记，促进了土地流转市场发展。把耕地流转给村集体、专业大户或合作社，统一开展生产经营的农业生产性服务应运而生。淮安区土地流转率达到 40.19%，仪征市土地流转率达到 78.64%。

江苏省农业社会化服务，主要是在专业大户、村集体、合作社等主体自我服务基础上，逐步扩大到周边农户。近年来，在政策扶持下，村集体作为集体成员自我服务组织得到了快速发展，成为农业社会化服务重要的供给主体。江苏省农业社会化服务成为壮大农村集体经济实力的重要手段之一。淮安区以强化党的基层组织建设为引领，以合作经营为主要内容的集体经济实现形式，通过组建土地股份合作社推动土地规模经营，组建农机、植保等专业合作社开展生产性服务。仪征市结合机插秧等农技推广工作，同步推进农业生产性服务，提高了农业生产机械化水平（见表 2-7）。

表 2-7　2018 年淮安和仪征农业农村经济发展情况

项目	淮安市淮安区	仪征市
耕地面积（万亩）	111.09	38.76
土地流转面积（万亩）	44.65	30.48
土地流转率（%）	40.19	78.64
行政村（个）	324	136
农村集体经济总收入（万元）	10445	25458
其中，经营性收入（万元）	4609	14338
农民人均纯收入（元）	17058	21457

二、江苏省农业社会化服务主要做法

（一）村集体开展的服务

由农村党总支部和村民委员会发起，以村集体领办土地股份合作社、农民专业合作社等方式为主体开展农业生产性服务的模式。

1. 淮安区“综合改革”

2018年开始，淮安区建立了“党建引领，一点五式”综合改革模式，将农业社会化服务作为壮大农村集体经济工作中的一项重要内容。具体做法如下：

（1）统筹资金使用。淮安区按“土地规模化、生产集约化、产品品牌化、全程机械化、效益最大化”的“五化”要求，在省扶持村级集体经济发展项目（土地股份合作社）的基础上，叠加了中央财政农业生产社会化项目、产业扶贫项目、粮食生产全程机械化项目、社区股份合作制改革项目，实现资金统一规划、统一使用，项目集中布局、综合打造。中央社会化服务专项资金主要用于建设“区域性的社会化服务平台”，包括试点村居农机库、粮食生产全程机械化装备配备。2018年试点村居是6个村，项目资金达750万元。2019年，提出“扩面、提质、增效”，新增9个村，实施项目示范村达到了15个。

（2）整村推进土地股份合作。为提升和放大土地的规模效益，结合省级扶持村集体经济发展项目对土地合作社经营模式改革试点要求，确定流转土地面积达到800亩以上的村有资格申报试点村，每个示范镇选择一个试点村。试点村按照标准要求组建了村集体领办的土地股份合作社，并地和置换，实现土地的集中连片和集约化、规模化经营。合作社在工商部门登记注册，取得了独立法人主体资格，按照市场经济规律和各项章程制度的要求，自主经营、自负盈亏、民主决策、按股份分红。淮安区在6个试点村进行先行先试，流转入股土地共计5110亩，由各村合作社统一规模经营。

（3）提升服务主体能力。试点村本着“对内服务、对外经营”的要求，在政策支持下，按照标准化模板配齐各类设备，对试点村只提供第一年建设资金，之后不再予以支持。6个试点村共计购置100马力履带式收割机13台、1004拖拉机11台、秸秆还田播种施肥一体机11台、6行乘坐式插秧机12台，以及植保机、无人机等其他一系列农机装备。统一建起了高标准工厂化育秧大棚，500吨/批次的粮食烘干中心。通过配备先进一流的物质装备，不仅满足自身规模经营需要，还向周边小农户提供质优价廉的农业生产服务。合作社收入主要来源于育秧、插秧到收割、烘干、仓储、销售等服务费。

（4）因地制宜开展服务。因改革刚起步探路，6个试点村合作社经营目前以一年两季的稻麦生产经营为主，但具体的经营结构和产业模式略有不同，有全托管和半托管两种服务模式。"对内服务"全托管模式，即由每个试点村成立社会化服务中心（农机专业合作社）对土地股份合作社流转入股的土地实行全托管，从产前的种子采购、产中的粮食生产经营、产后的烘干储存销售等都由村集体统一实行。"对外服务"半托管模式，即利用社会化服务平台，对周边农户、镇村开展"菜单式"的农田生产服务，主要包括育插秧、无人植保机植保、粮食烘干与收购。

（5）建立激励机制。合作社还建立"保底+分红"分配机制，制定定量包产责任制、绩效考核机制、农机安全、管理和使用管理制度，督促指导试点村签订合作社管理人员田间管理责任书和管理合同、田间生产用工合同、大棚育秧合同等"一书三合同"等。将村集体、土地股份合作社、农机专业合作社按照不同的层级和主体，对合作社各阶段的收、支和成本费用等及时记账核算，并做好成本费用预算和控制，规范合作社的财务核算。为激发村干部投身集体经济发展和改革，试点村在年终核算并按规定提取折旧和各项集体积累后，对按股分配给村集体的红利，以及实行其他经营模式的试点村集体经济纯收入，村集体可按规定提取当年增量的20%用于村"两委"班子成员的绩效报酬。例如，当村集体经济收入达到100万元以上，书记每月奖励600元，其他干部奖励200~400元。

典型案例

淮安季桥镇南湾村

淮安区南湾土地股份合作社是一家由村集体领办、集体经营，并吸纳农户以土地经营权折价入股的农民合作社。合作社所有社员以户为单位自愿入股，现有社员374户，入股土地1501.3亩，土地折股1501股，农户土地股份采取"保底+分红"的办法；财政扶持资金200万元，量化为集体股份，折股为2500股；龙头企业入股90万元，折股为1125股；总股份为5126股。合作社由7名村干部组成经营管理团队，具体经营南湾土地股份合作社，实行自主经营、独立核算，在提取适当集体积累后按股分红。具体做法：

（1）建立了村党总支统一领导下的"土地股份制合作社、耕作专业合作社、劳务合作社"的综合运营模式。①组建土地股份合作社，粮食烘干项目省级财政扶持资金，龙头企业入股资金合作建设。②农业机械化全覆盖，以南湾村为主体，组建农机耕作服务专业合作社，通过机耕、机插、机植保、机收、烘干和仓储一条龙服务，实现农业生产机械化全覆盖，以服务合作社生产需求为基础，向周边村和全镇辐射，形成服务5000亩农业生产全程机械化的能力。③开展农业生产社会化服务，以南湾村农机服务合作社、粮食烘干中心、仓储和工厂化育秧项目为抓手，在现有11台机械的基础上，采取自愿入社形式，吸收更多机械手带机入社，力争2018年形成全程机械化10000亩，工厂化育秧3000亩，粮食烘干1.5万吨，仓储2.3万吨的服务能力。

(2) 规范农业种植方式。合作社与社外农户签订保价收购合同，为社员户开展种植、田间管理、收后系列化、全方位服务。具体包括：统一规划种植，统一进行技术培训和技术服务；统一供种；统一供应农药和肥料；统一进行烘干仓储；统一组织销售。农业技术人员定期深入基地田间，直接帮助农户参与田间管理。在社员共同努力下，已经建立了一套完整的产、供、销网络。

(3) 提升服务能力。在规范种植方式同时，合作社还加大服务装备投入。投资建设粮食烘干塔，项目占地5.3亩，购置烘干机、锅炉、清杂筛等生产及辅助设备共12台，采用低温循环流程。形成年烘干粮食1.5万吨的生产能力，解决约30名低收入农户入社就业，可增加村级集体经济收入20万元/年，方便农户粮食收割后的后续生产工作。

(4) 依托南湾村建筑产业优势，组建"南湾村劳务合作社"，壮大村级集体经济，吸纳低收入农户和村特殊群体就业，增加群众收入。通过集体领办土地股份合作社、农机服务合作社、劳务合作社、粮食烘干中心、工厂化育秧等项目，实现村集体增收30万元以上，实现群众入股分红和劳务收益40万元以上，实现全村贫困人口全部脱贫的目标。

典型案例

淮安车桥镇丰年村

丰年村位于车桥镇东首，距镇区4.5公里，徐淮盐高速入口穿村而过。全村总人口3765人，826户，共有21个村民小组，农户土地承包面积3625亩，人均占有耕地0.95亩，道路、沟河占地950亩，企业占地330亩，农户宅基地占用面积约1500亩。2017年11月28日丰年村成立了淮安市淮安区盛丰农田耕作服务专业合作社，村“两委”成员积极动员本村村民通过带机入股、资金入股等方式加入耕作合作社，由村里进行统一管理、统一规划、统一布局，实行大规模化、集约化经营。合作社进行统一耕种，逐渐服务全村近4000亩土地，通过科学规划、主动引导，打造统一的品牌，提高市场占有率。利用服务社承包耕作面积大的优势，更加优惠地购买复合肥、尿素等原材料，给村民带来实实在在的经营利益。

实现农业全程机械化。通过合作社机械化运作，为全村耕地展开服务。在全镇范围内树立农机专业合作社先进典型，提高了广大村民对农机专业合作社的认识。对农村富余劳动力开展粮食烘干、机械化操作等知识培训，全面提高粮食烘干机械化技术操作和使用水平，确保粮食烘干作业安全、低耗、高效。

典型案例

淮安朱桥镇石塘村

石塘村素有朱桥镇“西大门”之称，距淮安城区9公里，北邻苏北灌溉总渠，西靠连镇高铁、京沪高速及省道237，东邻新长铁路，淮阜路和新长铁路穿境而过，水陆交通便捷，区位优势独特。全村现有24个村民小组、1024户、4021人，耕地总面积为3660亩，共有村“两委”干部8人、党员84人。

（1）石塘村情况比较特殊，80%土地已流转在种粮大户，以村集体主导推进土地股份合作阻力较大。该村采取到期一家收回一家的方式，在“两委”干部共同努力下，最终农户入股土地达811亩，入社会员达到312户，实行了“统一种植规划，统一供种，统一植保，统一收购加工，统一储存营销”运作模式，入股农户每年在获得每亩730元至950元租金的基础上，还可以保底分红。

（2）组建了合作社理事会和监事会，石塘村“两委”干部兼任理事会和监事会成员，先后制定了合作社章程，采取村民自愿入股、保底分红的原则，合作社的一切账务，由镇经管站专人代理记账，合作社一切收支的账目全部在村务公开栏公布。同时，石塘村还制定了《合作社规章制度》《财务管理制度》《合作社奖惩制度》《农资出入库制度》等相关管理制度。

（3）利用区级专项资金购置收割机、插秧机、旋耕机、植保机等10多种机械，新建425平方米的农机库房，专门组建成立了“石塘农机专业合作社”，落实两名村“两委”干部具体负责，制定了《农业机械管理制度》《农机库管理制度》《农机作业台账管理制度》，与6名农机操作手分别订立了各种机械安全操作责任状和工资报酬合同书，所有机械均由合作社专人统一调度。通过机耕、机插、机植保、机收、烘干和仓储一条龙服务，实现了本村农业生产机械化全覆盖。为全面规范管理，农机作业时，有两名村干部跟踪服务，坚决按照标准收取费用，杜绝人情作业、人情收费等情况发生。

2. 仪征市“村社共建”

（1）推进村社共建。村集体牵头，由村集体、供销社、合作社三方共同合作，开展育秧、机耕、机插、机收、统防统治等农业社会化服务，实现了共赢。其中，供销社负责购置农用机械，村集体负责农机手培训，合作社作为市场主体开展生产性服务。为规范合作社行为，乡镇农业服务中心牵头，制定合作社规范化运行的细则，并进行业务指导和监督。合作社运行绩效作为各村年度考核内容，从组织领导、运行机制、服务内容、发展规模、发展成效等方面细化考核标准，实行量化考核，确保合作社真正服务群众、带动发展。

（2）提供关键环节服务。合作社组建植保、农机专业合作社，以半托管、全托管的方式，为农户提供农业生产全过程的服务。2017年，仪征市供销社与村集体共建的植保、农机专业合作社开展育秧服务100余亩、机插秧服务1万余亩，统防统治服务4万余亩。由供销社联合其他专业合作社、农机手，生产性服务面积达到7万亩。

典型案例

仪征市马集镇新民村

仪征市马集镇新民村兴裕谷物土地股份专业合作社成立于2016年10月，合作社主要提供谷物、苗木种植、销售服务，占地面积1500亩，流转价格第一年为500斤/亩水稻，第二年以国家收购价为准，价格不等。合作社以传统农业水稻、小麦、油菜等种植物为主。村内共有3600亩土地，34个村民小组，参与兴裕谷物土地股份专业合作社的有15个村民小组。根据生产需求，购买机械，雇用农机手进行耕种防守作业。合作社负责生产性支出，土地收益标准按稻谷125公斤/亩的标准执行，计价标准按当年国家粮食指导价，结合市场实际收购价格。在兑现流转收益费、经营性支出后，净利润由合作社按章程提取部分公积、公益、管理费用后，盈余部分进行二次分红和作为村集体经济收入。

（二）经营性服务主体开展的服务

专业性服务组织，将农机手、各类专业服务主体联合起来，组建农机合作社。聘请当地能人联络农户，在集中连片区域，根据农户需求开展生产性服务。江苏调研比较典型案例为仪征市壮禾农机专业合作社，成立于2009年，从最初五台手扶式插秧机开展育插秧服务起步，经过几年，如今已拥有社员126人，固定资产460万元，厂房面积1880平方米，流转土地1200亩，开展全托管服务8700亩，半托管服务13000亩。该合作社为“全国农机合作社示范社”，统防统治“全国百强服务组织”。其具体做法如下：

（1）推动土地规模化。为实现土地规模化运作，公司在推动农民组织化方面具体做法：第一，在服务点上选择队长，负责组织农户，公司给予队长每亩5元服务费，一般一次服务规模能达到100亩以上。实际上，当地工厂多，农户几乎没有自己种田，都需要服务，队长为热心人或村小组组长，有号召力。第二，服务队与农户面对面签订协议，发放育秧票、机插秧票，农民凭借票接受服务。第三，农户将田地准备好，与合作社的农机组对接，开展旋耕。第四，农户再与负责插秧的机手对接，开展机插秧服务。服务费一般是先收取款项后开展服务，农户自己种很费事，需求很多。

（2）采取多元化服务方式。合作社所提供服务主要有土地流转、全程托管和关键环节托管三种：一是土地流转，流转费为600~800元/亩，费用年底与农户统一结算；二是全程托管服务，服务面积达到6500亩，合作社负责从种到收。三是关键环节托管，服务面积达到12000亩。收费标准，以水稻生产性服务为例，农民每亩交纳534元服务费（包括：机耕70元，配方肥65元，秧苗机插224元，防病治虫110元，机收65元），由合作社负责种子农药采购、机耕整田、购种育秧、机插秧、配方施肥、病虫防治、机械收割、稻谷储存等生产过程服务。

（3）推动农业节本增效。主动试验示范先进的农业技术，如鸭稻共生、秸秆资源化利用、秸秆还田、干质拌种、生物防治、机器插秧等先进技术，实现农业绿色发展同时，节约农业生产成本。种植了彩色稻田，发展休闲旅游，推动农业产业链条延伸。合作社还通过规模化采购、服务和先进技术应用，降低生产成本，提高农业社会化服务收益。如合作社运用北斗卫星新技术，提高农机管理和作业效率。

三、取得的成效

（一）培育多元化农业服务主体

江苏培育了为农户提供服务的农村集体、专业大户、合作社、专业服务组织等不同主体。这些主体既可以单独开展服务，又能与其他服务主体相互配合，满足农户的育秧、机耕、机插、机收、统防统治等生产各环节需求，推动了土地规模化，同时也解决了“谁来种地”“地怎么种”的问题，成为农业发展重要支撑。

（二）确保农民获得稳定收入

对农户土地经营权入股部分采取特殊保护，探索了农民负盈不负亏的分配机制，使农户获得了稳定收入。农地流转或入股后，农户将获得保底收入、入股收入和务工收入的双重收入。每亩保底收入为 800~900 元，年底每亩获得 50~100 元分红。务工收入来源渠道主要是合作社内部和周边工厂。农户还享受了农业机械化便利，农机作业服务价格更优惠，亩均节约成本达 90~120 元。以合作社方式推动农机市场的组织化，既提高了农机服务效率，又使农机手获得了稳定收入。

（三）壮大了农村集体经济

土地“三权”分置和农村集体经济综合改革为村集体开展服务提供了基础，粮食比较效益低、农业生产基础薄弱等现状，村民对村集体的信任程度高，是村集体开展服务的客观要求。江苏淮安和仪征瞄准了村级集体经济薄弱这一普遍短板，通过村社一体、合股联营等方式开展土地托管，发挥农村集体组织“统”的功能，解决了一家一户办不好和办不了的事情，促进农村集体组织形成一批高质量的经营性资产，使农民得到了实惠，集体增强了实力。

（四）推动农业绿色发展

通过土地集中连片流转，由村组干部组成经营管理团队对农田生产进行经营管理，推广先进的农机设备，实现了粮食生产标准化、规模化、效益最大化。试点村居在推动土地规模化过程中，不断调整产业结构，探索了苏嘴的“稻瓜轮作”、丰年的“稻虾共养”、南湾的土豆种植等，促进区域农业绿色发展和高质量发展。

四、存在的问题

（一）以服务规模化推动农业现代化作用有限

农业生产性服务是指贯穿农业生产作业链条，直接完成或协助完成农业产前、产中、产后各环节作业的社会化服务，最终实现支撑或引领现代农业发展，因此，这也是评价社会化服务效果的关键性指标。调研显示，无论是农村集体还是专业服务主体都是以产前、产中的半托管服务为主，每家每户的服务内容和环节不一样，在提高土地产出效率和农业竞争力方面发挥作用有限。村级集体经济组织还兼具行政管理职能，工作量大，工作好坏与自身利益不挂钩，因此，基本上以完成上级布置任务为宗旨，创新服务手段缺乏，服务的内生动力不足。

（二）农业社会化服务组织发育不足

调研区域，政府资金支持下，农村集体组织主导下的社会化服务发育较快，而市场上专门从事农业生产性服务的经营性组织比较少。大多农业社会化服务主体都是规模种植户，在完成自我服务基础上，逐步将服务区域扩大到周边农户。例如，2019 年仪征市有机插集中育供秧大田面积约 25 万亩，其中，大户自育秧面积 8 万亩左右、服务育秧面积 17 万亩，散户占其服务面积的 80%以上。当地社会化服务全程托管速度慢，主要原因是地块零散，种田和用工成本高，粮食产量低，全程托管风险大，因此，大部分服务组织以提供育秧、机插秧服务为主。尽管当地农户对于社会化服务需求强烈，但服务主体仍以自我服务为主，不愿意扩大服务领域和增加环节。

（三）农业社会化服务理论和政策理解不透

对推进农业社会化服务重视不够，相关政策理解不到位，势必导致项目实施和组织管理与政策要求存在偏差，影响政策效果的实现。调研显示，有些市县社会化服务试点任务，由农业技术推广部门当成技术推广项目执行，明显偏离了政策最初设计方向。农业社会化服务政策宣传力度不够，存在农户购买不到服务或服务成本偏高，农户也不愿购买的现象，即使加上政府补贴 30%的服务费，仍不足以激发农户购买积极性。还有些地区没有在培育农业社会化服务的供给和需求市场上下功夫，而用于加强新型经营主体、村集体能力建设方面。

五、关于农业社会化服务的几点思考

（一）鼓励村集体组织和开展农业社会化服务

村集体经济组织是农业社会化服务体系建设的重要组成部分。农业部、国家发展改革委和财政部联合下发的《关于加快发展农业生产性服务业的指导意见》（农经发〔2017〕6 号）提出，“支持农村集体经济组织通过发展农业生产性服务，发挥其统一经营功能”。由于在我国大部分农村地区，村级集体经济组织薄弱，很难有效承担起为农业生产提供必要服务的职能。淮安和仪征实践创新为壮大农村集体经济、增加农业社会化服务有效供给提供了经验借鉴。在农户流转的意愿比服务意愿更高的区域，鼓励农村集体经济组织以土地托管方式组建专业合作社，对外开展服务，使农村经济发展实现从“输血”向“造血”转化。村级集体经济组织具有一定公益性，村级集体经济的发展壮大，有利于巩固基层政权，促进乡村产业发展和农民增收。为鼓励农村集体开展服务，要加大人力、物力支持力度，切实解决基层组织资源匮乏问题；加强农村基层领导班子和党组织建设，选择一批有经营头脑、有管理能力、有奉献精神的人才充实到村班子里；建立服务与收益挂钩激励机制，提升干部的创新性和积极性。

（二）推动经营性专业服务组织发展壮大

经营性专业化服务组织作为推动农业社会化快速发展的一支重要力量，其作用不容忽视。他们以追求经济利益最大化为目的，创新能力强，在服务过程中更愿意在节本增效、前瞻性技术创新等方面下功夫。在扶持集体经济组织发展壮大的同时，还应鼓励经营性专业服务组织发展壮大，推动农业社会化服务市场良性发展，提升当地农业综合生产能力和培育农村新产业新业态发展。

（三）加强农业社会化服务理论政策研究

认真研读 2017 年农业农村部、国家发展改革委、财政部印发的三个政策文件《关于加快发展农业生产性服务业的指导意见》（农经发〔2017〕6 号）、

《关于农业部办公厅和财政部办公厅支持农业生产社会化服务工作的通知》（农办财〔2017〕41号）、《农业部办公厅关于大力推进农业生产托管的指导意见》（农办经〔2017〕19号），深入理解当前农业社会化服务的重要意义、指导思想、基本原则、服务领域、服务方式等，为做好农业社会化服务工作提供理论和政策支撑。

第四节　晋苏黑三省农户农业社会化服务需求调研

一、选题背景及意义

党的十九大报告中关于乡村振兴的部分提到，健全农业社会化服务体系，实现小农户和现代农业发展有机衔接，而发展农业社会化服务是将小农户引入现代农业发展大格局的有效途径。据统计，我国40%的耕地是由280万家各类新型农业经营主体负责经营，而2亿多农户经营着另外60%的耕地，农业生产仍是以普通农户为主的家庭经营。近年来，随着越来越多的青壮年外出务工，农村空心化、老龄化问题日益严重，土地撂荒现象突出，而农业社会化服务的出现较好地解决了上述问题，有效促进了农业增效和农民增收。但是，在农业社会化服务蓬勃发展的同时我们应该看到，由于我国的农业社会化服务起步较晚，目前仍存在着结构不合理、农户的有效需求得不到满足等问题。所以，了解农户的有效需求，包括目前服务获得情况及未满足情况，在购买使用服务的过程中存在哪些问题，对完善农业社会化服务相关政策、推动农业社会化服务发展具有重要意义。

我国正处于传统农业向现代农业过渡的关键时期，农业生产方式和发展方式都发生了巨大的转变，了解农户的有效需求可以推动农业社会化服务的进一步发展，进而有利于保障国家粮食安全，有利于农业增效、农民增收。目前，我国对农业社会化服务的研究理论大多集中在宏观方面，基于微观农户视角的农业社会化服务理论的研究较少。此次研究尝试弥补此方面的不足，对农业社会化服务研究的相关理论进行补充和丰富。

二、研究内容

以问卷调查及实地访谈资料为基础，对农业社会化服务提供及农户的服务获得情况进行分析，发现当前农业社会化服务提供与农户需求之间的差距，并进一步分析其原因，针对样本农户未满足的需求及发现的问题提出政策建议，以期为农业社会化服务的进一步发展提供有益的参考。

三、数据来源

（一）样本分布

本课题所使用的数据来自课题组成员对三个省份的实地调研。在华北地区，选择了农业社会化试点工作开始较早的山西省；在东部沿海地区，选择了地块面积较小的江苏省；在东北地区，选择了粮食种植规模较大的黑龙江省。本次调研对象均为从事农业生产的农户，采用问卷调查的形式，共计发放问卷 266 份，剔除部分信息不完整的问卷，回收有效卷 243 份，问卷有效率达 91.35%。由于本次调研样本均取自农业农村部在相关省份的农业生产托管服务试点项目区，样本对总体农户不具有普遍代表性，仅能反映试点地区的一些情况（见表 2-8）。

表 2-8　样本农户的分布

省	市（县）	农户数量（户）
山西省	寿阳县	46
	平遥县	44
	文水县	44
江苏省	仪征市	44
黑龙江省	兰西县	45
	宝清县	10
	龙江县	10
合计		243

（二）样本户的基本情况

本次调查所获得样本户主的平均年龄为 54 岁，平均受教育年龄为 8 年，说明样本户主的文化水平在初中上下；样本农户的户均家庭人口为 4 人，劳动力为 2.3 人；耕地面积在 30 亩以下的农户有 154 户，说明调研的农户以小农户为主；户均经营耕地面积为 54.37 亩，户均玉米种植面积为 52.25 亩，户均水稻种植面积为 17.17 亩，户均小麦种植面积为 19.78 亩；购买生产性服务的亩均支出为 253.45 元，购买社会化服务后亩均生产成本下降了 10.22%，粮食增产约 7.89%，说明购买社会化服务后，农户降成本、增产量效果明显；家庭年均收入为 58534.46 元，其中务农年均收入为 24652.85 元，务工年均收入为 25934.77 元，农户工资性收入略高于农业经营收入（见表 2-9）。

表 2-9　样本农户个人及家庭基本情况

户主的平均年龄（岁）	平均受教育年龄（年）	户均家庭人口数（人）	户均劳动力数（人）	30 亩以下的农户数（户）
54	8	4	2.3	154
户均经营耕地面积（亩）	户均玉米种植面积（亩）	户均水稻种植面积（亩）	户均小麦种植面积（亩）	购买社会化服务的亩均支出（元）
54.37	52.25	17.17	19.78	253.48
购买社会化服务带来的成本变化（%）	粮食作物的产量变化（%）	户均家庭年收入（元）	户均务农年收入（元）	户均务工年收入（元）
-10.22	7.89	58534.46	24652.85	25934.77

四、农户的社会化服务获得情况

（一）农户对农业社会化服务需求旺盛

从样本户购买农业社会化服务的情况可以看出，农户对社会化服务的需求旺盛，有 93%的样本农户购买过农业社会化服务，如图 2-1（a）所示。

1. 社会化服务作业效率更高

调研数据显示，有 35%的农户购买服务是因为社会化服务的作业效率更高，如图 2-1（b）所示。高效率的作业可以把握住农时，有利于增加作物产量、提升作物品质，减少因不正确作业方法而造成的作物减产。在实地调研中了解到，江苏省人工插秧一天的作业量是几亩，而机械插秧一天的作业量可达 50 亩，比人工插秧提高工效 10 倍以上，同时更节省投入。

2. 劳动力短缺推动服务购买

调研数据显示，31%的农户购买农业社会化服务是因为劳作太辛苦，或者是家里缺乏劳动力，如图 2-1（b）所示。农户根据实际需要购买服务后，将土地交给服务组织，由服务组织统一进行管理耕种，自己则可安心外出务工，家里留守的老人也不再为种地找不到劳动力而犯愁，有效缓解了劳动力短缺的问题。

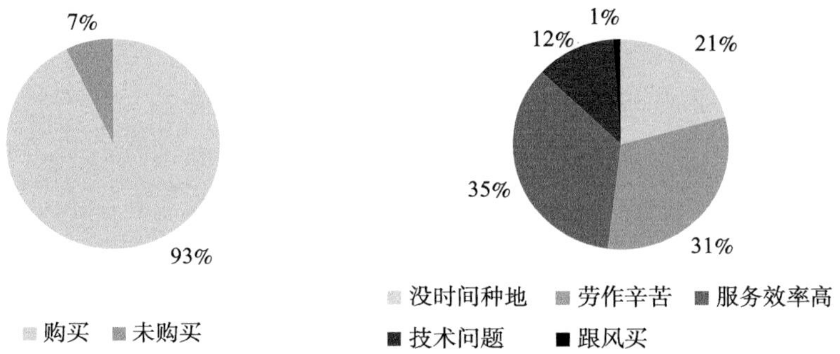

（a）样本户是否购买服务　　（b）购买服务的原因

图 2-1　农户购买的农业社会化服务及其原因

（二）农户购买服务以部分环节为主

第一，从整体来看，56%的农户购买了部分环节的服务，43%的农户购买了全程托管的服务，部分环节服务发展明显快于全程托管服务（见表 2-10）。这说明部分作物、部分地区的农业生产托管虽然得到了一部分农户的认可，但仍有较大的发展空间。

表 2-10　农户购买服务的模式　（单位：%）

省份	购买部分环节服务占比	购买全程托管服务占比
山西	62	38
江苏	97	3
黑龙江	15	85
合计	56	43

第二，从三个省份对比分析来看，山西省和江苏省的农户以购买部分环节服务为主，占比分别为 62%和 97%；黑龙江省的农户以购买全程托管服务为主，占比为 85%。在调研中发现，上述现象的产生和各个省份所种植的作物品种及户均耕地面积有很大关系。黑龙江省地域辽阔，户均耕地面积达 209 亩，种植的作物品种较多，包括玉米、水稻和大豆，但主要以玉米种植为主。玉米的社会化程度较高，当地全程托管服务的供给较多，农户购买全程托管服务可以在节约劳动力的同时提升作物的产量和品质，效益更好，因此当地的全程托管服务更受农户欢迎。山西省虽然也是以玉米种植为主，但是户均耕地面积较黑龙江省来说较小，仅为 18.21 亩，且由于当地全程托管服务的

供给较少，农户对收割运输、深耕深松、秸秆还田等大型机械作业环节服务的需求较高。江苏省以种植水稻为主，户均耕地面积为 4.32 亩，水稻的生产环节较为复杂，服务价格较为昂贵，加之土地细碎化较为严重，供给全程托管的服务组织数量少，因此农户实际上愿意购买机械插秧、收割等明显赶农时、省劳力的服务环节，其他生产环节如育秧农户更愿意自己做，整体看，农户对部分环节服务采用较高。

（三）玉米以全程托管服务为主，水稻和小麦以部分环节服务为主

从作物品种看，不同作物对农业社会化服务的需求也存在差异。玉米的社会化程度较高，全程托管服务的效益要明显优于部分环节托管，农户购买全程服务的比例更高。如黑龙江省有 85%的农户购买了全程托管服务，购买服务后农户种植成本下降 11%，总产量提升 10%，效益提升明显。水稻的种植环节复杂，全程托管服务的供给较少，且部分环节，如育秧，服务成本要高于农户自己作业的成本，因此农户对部分环节托管的需求更大；对于小麦来说，本次调研的三个省份，以种植玉米和水稻为主，小麦种植户涉及较少，调研到的小麦生产主要以部分托管服务为主，对全国小麦农业社会化服务采用情况不具有代表性（见表 2-11）。

表 2-11 不同作物的服务模式占比情况 （单位：%）

作物	部分环节服务占比	全程托管服务占比
玉米	47	53
水稻	91	9
小麦	100	0
合计		

（四）农业社会化服务的提供初具规范

服务双方签订服务合同，并积极发挥其在规范服务行为、确保服务质量、维护双方利益方面的重要作用。调研数据显示，有 92%的农户签订了合同，其中有 82%的农户签订了书面合同，仅有 8%的农户没有签订合同，说明至少样本地区农业社会化服务的提供具有一定的规范性，这在一定程度上有利于农业社会化服务的发展（如图 2-2 所示）。

调研发现，一般合同至少都包括合同的标的、期限、价格、付款方式及时间、服务效果评价、违约责任等内容，具有一定的规范性。但是对于

农户特别关心的产量、风险等方面，目前还较少涉及。如调研数据显示只有 9%的合同保证了农户的最低产量，出现上述现象的原因主要有三种，一是说明目前的合同在规范性方面仍有一定提升的空间，未来应积极探索如何进一步确保合同的规范性；二是说明目前缺乏有限的手段和工具来解决风险问题；三是服务组织依据本地实际情况制定了不同的协议标准，如黑龙江的部分服务组织制定了“保证土地的产出不低于同等地块同等地力土地的产出”的标准。

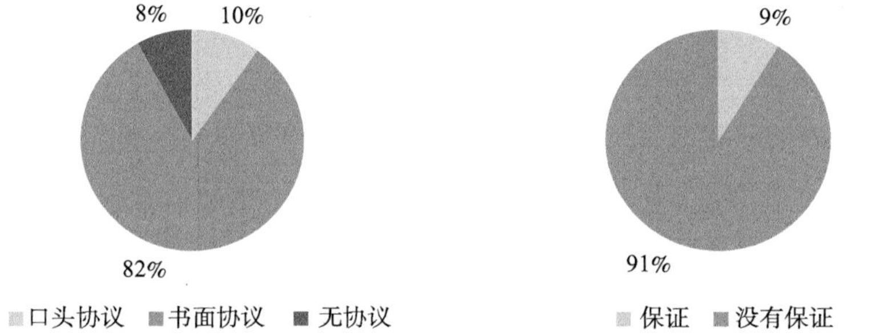

（a）购买服务的合同形式　（b）合同是否保证最低产量

图 2-2　农户购买农业社会化服务的权益保障

（五）大型机械作业等服务更为农户所需

目前，农户购买比例较高的服务集中在化肥统购、深耕深松、收割运输、秸秆还田等环节，占比分别为 79%、73%、66%、58%，主要为大型机械作业环节的服务（如图 2-3 所示）。

产前环节主要是化肥统购服务。服务组织具有规模优势，更有利于其采用测土配方施肥技术来促进作物的生长，作物提质增产效果明显；而普通农户的土地经营面积小，一家一户采用测土配方施肥技术不经济，因此农户更愿意向服务组织购买该服务。

产中环节农户购买比例较高的主要是深耕深松服务。合理的深耕深松作业可以疏松土壤、加厚耕层、改善土壤营养条件，显著提高土壤的肥力。但是由于普通农户资金薄弱、土地经营规模小，很少有农户会选择单独购买大型机械，相比之下，农户更愿意向服务组织购买深耕深松服务。

产后环节农户购买比例较高的是收割运输和秸秆还田服务。对于收割服务来说，一方面，在作物收获的季节，掌握好农时，对夺取农业丰收起着至关重要的作用；另一方面，大型机械作业效率更高，节本增效更显著，如黑

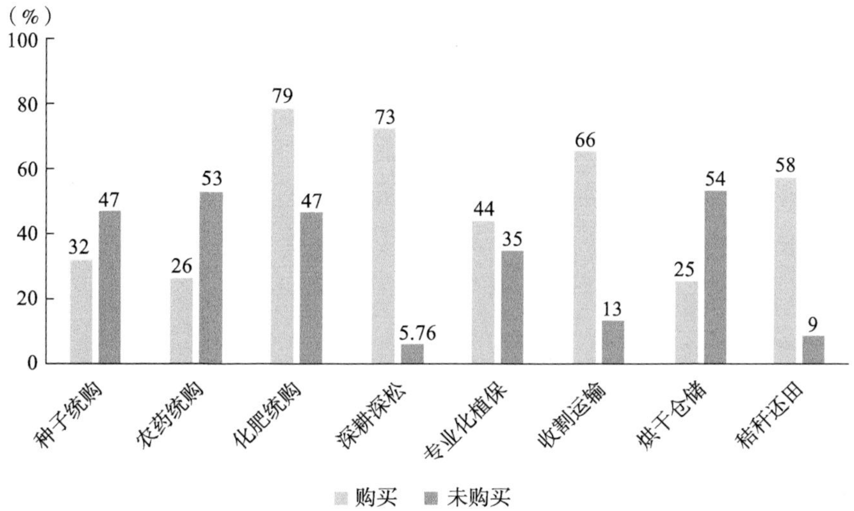

图 2-3　农户购买农业社会化服务的情况

龙江的宝清美莱现代农业采用联合收割机大面积统一收割，收获的粮损失率远低于农户的分散经营。对于运输服务来说，在调研中了解到，作物收获后，农户可自由选择将粮食运送到家或由服务组织统一保存，减少了农户自行组织运输的麻烦，而且节省了费用。对于秸秆还田服务来说，作物收获后会产生大量秸秆，还田后的秸秆覆盖在地表，需经过两年才能腐烂，时间较久；秸秆长时间覆盖在地表易造成土壤板结，不利于作物的生长；农户自己进行秸秆作业的成本高，相比之下，农户更愿意选择购买服务。

五、取得的成效

（一）促进了农业增效农民增收

1. 有效降低农业物化成本和生产作业成本

调研中了解到，通过集中采购农业生产资料，可以有效降低农业的物化成本；通过标准化、机械化作业，农户生产成本可降低 10.22%左右，其中黑龙江省成本下降得最多，达 11.47%。具体来说，黑龙江省农户自种成本在 360～380 元/亩，购买全托管服务后费用在 320～340 元/亩，每亩节约成本 40 元左右；再比如山西省农户自种一亩地生产成本在 600 元左右，进行托管后每亩成本为 300～400 元，每亩节约成本 100～200 元。

2. 提高单位面积产量

调研数据显示，购买服务后，农户亩均产量增加 8%左右，其中，山西省增产 10%左右，江苏省增产 6%左右，黑龙江省第一年实行农业生产托管试点工作，作物未成熟，但预测能增产 10%左右。服务组织采用新品种和新技术，发挥集约化和规模化种植的优势帮助农户增产，如黑龙江省的宝清美莱现代农业，保证在不增加投入的前提下每公顷产量提高 2000~3000 斤，单位产量提升明显。

3. 提升作物的品质

调研中了解到，农业生产托管带来在品种、技术、作业环节的精细化，促进了作物品质的提升。如在生产托管之前，为节省生产成本，有些环节农户不愿去做或执行不到位，如增施叶面肥、深耕深松等，购买服务以后，服务组织将每个生产环节都执行到位，提升了作物的品质。

4. 增加了农户的收入

第一，增加了农户的务农收入。服务组织采用先进的生产技术和管理手段，可以有效提高单位面积的产量和作物的品质，增加农户的务农收入。第二，增加了农户的务工收入。一方面，农户将土地托管给服务组织，自己可以安心外出务工，增加外出务工收入；另一方面，部分服务组织为农户提供就业岗位来增加其务工收入，如龙江县超越合作社等。第三，增加了农户的资产性收入。农户通过土地入股或资金入股等形式加入农业社会化服务合作社，合作社在年底对社员进行分红，农户可获得分红收入。如山西省寿阳县南燕竹村的金穗农民专业合作社在 2017 年给社员分红 33 万余元。

（二）解决了“谁种地”的问题

调研数据显示，有 31%的农户购买服务是因为家里土地无人耕种、缺乏劳动力。近年来，随着外出务工人员的增多和人口老龄化现象的加重，兼业化现象越来越普遍，农业劳动力短缺的形势变得更加严峻，不少地区面临着“土地撂荒”“无人耕种”的问题，对我国的粮食安全产生极大的威胁。而农业社会化服务的出现很好地解决了劳动力数量短缺的问题，并在解决了“谁来种地”的基础上进一步解决了“如何种地、怎样种好地”的问题，有利于提高农业生产的规模化、标准化、集约化程度，加速了传统农业向现代农业的转变。正如在黑龙江省兰西县调研时一位农户说，“之前因为年纪大种不动将土地都流转了出去，今年将去年流转的土地全都收了回来，有服务组织帮着种，自己也不用操心了，而且收入比以前更好了”。

（三）满足了农户生产发展需求

1. 满足了农户农业生产机械化发展的需求

调研数据显示，有66%的农户通过购买社会化服务在农机作业方面得到了满足。农业机械化提高了土地的产出率和农产品质量，可以节约生产资料和劳动力，有利于节省生产成本，是保护和提高粮食的综合生产能力的重要举措，满足了农户的农机作业需求。

2. 满足了农户的农资需求

调研数据显示，有66%的农户在农资供应方面得到了满足。调研中了解到，大部分服务组织提供的农资产品质量好、价格低，深受农户欢迎。服务组织所施用的化肥农药一般都是采用测土配方技术配置而成，提质增产效果更明显；所种植的品种一般都是根据当地土壤气候等条件选育，如黑龙江宝清美莱现代农业根据当地的情况统一采用增产潜力大、抗倒伏、抗病的红峰11、垦农23等优良品种，保证了粮食增收。

3. 满足了农户的农业技术需求

调研数据显示，有61%的农户在农业技术方面得到了满足。服务组织采用先进的技术来满足作物的生长需求，例如，山西省寿阳县嘉禾农业科技有限公司聘请墨西哥专家克鲁斯先生作为技术顾问，引进国外先进的农机，采取先进的种植技术，玉米产量比普通玉米增产60%左右，植株根系发达，抵御自然灾害的能力强，满足了农户对农业技术的需求。

4. 满足了农户的农业信息服务需求

调研数据显示，有57%的农户在信息服务方面得到了满足。服务组织通过不定时的培训以及自主开发App等形式向农户提供农业信息，如山西省平遥县的和之瑞种植专业合作社设立“托管通App”，农户可以通过App查询农业的相关信息，如农产品价格信息、农业政策信息等，满足了农户的信息服务需求。黑龙江省超越合作社的“智农管理系统”App，实现了网上全程精准、高效、实时、便捷的“耕种管收”一体化管理服务，有效助力产业提质增效，促进农业社会化服务提档升级。

六、存在的问题与面临的挑战

调研中可以发现，近几年我国的农业社会化服务发展得很快，服务数量上快速增加、类别上日趋细化、发展模式上日趋多样。但是调研中我们也发现，由于我国的农业社会化服务处于起步阶段，目前仍存在一些问题。

（一）服务组织数量少、类型单一

调研发现，目前的服务组织数量少且主要以农民专业合作社为主，龙头企业或专业服务公司数量总占比不到20%。农业社会化服务作为一种新型的农业经营方式，符合现代农业发展的需要。但是，当前农业社会化服务组织的发展，从类型上来说多元化程度较低，资金实力雄厚、拥有先进生产技术和管理经验、服务能力更强的龙头企业或专业服务公司的数量比较少，导致农业社会化服务整体上还处于一个较低的发展阶段。从数量上来说，服务组织总体数量较少，提供的服务规模有限，距离满足农户的需求尚有较大差距。

由于服务组织数量少、实力弱，导致服务能力有限，服务领域拓展不够。目前大部分服务组织提供的服务项目以产中为主，产前和产后的服务供给不足。虽然农户对产中环节的服务需求较高，但像深耕深松、秸秆还田等需要大型机械作业环节的服务仍存在相当的供需缺口；而且随着农村劳动力非农就业的增加，农户对农资采购、烘干仓储、农产品销售、金融保险等产前和产后环节的服务需求将不断增加，而这也是当前服务供给比较缺位的环节。

（二）农户仍有部分需求未得到满足

调研数据显示，有50%左右的农户因为服务价格高、服务种类不符合需要或当地服务组织没有提供该服务等而没有购买到自己需要的服务。基于三个省份的调研情况，本研究总结农户未得到满足的服务主要表现在以下三个方面：

1. 粮食销售服务短缺

调研数据显示，63%的农户售粮服务没有得到满足。调研中了解到，除了一些实力强的服务组织，如黑龙江省的超越合作社、宝清美莱现代农业与中粮集团签订合同，能够为农户提供粮食销售服务的“绿色通道”，农户可以根据市场行情“点价”卖粮，提高粮食售价，其余大部分服务组织由于种种制约因素没有为农户提供售粮服务。在江苏省的调研中也了解到，自2015年粮价下降以后，不少地区面临着“卖粮难”的问题，农户对售粮服务需求更加迫切。

2. 烘干仓储服务缺乏

调研数据显示，仅有27.44%的农户获得了烘干仓储服务。但在实地调研中了解到，农户对此项服务需求旺盛，获得服务比例低的最主要原因是服务的供给不足。供给不足主要有两方面的原因，一是由于烘干设备价格昂贵，而大部分的服务组织处于起步阶段，资金不足、实力较弱，没有能力购买烘干设备；二是传统粮食烘干需要烧煤进行供热，服务组织面临着日益趋紧的环保约束，一定程度上制约了其提供烘干服务的积极性。以上两个原因导致烘干仓储方面的社会化服务有效供给不足，远远满足不了农户的发展需要。

3. 金融保险等手段缺乏

调研中发现，当前的农产品保险以政策性保险为主，主要是保农户的生产成本，商业保险的供给相对不足且品种较少，缺乏产量保险和产值保险等险种。农业生产中存在着较大的风险，缺乏必要的保险产品制约着农业社会化服务的提供，也阻碍了农户对服务的购买，不利于农业社会化服务的发展。调研数据显示，80%的农户在购买农业社会化服务上面临着信贷约束。若农户可以获得相应的贷款来支付生产托管费用，将极大地减轻服务组织的资金压力，促使其扩大服务规模，有利于农业社会化服务的发展壮大。

调研中我们也发现各地在发展农业社会化服务中结合农产品保险进行了有益的探索。黑龙江省的超越合作社与太平洋保险公司合作，以每亩25元的标准收取保费，合作社保障农业生产全程托管每亩收益700元以上，充分保证了农民的收益，满足了当地农户对农业保险的需求，促进了农业社会化服务的发展。但目前绝大部分地区的保险品种满足不了农户的需求，因此要想促进农业社会化服务的进一步发展，与农业社会化服务相结合的保险品种的开发尤为迫切。

（三）农业基础设施落后

从生产发展的角度来看，由于农业基础设施落后，田间道路多为泥沙路面、坑洼多，道路的通达情况较差、通行安全系数较低，给农业机械的正常通行造成了较大的困难，特别是不适应大型现代农业机械开展作业的需要，在一定程度上制约了农业社会化服务的发展。

从收益的角度来看，由于农业基础设施落后，粮食收成没有保障，服务组织开展农业社会化服务的风险较大。例如，当地没有完善的水利设施，不能在干旱天气及时对作物进行浇灌，服务的成效难以物化和体现，农户的粮食收成影响着其对服务费用的缴付，服务组织的收益无法保证，阻碍了当地农业社会化服务的开展。

七、政策建议

（一）大力扶持各类服务组织发展壮大

建议各地充分发挥财政资金的引导作用，按照主体多元、形式多样、服务专业、竞争充分的原则，鼓励培育和支持多种类型的面向小农户的社会化服务组织的发展。引导各类服务组织开展有序竞争，充分发挥各类型服务组织的优势，提升服务质量和品质。坚持以需求为导向，聚焦小农户在农业生产中的薄弱环节，引导农业社会化服务组织统筹各类服务资源，壮大自身实力，升级装备，以科技支撑服务，提高服务能力。从小农户需求迫切的产中作业环节向产前、产后环节拓展，延长农业社会化服务业的产业链条，助力小农户实现农业综合效益的提升。

（二）鼓励有实力的服务组织积极拓展粮食销售渠道

鼓励有实力的服务组织以烘干仓储、售粮服务为关键环节，积极拓展服务领域，延长服务链条，满足农户的发展需求，推动农业社会化服务的发展。探索利用融资租赁的方式，解决大型农业服务设施及装备不足的约束。例如，黑龙江省的宝清美莱现代农业服务公司积极拓展服务领域，为农户提供从种到售的全程服务，涵盖“耕种防收、烘储运销”各个环节，在为农户节本增效的同时也实现了公司收益的提升，保障了农户和公司的双赢。

（三）积极创新金融保险手段

建议围绕发展农业社会化服务，面对农业生产发展、农户和服务组织的需求，积极创新金融保险工具，为农业社会服务业的发展保驾护航。

在金融方面，一方面，引导金融资金投向农业服务设施、服务平台等方面，提升农业社会化服务组织的装备水平和服务能力；另一方面，鼓励金融机构开辟针对农业社会化服务的小额贷款，发挥服务组织的中介作用，积极协调农户和金融机构的对接，满足农户的信贷需求，助力农业社会化服务业发展。在保险方面，鼓励各地积极探索政策性保险、互助保险、商业保险在农业服务业中的实现途径。以农业社会化服务为纽带，开展相关保险产品的研发和应用，扩大保障范围，提高保障力度，有效分散农业生产风险，满足农户以及服务组织多层次、差异化的投保需求。

（四）完善农业基础设施

树立发展农业社会化服务业，农业基础设施建设先行的意识。以完善农业基础设施为抓手，推动农业社会化服务的发展。创新机制，引导企业、大户等各类经营主体投资农业基础设施建设，鼓励各地积极探索农业基础设施经营管理机制，引入竞争机制，提高农业基础设施供给效率。面向现代农业发展的需要，针对制约农业社会化服务业发展的薄弱点、关键点，结合农民需求迫切的农业基础设施建设项目，明确各地农业基础设施建设的主攻方向，通过提升完善农田水利设施、道路、物流等基础设施，减少农业社会化服务发展的障碍。

第五节　关于新冠病毒肺炎疫情对农业生产托管影响的调研

2020 年初，新型冠状病毒感染的肺炎疫情在武汉暴发，随后蔓延至全国。突发新冠肺炎疫情，让全社会进入防控应急状态。疫情防控成为当时最重要的工作，与此同时，农业春耕备耕也迫在眉睫。在集中力量坚决打赢疫情防控战的同时，各地也积极开展了春耕和备耕工作。本文通过采取电话、微信咨询等方式，对山西省、黑龙江省、江苏省三省 11 个市（县）的农业生产托管主体展开调查，了解抗击疫情保春耕开展的主要工作、面临的问题和政策需求，据此提出支持生产托管开展春耕的几点建议。

一、农业生产托管主体抗击疫情保春耕的做法

（一）积极保障农业生产服务

1. 农业生产托管主体节前农资储备相对充分

春耕开始时间为 4 月初到 5 月初，晋黑苏三省疫情不属于高发区，如果疫情能在 3 月 15 日前结束，则不会延误农时。据了解，大部分农业生产托管主体由于节前储备相对充分，加之封村不封路的措施，大宗农资运输物流还算畅通，影响不大。当时，山西省临汾市、朔州市冬小麦种植区正值返青浇

水期。其中，临汾市红福泰农产品加工合作社负责40个村两万余农户小麦生产和面粉供应，通过测体温、开证明，组织人员及时服务农户的生产生活，保障疫情期间农产品的有效供给。朔州市宏远农牧有限公司托管土地近10万余亩，下设的“诚瑞粮食银行”向县农业农村局申请限时“饲料玉米配送通行证”，派工作人员深入非疫区与公司下属站社沟通，收购饲料玉米2万余吨，销售农资3千多吨、大中型农机及配件500多台（件）。通过饲料玉米收购和配送，解决上游农民卖粮难、下游饲料短缺的困难。

2. 提前复工、迅速启动，全力及时保供

生产托管主体不论是合作社、经销商还是其他农业经营者，他们都熟悉当地农村生产模式、种养结构、资源禀赋情况，对何时开展何种作业“门清儿”，抓紧利用技术、设备、物流和扎根基层的优势，帮助农民抓农时，开展春耕生产。山西省中化农业永济中心，尽全力做到早谋划，利用技术服务中心将春耕所需的种、肥、药及时送到农民手中。山西省朔州市宏远农牧有限公司，在做好防疫工作基础上，积极开展农资、农机和饲料玉米的配送服务。从复工以来，共收储玉米4000余吨，释放前期收储玉米2000余吨，分别派送至大象饲料、博瑞、云南和四川等饲料加工企业。在防疫的前提下，积极组织非疫区的农机、化肥、种子、地膜、农药等货源，利用公司下属站社进行“点对点”配送。在公司院内开展农机具分散式组装，目前，各类犁、旋耕机、播种机、撒肥机等机具已组装完成80%。到2020年2月末为止，玉米收销、配送正常有序，带动公司助农各项业务顺利进行，不误农时。

（二）积极发挥互联网优势扩展托管业务

1. 通过服务合同网签解决谁来种地的问题

黑龙江省兰西县继续发挥生产托管的组织优势，将疫情对农业生产的影响降到最小。为减少服务合同签订时的人员接触，该县组织开发了农业生产托管服务平台，引导托管主体与小农户进行线上对接，为农民生产提供全程服务。利用网络签订服务合同，农户实现了不见面就能签约，不出门就能种地。截至2020年2月末，全县村集体股份经济合作社、农机合作社、种植合作社等服务组织已经确定50万亩土地的托管服务意向。通过集中服务和规模经营，预计将减少近10万人次的农业生产人员活动。例如，兰西县远大镇双太村股份经济合作社，利用微信和电话向村民宣传2020年土地托管有关事宜，已经有300余户6000多亩玉米和180余户3000多亩大豆实现生产托管。

2. 通过网络贷款解决农业生产钱从哪来的问题

为解决农户在农业生产中的资金需求，兰西县积极与中国建设银行进行沟通、对接，创新农村金融产品，在原有农户快贷的基础上，针对土地托管农户，升级了托管快贷。具体的做法是农户与服务组织网络签订托管服务合同后，如有贷款需求，贷款申请直接流转到建设银行数据库，建设银行依据大数据审核后，直接放贷。这种贷款方式实现了网络办理，避免了人员接触，做到了快捷便利、低息高效、应贷尽贷。现在这款金融产品正通过微信群等方式向农户进行推广，深受农户欢迎。

3. 通过线上解决生产资料供需对接的问题

为实现生产资料供需的有效对接，兰西县还与中化集团等大型农资企业积极对接。由中化集团在兰西县的中化农业 MAP 服务中心，通过网络建设由农户到经纪人、经纪人到合作社、合作社到生产资料供应商的服务体系。生产资料供应商根据农户需求进行集中调运，适量储备，服务组织统一线上调配生产资料的模式将有效防止疫情扩散。此外，服务组织统一对工作人员进行防疫培训，统一配备口罩、手套以及消毒用品，对工作区域、作业机械等统一消毒。

（三）担任防疫先锋，发挥模范带动作用

1. 发挥无人机、农机装备优势，志愿开展防疫服务

农业生产托管主体在很短时间内完成了角色转换，成为社区防疫突击队，充分发挥农机具轻便、高效的优势，弥补农村防疫设备不足。相比传统的人工消毒，无人机不仅大大提高了工作效率，并可进行全覆盖式、立体式的工作，有效减少因人工消毒作业形成的人员聚集，从而提高了疫情防控水平。江苏省淮安区农业农村局协调城管部门、淮安华翔科技服务公司，采用无人机喷洒消毒液的方式对辖区农贸市场进行消杀作业，防控疫情。采用无人机每天对各市场的广场进行三次消杀，不仅避免了人工消杀存在的交叉感染风险，而且大大提高了消杀工作的效率和覆盖面，真正实现了无死角，节省了大量的人力和物力。淮安市淮安区城管部门已经对全区 12 家重点农贸市场，采用无人机消毒和人工喷洒相结合的方式，全力切断病毒传播的途径，打造立体式防控网。针对城区内的重点路段，当地环卫部门，还组织调集全区的雾炮车、洒水车，按照全覆盖、零死角的要求，采用机械喷洒同人工喷洒相结合的方式，对全区主次干道、公园、社区等处进行全方位定时喷洒、消毒、清洁，坚决遏制疫情蔓延势头。

2. 组成多种形式的志愿服务队伍保农村民生供给

生产托管主体发挥组织优势，组成多种形式的志愿服务队伍，各尽所能为村民提供日常生活产品。至2020年2月末，淮安区已有超过50家合作社和家庭农场直接参与了防控，有的参与道路管制执勤，有的参与全村消毒工作，有的参与“四包一”工作。同时，还有不少托管主体慷慨解囊，踊跃捐款捐物，发挥了模范带动作用。淮安区泾河土地股份专业合作社，组织志愿者服务队向本村48名低收入户捐献了价值15000元的大米和蔬菜。淮安区联创种植专业合作社，捐赠了价值10000元的大米和消毒液。淮安区青耕田农机专业合作社，向博里镇史荡村4个村民小组，捐赠了价值6000元的慰问物资。淮安市淮安区盛丰农田耕作服务专业合作社，在疫情防控期间利用高效植保机对全村防疫消毒2次，喷洒消毒剂2万余斤。淮安市淮安区锐农农机专业合作社捐款10000元，并利用自有植保机械参与当地政府防疫工作。

二、农业生产托管主体抗击疫情保春耕面临的问题

（一）农资采购配送和农产品销售物流通道受阻

受疫情影响，部分地区采取封村、封路措施，农村物流和农户出行受限，也影响到了生产托管主体的农资采购、配送和农产品销售。例如，兰西县田谷园合作社，在春节前向福州毛豆种子繁育基地订购种子35000公斤，原计划节后上班进行运输，受疫情影响计划无法执行。而疫情解除后，各种农用种子、物资发货扎堆运输，势必增加各种成本。兰西县瑞丰玉米种植专业合作社，年前预订了鲁化集团1000吨化肥、吉林省30000亩种子，受疫情影响未在规定时间内运输到位。

（二）农业生产性支出大、融资成本高

随着托管服务规模扩大，托管服务主体在农机具购置、农户服务费垫付、基础设施建设投资等方面支出增大，而农业产业项目周转周期长，金融需求不断增加。也有部分农户，尤其是贫困户资金紧缺，借贷困难，无能力支付服务费用。融资难、融资贵是当前制约农业生产社会化服务组织发展的一个重要因素。合作社没有金额较大的抵押物，贷款额度十分有限且利息很高。虽然依靠土地承包经营权抵押贷款获得一定信贷，但是数额较小。有商业保险保障产量问题，但是保费较高，农户与经营主体承担不起。适合农业生产

托管服务的保险种类少，险种科学性还有待加强。

（三）农业托管主体入户拓展业务受限

受疫情影响，生产资料、人工成本、运输成本等费用有所增加，服务费收取困难，需要周转资金。短期看，限制人员流动，沟通交流困难。中长期看，即使在疫情解除后，人们有一定的心理压力，进村入户工作还是会受到一定程度的影响。春节前后正是农业服务启动集中期，对农资供应商而言，涉及农户集中拜访、测土配方与科学种植规划、技术和产品方案沟通、服务意向确定、春季生产技术培训、农资投入品采购备货、金融贷款授信审核等诸多环节。农户无法外出，交流培训均无法按照农户习惯的方式完成，各项工作均无法正常启动。托管服务费多数都得用现金交易，需要去银行取款，导致服务主体在收费上遇到很大困难。很多服务主体利用电话、微信等通信工具与农户达成口头协议，但是无法签订正式协议和收取服务费。兰西县瑞丰玉米种植专业合作社，意向性订单农户 30000 余亩，受疫情影响，无法与农民见面签订协议，更无法收取托管服务费，企业资金压力很大。田谷园合作社，2020 年与农民达成意向性协议，全程托管毛豆 10000 亩，原计划在 2 月 2 日节后上班开始签订托管服务合同，因受疫情影响正式合同签订被延迟。

（四）劳动密集型岗位用工荒日渐显露

分散的农业服务人员无法返工，茶叶等经济作物采摘需要大量人工，生产托管所需的农业投入品生产、基础设施和功能厂房建设、关键设备备品备件生产供应及检维修、农业机械操作等均需要专业人员上岗，而疫情导致了相关供应商延期开工和用工荒等问题。

三、促进农业生产托管主体保生产的政策建议

（一）开辟农资车辆物流绿色通道，保证农时

国家为春耕备耕开辟物流绿色通道，将农资投入品和农产品作为战略性重要物资给予运输保障，明确相关物资运力保障方案和物流支持措施。取消运输农资车辆高速通行费，降低运输成本和农资原材料成木，提高运输农资车辆积极性，提高农资运力，稳定农资价格。尽早针对运输农资车辆给予通行权限，高速公路、省级公路以及县、乡、村公路要优先放行，保证农资能顺利运到农民手中，不影响农时。

（二）提供政策性贷款和农业保险支持，降低融资成本

出台政策，优化审批流程，设计更灵活的保生产促增收金融产品，最大限度调动农业生产积极性。针对开展社会化服务企业，农民合作社、农业企业给予金融贷款等政策支持，建议出台针对托管服务主体贷款贴息、税收等相关政策支持等。加大对农业保险的支持力度，重点完善收益保险及区域性粮食产量保险品种，促进农业生产托管服务真正形成服务闭环，保障农民从种到收全方位服务，让农民真正步入现代农业发展轨道。农户收益险，可以由农户出一部分、服务组织出一部分、国家政策支持一部分，给托管土地交纳保险费。对试点县给予收益保险或区域性粮食产量保险补贴。在农民合作社内部开展农业互助保险。农民统一缴纳保费后形成保险基金，每年保险基金盈余部分结转至下一年，农民相应减少保费。

（三）县乡政府对托管主体点对点帮扶，及时解决困难

出台县乡政府对农业生产托管主体开展“一对一”或“一对多”的帮扶措施，集中力量帮助服务主体解决当前备耕困难。积极发挥村集体组织村民开展集体活动的优势，在各地防疫部门统筹安排和做好疫情防控的前提下，委托农业生产托管主体整村整乡开展春耕备耕服务工作。针对不同的情况，在受疫情影响不大的地区重点推广单环节、多环节、全程托管，疫情严重地区重点推广全程托管服务，以减少疫区人员流动。

（四）利用现代化网络信息平台，拓展托管服务范围

线上线下结合，当前契机下，支持快速建立网络信息平台，并加快入户。各级农业农村部门应积极推动服务资源整合，鼓励服务组织搭建和使用各类综合性、专业性农业服务平台，利用电话、微信、抖音、App 程序、网络等手段，通过网签服务合同、网络直播、线上培训等方式，强化线上支撑，打通农业生产托管的“云通道”。

（五）加大表彰和宣传力度，提升生产托管社会影响

在疫情特殊时期，对为保春耕做出重大贡献的机关单位、服务主体或个人给予表扬或奖励，树立生产托管主体爱农惠农的先进典型，增强服务主体社会责任感。同时，抓住时机，加大生产托管农户宣传力度，让农户知晓生产托管的优势和作用，了解相关支持政策，充分调动广大农户和其他服务组织参与此项工作的积极性。对未开展托管自己购买农资、耕作有困难的农户，

采取集体经济组织主导、企业主导、合作社主导等模式，积极吸引其加入托管组织，实现应托尽托，确保托管路上小农户不掉队。

第六节　国外农业社会化服务组织方式的经验借鉴

本节将在分析农业社会化服务相关理论基础上，对美国、荷兰、日本等发达国家农业社会化服务组织方式进行分析，对照我国的农业社会化服务现状，探讨可资借鉴的经验，同时对我国农业社会化服务的发展提出建设性意见。

一、农业社会化服务相关理论探讨

（一）分工理论

斯密认为，“分工之所以大大增加相同数量的人所能完成的工作，是因为：第一，工人因专业化而更加灵巧；第二，节省了由一种工作转到另一种工作通常会损失的时间；第三，许多机器的发明简化和节省劳动，使一个人能够做许多人的工作”。波士顿经验曲线也表明，当一项生产任务被反复地执行时，生产成本逐渐降低；当工人对一项工作越来越熟悉时，他的生产效率越来越高，生产用时越来越少。

因此，农业社会化服务要更加注重农民分工分业、创新创业，由服务业促进农业经济的发展。分工使得农业生产人员从事自己擅长的生产领域，例如：在农作物生产过程中，植保服务公司可提供农药、种子、化肥、农具等农资产品的销售，并提供农业技术服务；农机企业可提供农机售前服务、售中服务和售后服务；农资配送中心提供农产品保管、拣选、流通加工、运送、信息管理等服务，实行“统一进货、统一配送、统一价格”，大大缩减了农资物流配送的总费用；保险公司为农户提供各类农业保险，将自然灾害和意外事故带来的损失降到最低；金融机构可为农户提供资金支持；等等。各服务提供商分工明确，专业化水平高，降低了农业生产各个环节的成本，提高了农业生产效率。

为实现农业生产效率的提高，应该做到以下两点：第一，努力提高从农产品生产全过程到农产品加工全过程的社会化服务的专业化水平，提高农业社会化服务业的附加值在农业产业构成中的比重；第二，增加从事农业社会化服务的人员在第一产业就业的比重，使服务业的专业人员能够将经验和技术带到农业发展中，提高从事农业生产人员的整体素质和专业水平，进一步加强农业社会化服务对现代农业全产业链的支撑作用，提高每个生产环节的效率，促进整体农业经济的发展。

（二）交易成本理论

科斯认为，交易成本是获得准确市场信息所需要的费用，以及谈判和经常性契约的费用，主要包括搜寻成本、信息成本、议价成本、决策成本、监督成本、违约成本等。有限理性、投机主义、信息不对称和不确定与复杂性是造成交易成本高昂的原因。若依靠体制组织、契约等制度，采纳和利用标准化的度量衡，则能降低交易成本的水平。

农业社会化服务业的发展壮大，有利于降低投机主义、信息不对称和不确定性等问题带来的交易成本。在成熟的交易市场中，服务提供商之间可进行良性竞争，不断提高服务的水平和质量，并且将服务费用控制在一个合理的范围内。农业服务企业的发展也可通过统筹组织获得更低的交易成本，提高农业服务效率，增加服务收入。因此，农业企业应寻求更灵活的产业组织形式和服务方式，将第二、第三产业的理念融合到第一产业，利用先进的生产管理经验，提高生产、交易效率，降低成本。

（三）产业组织理论

1959 年，贝恩在其著作《产业组织》中指出，产业组织所研究的产业是生产某种具有高度替代性产品的企业群，提出了 SCP（S——市场结构、C——企业行为、P——市场绩效）分析模式，并分析了三者之间的关系：市场结构决定企业的市场行为，企业的市场行为决定企业绩效。SCP 范式分析结果表明，我国农业市场的市场结构表现为集中度过低，农产品差异化程度小，生产要素进入壁垒较低而退出壁垒较高，容易造成过度竞争。因此，要加强经营主体的联合，大力发展农村合作组织和农村社会化服务，使农村剩余劳动力转移到农村服务业当中，降低退出壁垒，缓解竞争压力。

（四）规模经济理论

规模经济理论认为，在一特定时期内，企业产品绝对量增加时，其单位成本下降，即扩大经营规模可以降低平均成本，从而提高利润水平。马歇尔还论述了规模经济形成的两种途径，即依赖于个别企业对资源的充分有效利用以及组织和经营效率的提高而形成的“内部规模经济”和依赖于多个企业之间因合理的分工与联合以及合理的地区布局等所形成的“外部规模经济”。

发展规模经济，扩大农地经营规模，需要提供配套的现代生产要素以及建立完善的农业基础设施，还需引进大量的科技型和服务型人才，为发展农业规模经济提供有力的外部条件。引导农民进行产前、产中、产后的农业生产合作，并且完善社会化服务体系。因此，大力发展农村社会化服务，可为农民的农业生产提供便利，以实现农业外部规模经济。

（五）委托代理理论

委托代理理论认为：委托代理关系是随着生产力大发展和规模化大生产的出现而产生的。其原因一方面是生产力发展使分工进一步细化，权利的所有者由于知识、能力和精力的原因不能行使所有的权利；另一方面是专业化分工产生了一大批具有专业知识的代理人，他们有精力、有能力代理行使好被委托的权利。

服务提供商与农户之间就存在委托代理关系。服务提供商向农户提供技术指导、农产品销售、植保、农业金融等服务，并收取一定的费用作为回报。农民专业合作社中也广泛存在委托代理关系。农民专业合作社为其成员提供农业生产资料购买，农产品的销售、加工、运输、储藏以及与农业生产经营有关的技术、信息、网上交易等服务。服务提供商和农民专业合作社接受农民委托，利用自身的经验、技术、工具和专业人员提供相关服务，促进农业的发展。

虽然委托代理制度提高了企业的生产效率，但在委托代理的关系当中，由于委托人与代理人的利益不同，一方容易利用信息不对称来获得额外的收益，产生利益冲突。因此，根据委托代理理论，在发展农业社会化服务时，应该首先在那些委托代理成本低的领域寻求突破，并优先采取能够降低委托代理成本的组织形式。

二、发达国家农业社会化服务组织方式分析

（一）美国

1. 美国农业概况

美国位于北美洲中部，是典型的“人少地多”型国家，国土面积为 983 万平方公里（陆地面积为 914 万平方公里），总人口约为 3.2 亿（2016 年）。美国土地肥沃，气候温和。FAO 数据库统计显示，2016 年美国耕地面积约为

152.3万平方公里，在世界排名第一，约占美国陆地总面积的16.65%，同时，美国有牧场560万平方公里，约占陆地面积的61.27%，而美国农业劳动力占比不到全国总人口的2%。

美国农业主要分为畜牧业和种植业两大部分。其中，美国的畜牧业主要以鸡、牛和猪为主，鸡肉、牛肉和猪肉产量分别位居世界第一位、第一位和第三位（仅次于中国和欧盟27国）。FAO统计，2016年美国鸡肉产量约为1870.83万吨，牛肉产量约为1147.05万吨，猪肉产量约为1132.02万吨，分别占世界总产量的17.39%、17.46%和9.58%。此外，美国种植业可以分几个重要的种植带，分别是中北部玉米带、大平原小麦带、南部棉花带和太平洋沿岸综合农业区。美国农作物以玉米、小麦、大豆、棉花为主，其次为烟草、马铃薯、燕麦、稻子、柑橘、甜菜等。粮食总产量约占世界总产量的1/5，玉米、大豆、小麦产量分别位居世界第一位、第一位和第三位（仅次于中国和印度）。FAO数据库统计，2016年美国玉米产量约为3.85亿吨，大豆产量约为1.17亿吨，小麦产量约为6285.91万吨，棉花产量约为1005万吨，分别占世界总产量的36.29%、35.0%、8.39%和15.37%。

美国农业的发展历史较短，短短200余年却已成为世界发达农业的突出代表，这与其以家庭农场为主的农地经营模式密不可分。美国农场的占地面积高达55亿亩，农场的平均面积为2400亩。美国农场主要包括家庭农场、合伙制农场、公司制农场和其他农场等4种类型。在这4种类型农场中，家庭农场占据绝对主导地位。根据美国农业普查数据（2012年），美国一共有219.6万个农场，其中家庭农场数量约有182.8万个，占比为83.24%；合伙制农场数量约有13.8万个，占比为6.28%；公司制农场数量约有10.7万个，占比约为4.87%；其他农场为3.6万个，占比约为1.64%。由于许多合伙制农场和公司制农场也以家庭农场为依托，因此，美国的农场几乎都是家庭农场。美国的家庭农场并非一直处于扩张之中。1998年至2017年，销售收入为25万~50万美元农场的经营面积从707.3公顷降至476.4公顷，大规模农场（高于100万美元）的经营面积则从1235.3公顷减为857.3公顷。

2. 美国农业社会化服务发展过程

（1）传统农业时期基本不需要农业社会化服务

19世纪20年代以前，美国农业基本上属于自给自足型，种植业的耕、耙、种、施肥、撒药等，都是由农场主独立完成的，基本不需要农业社会化服务。经济史学家福克讷对美国早期农业是这样描述的："许多农民除购买几元钱的食盐和生铁以外，实际上是自给自足的。"1946 年，康乃尔大学教授赫瑞·德格拉夫在出席第 114 届纽约州农业协会年会时提道："1800 年，美国人口的四分之三都是农民，那时的耕作方式仅仅是牛、镰刀与连枷。"（于乐，2017）以上均反映了早期美国农业自给自足的特点。

（2）商品化农业初期社会化服务需求初显

从 19 世纪 20 年代开始到南北战争前夕，是美国传统农业向商品农业转轨的时期，在商品农业转变的过程中，美国农业开始对农业生产服务有了一定需求。西进运动的大规模展开，农产品产量及社会对农产品需求增加，农业市场迅速发展，加之这一时期交通运输业的巨大发展，促使传统农业向商品农业迅速转变。许多农场主的生产活动开始面向市场，出现了一大批商业性家庭农场。这个时期，美国家庭农场所需的社会化服务以农用物资供应以及农产品运销加工为主。此外，19 世纪 30 年代，美国实现了农业的半机械化。但是，这个时期绝大多数农民受教育程度有限，且农场规模较小，收入有限，技术水平低，农业机械化普及度远远不够，抵御自然灾害能力差，许多农场主无力进行农业研究试验。而农场主迫切需要在种子、农机、防治病虫灾害和农业经济统计等方面得到服务，以便最大限度提高生产力水平，增加收益。这个时期美国农业社会化服务的基本特点是：推动农业社会化服务发展的动力不足；农业社会化服务活动规模小、水平低、分布零散，且很不成熟；农业社会化服务实体，特别是产前、产后部门的私人公司与合作社，对农场主的生产具有极大的依附性。

（3）商品农业大发展时期社会化服务得到广泛扩张

从南北战争爆发到第二次世界大战前，美国商品农业进入了大发展时期，对农业社会化服务的需求程度快速提高。1860 年到 19 世纪末期，随着工业化、区域经济专业化和交通运输业的飞速发展，国内外市场急剧扩大，以市场为导向的商品农业得到广泛扩张。随后美国新技术和新科技的发展都进一步促进了美国农业的发展，美国的农业以市场为导向，农产品生产与销售受国内外市场影响较大，因此，美国农业的生产需要大量准确、及时、权威的国内外市场信息以保证农产品的生产和销售，美国农业生产需求的服务内容更加宽广。总之，美国农业生产的高度商品化，对农业社会化服务提出了更高的要求，美国农业社会化服务在 20 世纪 50 年代末已经形成一个完整的体系。1940 年以来，美国农业社会化服务体系经过迅速扩展，已从第二次世界大战前的雏形成为完整的体系，并逐步走向完善和成熟。

3. 美国农业社会化服务组织方式及服务内容

（1）政府以农业科技、金融保险及信息服务为主

政府的公共服务部门主要是由农业部下属的农业研究局、农业推广部门、各州际合作部门、各州立大学农学院、州立农业试验站以及各县农业推广等部门共同构成，其职能是在联邦财政的支持下，积极开展农业科技、金融及信息服务，为农业生产提供指导。美国联邦政府很少直接通过行政手段干预农业发展，其对农业的支持主要是通过服务实现的。美国联邦政府通过立法和财政支持，为美国农业发展提供长期的制度安排，在农业服务体系中处于基础性地位。

美国各级政府通常负责投资大、收效慢的基础设施等服务项目，如交通运输、仓储设施、能源供应等物质基础设施以及农业教育、科研和推广、农业保险等社会基础设施。具体来说，美国农业部主要负责以下服务内容：通过农业协助部门为条件差的农场主提供信用担保，帮助遭受自然灾害的农场恢复生产，为小麦、玉米等谷物类及大麦、烟草、糖和棉花等的生产者提供贷款，对灾区农民提供各种紧急援助，帮助美国农场及牧场主谋求良好生活等；通过国外农业服务部门收集、分析、传播国外的各种信息，包括全球的供应与需求、贸易趋势、新的市场机会等，促进美国对外农业贸易；通过风险管理机构提供各种谷物保险，以保证农业生产的稳定性。美国联邦政府承担由于自然灾害如干旱、冰雹、大风、冰冻、水灾、台风、龙卷风、雷电、疾病等造成的损失；通过食品安全与检验部门保证食品安全；通过动植物检疫部门杜绝境内外动植物疾病的传播；通过自然资源保护部门保护农业自然资源（如水源、土地、国家森林资源等）；通过农业部所属四大研究中心进行农业科学研究；通过在州立大学建立农业推广站及农业试验站，加强与州立大学的合作。另外，农业部还提供全国农业统计服务，及时收集、整理出版国家和州级的农业统计数据，帮助许多发展中国家开展统计数据的信息服务；承担联邦农作物保险公司的各项费用，通过联邦农作物保险公司鼓励和吸引商业保险机构和人员参与农作物保险业务，并对商业保险公司保费及运营进行补贴。同时，还成立非营利性的农业保险服务性组织——农作物保险协会，为农民提供农作物保险的法律援助和政策指导。

（2）产后服务实体显示出重要的产后服务能力

产后服务实体，尤其是合作社在产后服务中发挥重要的组织协调作用，有产后加工和销售能力的合作社加入社会化服务中来，通过签订合同实现垂直一体化发展。合作社是政府、涉农教研机构科技服务的桥梁。合作社在美国农业服务组织中占有重要地位，可以为农户提供销售、运输、信贷等农业生产过程中需要的各种服务，主要包括以下两个部分：

一是产前、产中、产后与生活服务。美国的农业发展是以家庭农场为基本生产单位，所以美国农业合作社也称为农场主合作社。农业合作社是美国农业服务体系中的一个主导力量，包括农产品销售合作社、农用物资供给合作社和服务合作社，多数合作社兼营供销和提供服务。农业合作社不以营利为目的，而是为了保护农场主自身利益、与商业垄断组织相对抗而成立的非营利性组织，为农场主和社区居民提供生产（产前、产中、产后）与生活服务。农用物资供给合作社和服务合作社为农场主提供农业生产资料，包括良种、饲料、农药、化肥、机械等，也提供包括农机维修、防疫、土壤测试、品种改良、灌溉、病虫害防治、作物监测等各种科技服务。合作社一般按照保本原则为社员提供服务，盈余返还社员；对非社员的服务则遵循市场原则。这不同于私人农业服务体系中的私营工商企业。

二是农业合作信贷服务。农业合作信贷体系可以向农场主提供比较廉价的信贷服务，具体由联邦土地银行、联邦中期信贷银行和合作社银行 3 大银行系统组成，接受联邦政府农业信贷管理局（NCUA）的领导，主要为农场主提供低息信贷服务。农业合作信贷金融机构不以营利为目的，当一些收入较低的农民以及小型农场主无力获得商业银行贷款的时候，农业合作信贷金融机构可以为其提供较低利率的农业贷款，还向这些群体传授金融理财知识，帮助他们提高理财能力。在其组织运行方式和机制上也体现了互助合作的原则，通过会员入股来吸收存款，体现了一种“人合”性质的金融管理体制。

（3）私人公司为农场主提供全链条服务

私人公司主要为农场提供三种服务：一是产前服务，即农场生产所需的机械、农药、种子和化肥等农业基础生产资料，以及各种农业机械的保养、维修等服务。二是产中服务，即具体的农业生产服务，如喷农药、除草、耕种收等。三是产后服务，提供农产品的加工、储藏、运输、销售等服务。

私人公司是社会化服务的主体，在美国农业社会化服务中承担着重要的职能。这些企业为美国农场主提供系统的购销、加工以及产中、产后服务，甚至在一定程度上也承担农业科研、技术推广及教育培训的功能。公司+农场（农户）是美国私人农业社会化服务的主要形式，私人公司通过签订供销合同和垂直一体化，将其与农场主结合为一体。双方签订合同，约定权利义务，其中常见的合同包括农产品销售合同、农业生产资料购买合同等。在合同制度下，公司与农场主建立了相对稳定的经济与法律关系，并有利于公司与农场主较好地履行合同条款。在为农业服务过程中，私人公司能够及时客观地为农场主提供市场信息，可以有效调节农业生产结构，帮助农场主少走弯路。

（4）农场主自我服务能力不断增强

美国小规模家庭农场的农机装备投资大，大部分生产性服务自己都能够完成。1996—2017 年，美国小规模农场（销售收入 10 万美元以下）的设备资产从 2.6 万美元上升至 5.6 万美元。小规模农场的固定资产显著增加，自我服务能力不断得到强化。

（二）荷兰

1. 荷兰农业概况

荷兰位于欧洲大陆的西北部，就其国土面积和地理位置而言，荷兰只是一个“海边小国”；但就其经济发展水平而言，荷兰是世界上经济较发达的国家之一。特别是在农业方面，荷兰自 1989 年以来一直是世界第三大农产品出口国，仅次于美国和法国。在过去几年中，由于法国农产品出口量略有下降，荷兰农产品的进出口量继续保持增长，如果单以净出口量计算，荷兰甚至超过了法国排名世界第二。

就欧盟现有的成员国农业状况而言，荷兰在耕地、农业劳动力和农场规模方面没有明显的优势。荷兰农业产品的产值在国内经济中的比例与其他成员国所占比例的差别不大。相较于其他成员国，荷兰的特点是人均耕地较少，平均只有 0.126 公顷（约 1.89 亩），但荷兰农民通过“大进大出”的策略来利用自己的优势。荷兰通过改善农业结构，用知识和资金取代土地耕地面积，并利用适合本国国情的农业技术增加农业产出。

荷兰由于耕地不足，促使其比任何国家都更要注重提高劳动生产率。荷兰创造了传统农业难以想象的高农业劳动生产率，农业劳动生产率与国内平均劳动生产率之比为 0.93，明显高于其他欧盟国家，成为许多国家发展高效农业的典型例子。现今荷兰共有 12 万个农场，其中种植业平均每个农场 50 公顷，畜牧业平均每个农场 40 公顷，园艺业平均每个农场 2 公顷，所有各种农场平均规模为 16 公顷，合 240 亩。这种较大规模并连成一片的农场适合采用集约化、规模化的生产方式，寻求规模效益。

2. 荷兰农业社会化服务组织方式及服务内容

（1）合作社是农民组织化的主要形式

荷兰农业的经营主体是家庭农场，大型农业企业较少。由于生产规模小，市场竞争力偏弱，农民的权利得不到保障，因此，农民自发地组建了各类农业合作组织。它们共同采购农业生产资料，加工和销售农产品，筹集资金以降低投资成本，提高产品收入水平，使农民在激烈的市场竞争中获得最大的经济效益。荷兰农业合作社非常古老，第一个采购合作社成立于 1877 年，而第一个畜牧业合作社和第一个信用合作社分别成立于 1886 年和 1896 年。随后，各种农业合作社不断涌现。农业合作社涉及的业务主要包括信贷、农资采购、农产品加工和市场营销等。依靠分散的合作社，家庭农场可以"变小为大"，荷兰农业生产者具有一个宝贵的特征，即有团结精神、有相互信任和合作的意识。这种良好的互信关系大大降低了农产品的"交易成本"，提高了整个经济体系的效率。

农业合作社可以大型供应商的角色出现在市场上，有利于提高农民在市场上的谈判能力和竞争实力，打破市场上买卖双方的垄断。通过各种合作社组织，农民可以放心大胆地生产，达到农业专业化和集约化生产的目的。进而扩大市场份额，降低面临的市场风险，提高农产品竞争力。

荷兰的农业合作社也是"法定产业组织"，即以各种协会的形式存在。可以划分为"行业协会"和"商品协会"。这些协会将农民团结起来，以加强农民的政治地位和社会地位，有助于从根本上保护农民自身利益。行业协会是横向组织，包括一个部门的所有农场。而商品协会是纵向组织，包括生产链中的所有农场和公司，从原材料供应商到最终产品零售商。农民和劳动者在其国家政府层面拥有代表他们自己利益的协会，当发生利益不均衡时，这些组织可以通过协商的方式来化解矛盾。此外，农民通过联合还建立了各种技术组织，充分发挥农业合作社在传播、教育、研究和推广中的作用。

荷兰农业合作社与农民有着深层次的利益关联，各种合作社都非常清楚自己的职责，并热衷于为农民服务。大多数荷兰农民参加三到五个合作社，同时以缴纳会员费的形式确定与合作社的关系，并获得各种所需要的帮助和服务。荷兰农民和合作社之间通常存在良好的互信关系。以销售合作社为例，合作社和农民之间有收购或者出售特定比例商品的义务和责任。合作社为农民提供服务不以营利为目的，但在市场上，合作社追求利润最大化，为合作社成员谋求最大的利益。扣除各项合理费用后，合作社将根据会员销售产品的销售比例将利润返还给他们，这表明合作社与农民之间的利益是完全一致的。

为了进一步增强市场竞争力，合作社的整体发展趋势是合并、减少数量，同时扩大经营规模。与其他欧洲国家相比，荷兰农业合作社的运营成本较低。出现这种现象有两个主要原因，一是成员和管理人员的熟悉程度有利于合作社成员的监督，及时促进合作社的运作和管理来降低运营成本。二是合作社的高度专业化，它确定其经营活动有明确的目标，如花卉拍卖服务、饲料供应和甜菜加工服务等。而其他欧洲国家的农业合作社业务通常非常广泛，这更容易引起合作社成员的利益矛盾，从而降低合作社运营效率。

荷兰农业合作社主要分为五类，即信用合作社、供应合作社、农产品加工合作社、销售合作社和服务合作社。一是信用合作社，信用合作社的主要功能是为农民购买生产资料、更新设备以及发展生产提供及时且充足的资金，荷兰著名的拉博银行就是从农民信用合作社发展起来的农业信贷银行，也是农民自己的合作银行，现已发展成为欧洲最具实力的农业银行之一。二是供应合作社，也可称为采购供销合作社，主要从事生产资料的联合批量采购和统一供应，包括各种农具、种子、肥料、饲料等，合作社本身不盈利而让利于农民，降低了农民的生产成本。三是农产品加工合作社，农产品加工合作社负责农畜产品（马铃薯、甜菜、洋葱、肉、蛋、奶等）的加工及销售，如马铃薯合作社现已垄断了全荷兰的马铃薯生产与加工。四是销售合作社，销售合作社专门负责组织农产品大批量地向外销售，最典型的销售合作社就是农民合作组建的拍卖市场，能将极易腐烂变质的新鲜农产品及时推向市场，并在最短的时间内完成交易，如鲜花、水果、蔬菜等农产品80%~90%都是通过拍卖市场销售的。五是服务合作社，服务合作社是农民合作组建的互助保险公司、农业机械公司、农业科技试验推广部、农产品仓储基地、救济服务中心、农业管理辅导站等，专门为农民提供各种各样的优质服务。

在荷兰农业发展历史上，农业合作社发挥了巨大作用，而且在其农业发展过程中占有重要地位。在荷兰农民收入中，至少60%是通过合作社取得的。合作社与非合作社企业的市场占有比例在不同的行业有所不同。在供应行业中，合作社在化肥和精饲料市场的占有比例为52%。在销售和加工行业中，农业合作社占有相当大的市场比例，例如：牛奶占82%，蔬菜占70%，花卉占95%、甜菜占63%、马铃薯达到100%。农业所需的大约90%的银行信贷来自信贷合作社。此外，荷兰农业合作社还提供了大约8.5万个就业机会。因此，农业合作社为荷兰的农业和农村经济社会的发展做出了重要的贡献。

（2）商业公司的服务以农产品销售倒逼农产品质量提高

商业公司也是社会化服务供给方的重要部分，在农业基础设施建设、农作物的种植培养、农产品的害虫防治以及在销售环节都有商业公司参与的身影。其中最具有代表性的便是荷兰的农产品拍卖市场和与之配套的拍卖公司。拍卖的商品种类繁多，除了各种花卉、水果和蔬菜的经典品种，一些新品种只要符合市场的相关规定，都可以在拍卖市场进行拍卖竞价。荷兰超过90%的大宗农产品是经拍卖市场进行批发销售的，而80%的花卉通过拍卖交易出口到世界各地，荷兰农业部的一位官员形象地比喻说："荷兰农产品拍卖市场就像永不停转的风车，为农产品市场销售的稳定及源源不断的出口提供了可靠的动力。"

国际上享有盛名的拍卖市场在荷兰农业一体化经营中发挥着非常重要的作用。拍卖市场与农户的连接是荷兰农业一体化经营最富特色的模式，具体的运作程序是农户将所生产的产品按照质量标准规定进行分类、分级和包装并经检验合格后，送入拍卖大厅，购买者（一般是大批发商）按照规则进行竞价，出价最高者获得产品。成交后，市场内部系统自动结算货款和配发产品。

农产品拍卖市场一般分为拍卖部和购货部。拍卖部设有交易拍卖大厅，购货部设有冷藏库、存货库、包装厅和产品质量检验处。所有上市的花卉必须在拍卖的前一天运到拍卖行，然后通过传送带进入冷藏库里等待拍卖。在每个交易拍卖大厅设有数个电子拍卖大钟，每一种产品每天都在同一口拍卖钟下售出，拍卖产品的价格按单株计算，即每一枝花或每一盆植物的单价，由载花推车运至拍卖钟下。商人根据拍卖钟上显示的种植商的姓名、产品名称、数量等信息及电子拍卖钟从高到低显示的价格竞买，只需按下按钮即可完成交易。拍卖成交后，一切信息立即被输入中心电脑处理，载花推车便退出拍卖厅，在包装厅清点并根据客户的要求包装，然后运到拍卖行的发货中心装入集装冷藏货车。发货中心设有海关和植物检疫站。集装冷藏货车以最快的速度将货物运至机场，当天晚上或第二天，售出的鲜花或植物就出现在世界各地的花店里，实现了真正的高效率。此外，荷兰优越的地理位置和完善的拍卖市场还使其成为世界花卉分拨中心，每天都有成吨的花卉及其他植物从亚洲、非洲、南美洲运抵荷兰，再转往他国。进口的产品主要是补充荷兰因季节原因而缺少的品种，以保证拍卖市场常年稳定地供货。

以花卉拍卖行为例，荷兰有 7 个花卉拍卖行，其中阿斯米尔联合花卉拍卖行是世界上最大的花卉拍卖市场，位于荷兰首都阿姆斯特丹市阿斯米尔镇，占地面积达 71.5 万平方米，占荷兰全国 7 个花卉拍卖行市场份额的 43%。该拍卖大楼工作的员工约有 1800 名，全拍卖行包括出口公司和其他分公司在内共有员工 1 万人。它由大约 5000 家经营花卉、盆栽植物的公司组成。作为拍卖行的成员，公司必须按规定的义务将自己的产品经由拍卖行出售。销售以后，每家园艺公司都要从营业额中提出 5%~6%作为佣金上缴给拍卖行，这笔佣金用于拍卖行的运转及支付工作人员的工资。购买花卉的经销商不是拍卖行的成员，但作为购买者，他们在拍卖行登记注册，从成交额中拿出一小笔款项交付拍卖行，作为服务费。

荷兰农业拍卖市场运营效率高，有几个值得注意的特点：

第一，拍卖市场是高度社会化的农业生产的必然结果，它将生产功能与销售功能分开，可以有效促进农业生产和销售的专业化分工，从而促进农业生产力的提高。荷兰的蔬菜和花卉种植大部分在温室培育，荷兰农户专注于生产某一两种农产品而没有时间顾及产品的销售。为了解决分工造成的千家万户分散经营与社会流通之间的矛盾，农民通过合作社建立了相对稳定的拍卖市场，使农产品生产出来之后的销售有了保障。这一特征与中国农民存在“卖粮难”的现象形成鲜明对比。

第二，拍卖市场更好地解决了农民与市场的供需直接对接问题，有助于形成公平竞争的市场环境。拍卖市场的基本原则是价格公开透明，由买方出价投标，更加体现自由竞争和公平交易。这可以形成更合理的价格信号，调节市场供需，减少中间商对利润的蚕食，更加有效保护农民利益。

第三，拍卖市场坚持严格的质量标准。拍卖市场建立了严格的质量检测体系。不仅质量标准体系更加严格，而且由高素质的检验员进行质量检测操作。当农民出售农产品时，他们必须根据政府规定的质量标准体系对产品进行选择，然后分类和包装，经过质量检测后才能进入拍卖市场。否则，所生产的农产品就进入不了拍卖市场，从而生产农户会因产品销售不出去而面临破产风险。

第四，拍卖市场具有较高的拍卖效率，这有助于加快商品流通速度，有利于降低交易成本。农民选择的合格农产品经过分类包装后进入拍卖市场，当拍卖交易完成后，买家也不用当面验收，有助于节省交易时间。同时拍卖市场由计算机网络控制，产品可以在不同的拍卖市场上销售。因此，通过拍卖市场交易农产品，可以大大降低交易成本，加快商品流通速度。

第五，拍卖市场采用在拍卖现场交易后立即支付货款的方式，如果按照期货方式拍卖则可在期前或者期中付款，这两种方法都可以在没有违约的情况下快速向生产者支付农产品的销售额，不会拖欠货款。由于农民生产的农产品及时销售，销售款项可以立即获得，所以农民投入农产品的资金回收很快。这将为农产品的再生产以及农产品的快速流动提供可靠的资金支持。因此，农民生产农产品的收益将继续增加。

（3）政府的服务集中在农业融资和金融担保方面

农业的正常运转，特别是现代商品农业的健康运行，仅靠农民自给自足是难以实现的。农业需要来自外部的资金支持，农民需要良好的金融服务，这是发展农业一体化经营的基本条件。荷兰政府为了解决农民的融资问题，为农业提供一个良好的融资渠道，对农业融资方面采取了三条重要措施。

第一，建立农民合作金融制度。政府对其提供的供给便利应该是允许成立农民合作银行，也相当于以另一种形式提供金融资源。农民合作银行的主要职能是为其社员提供信贷支持和其他金融服务。农民合作银行的信贷资金完全来源于所吸收的存款和经营活动，政府并不向农民合作银行注入信贷资金，也不干预农民合作银行的经营活动，政府的作用是允许农民合作银行的存在，并为其发展提供必要的社会环境。目前，荷兰农民 90% 以上信贷来源于农民合作银行。实践证明，农民合作金融组织对促进农业健康发展是必要的和有效的。

第二，建立农业担保基金。为了方便荷兰农民的融资，荷兰政府在第二次世界大战后设立了农业担保基金，主要为从银行借款并提供担保的农民提供贷款服务。农业保障体系旨在为农民服务，并且按规定建立健全公司治理结构，建立专业化风险管理团队，实施市场化运作，承担相应的市场运作风险。担保是一个经营风险的行业，农业具有高风险和低利润的特点，很难通过市场力量充分发挥应有的作用，因此建立农业担保基金是抵挡上述风险的重要措施。农民获得担保的先决条件是，他们有可行的投资计划，并保证在 8 年内全额偿还贷款。建立农业担保基金，在解决荷兰农民农业融资问题上迈出了重要的一步。

第三，设立农业安全基金。荷兰政府经济部设立了一个农业安全基金，以帮助遭受自然灾害的农民。因为农业面临自然灾害种类繁多，会直接影响农民未来的收入情况，如果发生大范围自然灾害，甚至会导致农民一整年颗粒无收。所以建立相对应的系统风险救助机制尤为必要，也是完善农业保障体系中重要的一步。

（三）日本

1. 日本农业概况

日本是一个典型的人多地少的国家，日本农林水产省 2017 年最新统计，日本国土面积约为 37.79 万平方千米（其中水面积率达到 0.8%），居世界第 62 位；而日本人口为 1.27 亿人，居世界第 10 位。人多地少的自然条件制约了日本不能像美国等国家一样建立大规模的农场，但日本也实现了农业的高度现代化。日本农林水产省 2017 年统计数据表明，在农业产值方面，农业总产值为 9.2 万亿日元，其中畜牧业达到 3.12 万亿日元，渔业为 1.59 万亿日元，林业为 0.45 万亿日元，此数据说明日本的农业以种植业为主，其产值占到日本农业总产值的接近一半，以种植水稻为主，小麦和大豆也有种植。

日本农业经济主要以农户间联系紧密的、以自耕为主体的小农规模经济为主。日本农业的基本生产单位是家庭，实现了生产与生活时空上的一致。在家庭之间，一方面共同占有生产工具，共同管理村有土地、水、设施等财产；另一方面又存在私有的耕地、生产用具等，社会生活呈现“生产手段共同占有”和“家庭生活私有”两种特质共存的状态。随着日本经济的高速发展，兼业农民也是日本农业的一大特点。兼业农民类似我国的农民工，但是日本兼业农民具有较高的工作技能，他们在保留农地的情况下，通过进入城市从事工作获取农业以外的收入。

2. 日本农业社会化服务的组织方式及服务内容

（1）日本农协发挥重要服务作用且影响力巨大

第一，农业生产指导。日本政府把大量的涉农业务，委托给农协经办，农协围绕着专业化，开展了全方位的生产指导。大到农业发展总体规划、生产技术的提高、生产计划的制订、种植业结构调整等，小到农户选种育苗、打药追肥，农协都一手操办。

提高技术水平。农协设有“营农指导机构”，聘用营农指导员，营农指导员普遍有较高的学历和较强的专业背景，以农协会员及其家属为对象，走村串户，提供信息，帮助农民制订增收计划，推广新品种、新技术，对农户的生产、经营等方面给予指导，以免农民盲目生产造成损失，手把手地解决农户生产中遇到的问题。农协积极开展有助于节省劳力、降低成本、提高生产力的农业相关技术的示范和传播活动，如输液滴灌系统和农业 ICT・蔬菜，致力于开发新的栽培技术和栽培品种。

提高机械化水平。人多地少的国情和土地制度决定了日本农协不得不采取特殊措施。山地多，就设计适合山地的小型机械；水田多，就设计出从水田整地、育苗、插秧、收割到烘干的全程化机械；小而散，就设计适合小家小户独自耕作的小农机。所有关于耕种前后的机械都为农民考虑到，每个农户都拥有所需的农机具，如收割机、喷药施肥机，以及土地起垄机、产品清洗包装机等。同时农家一般还设有一个专门用于清洗、整理、加工农产品的车间。这就使得日本农业机械化水平较高，农民种地也更轻松。

提供社会化服务。农协的育秧、孵化场、稻谷烘干、牛奶包装、冷藏设施，碾米厂、选果厂、肥料加工厂、配合饲料厂、拖拉机、汽车修理厂、仓库以及加油站、生活用品配送站等都是为农民设立的，有利于促进农业的集约化和提高农业生产的规模效益，以保本价为农民提供服务。有的新产品、新技术，农民一时接受不了，农协甚至实行免费试用。农协同时还提供农业劳动的合作化（共同育秧、共同植保、共同收获等）服务，大力提倡农机共享租赁（共用大型联合收割机）、扩大蔬菜农机租赁业务。近些年来，日本农村青壮劳力不断涌向城市，在地里干活的，除了老人便是妇女。对此，农协又伸出援手，把这些活儿接了过来，即以较为低廉的价格向农民提供劳动力和农机具等。这一交一接，无形中便实现了集约经营，优良品种、先进的耕作方式、新型农机具，便通过农协接手的业务，间接传到了农民手里。

第二，农产品销售。日本是家庭小农经营，农户在农产品流通过程中往往对市场行情不了解，农协承担了农产品流通的职能，成为流通服务的提供者。农协对农户生产的农副产品实行无条件委托销售，即农户不是把产品卖给农协，而是委托农协销售，不附加任何条件。委托销售的农产品卖什么等级、什么价格均以市场成交情况为准，避免了各个农协会员之间的相互压价竞争，保护了农民的利益。同时，还能够促进农协与中间商之间形成有计划的销售体制，使农协的生产更有组织性和计划性，使市场有稳定的供应，又避免盲目生产，确保农民收入的稳定。据测算，农民通过农协销售的农产品达到了农民年销售额的 90%以上。

具体来看，农协将本村不同农户、不同时间收获的准备销售的产品都贴上条形码标签（包含了该农户姓名、农产品名称、数量、日期等信息），万一发生问题就能够根据条形码标签查找并且分清责任。每个村里的农协将本村各个农户分散的农产品有组织地集中起来，统一在农产品的销售大卖场（例如农村附近的城镇农产品市场、超市）租赁摊位，以本村统一的品牌（例如村名）集中统一销售，形成了以村为单位的农产品规模销售，使农民的产品直接面对消费者，使日本农民获得了价格上的“话语权”，不再受中间商的剥削，农产品流通领域的大部分利润自然就到了农民手里。同时，这种模式也保证了城镇消费者的切身利益，有利于农产品价格的稳定。此外，村级农协将本村和市场的农产品的销售数量和价格信息反馈给本村农户，有利于农户自动调节农产品的生产品种和数量，减少生产的盲目性和农产品卖难买难问题，有利于农业及社会经济的稳定。

日本的农产品加工技术相当先进，在此背景下，日本农产品的储存、物流及销售环节在整个农业再生产的环节中扮演了关键角色。显然依靠农户个人很难负担起农产品的加工、储存、物流及销售环节，因此农协的地位得到了很好的凸显。农协销售服务系统正是贯穿了农产品的加工、储存、物流各个环节。农协在流通领域的服务主要是通过以下两种方式实现的：一是通过遍布全国的中央拍卖市场销售，一些保质期较短的水果、蔬菜往往是通过此种方式；二是通过全国各地的农协分会直接购买，基层农协建起了农产品集贸所，负责当地农产品集中、挑选、包装、冷藏，然后组织上市。农产品的销售，通常采取竞买的办法，只有那些出价高、信誉好的批发商，才能拿到出货单。目前日本农协系统共有集贸所几千个，此外还有不少全国运输联合会，下设庞大的运输组织。当然，农民也可以自己直接到市场出售农产品，但一些保质期短的农产品，路途遥远的农户还是需要农协的帮助。2018 年，农协为帮助农民销售农产品，设置了三个部门：销售计划部门、碾米业务部门和水果销售部门。

为了开发新产品、扩大销路，部分日本地方农协新设置了“销售开发课”，并派出在各个领域经验丰富的职员进行市场调研，要求其把握消费者需求动向，进行可供选择的多样化生产，以增强顾客满意度为目标提出合理化建议。例如，熊本县八代市农协，将未达到市场标准的梨制作成冷冻梨、罐头和果冻等产品。农协在梨的加工和开发上，提供各种灵活处理加工的办法和长期保存的技术支持。在和歌山县，柿子生产农户成立了柿饼协会，和当地的农协共同致力于柿子相关产品的开发和营销。结合当地农业资源，在制造柿子醋的同时，将以柿子醋为原料的清凉饮品在互联网以及农户市场进行销售。2009—2013 年，柿子醋、柿饮料、柿饼、柿干等相关产品的销售额翻了一番。

日本农协可以帮助农民利用海外资源、打开海外市场。从 2017 年 4 月农协开始通过新设部门促进出口业务，农协的出口业务是由一个子公司 JAWhole International Corporation 完成的，子公司成立在海外，并建立新的基地。农业出口有效地保持了蔬菜和水果的质量，通过检查、引入技术和联合后勤等，保持新鲜度和高效运输。

第三，生产资料供应。为了改变农户在购买农业生产资料时的弱势地位，日本农协在农户购买生产资料的过程中扮演中间人角色。农协主要是以会员为对象，代理生产资料和生活资料的购买，农协与生产资料供应商展开谈判，通过大量交易得到廉价商品。谈判结束后，农协将订单经县经济联汇总后统一购买生产资料，农协专门建立了农技中心，对货物进行检验。农民从农协购买的生产资料，不仅价廉，而且确保都是优质品。农协送货到户，然后再将农业生产资料按照原来购入时候的价格卖给农户，各级农协只提取适当的手续费，这样就避免了农民在市场上的弱势地位，减少了生产资料流通环节，降低了成本。一般而言，通过农协谈判购买的农业生产资料比农民自己购买价格上要便宜。除在价格上的谈判以外，农协还要保证农业生产资料的质量，确保农业生产资料的安全。农协在购买生产资料之前要进行检验，检验合格后才购买。如果不合格，会与厂家协商，提出改进意见，否则，农协可以拒绝购买，从而保证农民利益的最大化，据测算，农协供给农民的生产资料占农户总购买量的 74%左右。

第四，农村金融服务。日本农协的信用事业，也就是日本农协金融，主要包括存款、贷款（营农资金、生活资金等）、汇兑、决算服务等。日本农协金融是日本农村合作金融的主要表现形式，但日本农协的业务不仅仅限于金融，而是包括金融在内的诸多农业服务。日本农协的金融机构以信用合作社为主，直接与农户发生信贷关系，日本基层农协信用组织再入股组成信农联，信农联再入股组成农林中央金库，构建了一个以基层农会信用部为基础，以“中央农业金库”为上层机构的独立的农村金融体系，“中央农业金库”履行基层农会信用部的中央银行角色，承担资金融通、业务辅导、稳定农业金融秩序等职能。这三级机构之间不存在行政隶属关系，相互之间自主经营、独立核算，但上一级组织可以指导下级组织的业务活动，在下级组织资金发生困难时，上级组织进行支持。农协、信农联、农林中金形成了多层次的合作金融体系，为日本农业的发展提供充实的金融服务。

具体来看，当一般的金融机构不愿意为农业生产发放贷款时，农协作为农民阶层的代言人，以农协自身实力为担保，农协代表农民向金融机构发出贷款申请，得到信用机构的保证，能够最大限度地融资。农协依靠三个方面来筹集资金：其一，农户融资，吸引储蓄存款；其二，借助“农林中金”，发行“农林债券”，通过从其他金融机构借款等手段吸收社会资本；其三，依靠政府的财政补贴。农协筹集资金后为农户提供低息贷款。日本农协给予农民利率优惠，如日本农协的存款利率一般高于普通银行存款利率 1%，而贷款利率一般低于普通银行贷款利率 1%。

除信贷服务外，日本农协还为农民提供农业保险服务。日本农协的保险体系分为 2 个层次：①第一级是基层的村、町、市的农业共济会，是基层的一种农业合作组织；②第二级是县、府、都、道的农业共济联合会，这不仅是一种农业合作组织，也是一个重要的过渡性机构，一方面是接受基层共济组织的再保险业务，同时又将一定比例的保费上缴上一级的农林共济再保险特别会计处进行再保险，它的职能是从事对上、下两级进行再保险业务。农协的保险业务主要包括：生命保险和损害保险，其险种涉及养老、儿童、伤残、建筑物、火灾、汽车保险等 20 多种。保健事业是为解决农村缺医少药发展起来的一项医疗事业，与保险事业有着密切的联系。保险事业非常重要，它使农民生产的风险降到了最低，使农民不会在一些偶然的事件中导致破产，从而解除了农民的后顾之忧。

农协与会员联系特别紧密，对会员的家庭情况、经济能力、信用状况、贷款需求知根知底。但是农村合作金融机构同样面临一般金融的系统性与区域性风险，因此日本仿照商业银行建立立体式的风险防范体系，具体包括信用保证制度、相互援助制度和存款保险制度三道防线。第一，设立专门的农业贷款担保机构，农协信用部金融服务针对性强，信贷担保方式以信用为主。由于了解会员，贷款风险较低，有的农会信用部不良贷款率仅为 0.04%。第二，相互援助制度。日本农协信用组织每年要根据存款额提取 10%的准备基金，并由农林中央金库统一经营和运用。当基层合作金融组织出现经营困难，通过该准备基金可以获得一定的低息贷款，帮助其渡过难关。第三，组建存款保险。日本基层信用合作组织共同出资组成存款保险基金。

第五，农业科技服务。“政府+农协”的农业科技中介服务体系是日本农业发展的主要亮点。

各都、道、府、县都成立了农村科技服务中心。邀请农业科技专家讲授现代技术，设立专项经费奖励农业科研和农学院学生。农业协会引进先进的农业设备和技术，日本中央政府及以下各级政府均给予相应的资助，资助额度最高可达80%。

此外，日本的农林水产省还专门成立了“农业科技推广普及部”，负责全国农业科技服务的管理统筹、规划协调、农业科技人员的培训以及有关资料的收集、整理、出版。日本还设立专项经费支持农业技术推广，主要用于农业技术推广人员工资补贴、农业科技推广活动补助、农村青少年培养经费，以上三项所需经费由日本中央财政资助2/3，其余1/3由所在都、道、府、县财政承担。

（2）日本政府提供公益服务并履行监督职能

第一，日本政府提供直接的资金补贴。除农协外，政府也为农业提供社会化服务。对农业生产进行直接的资金补贴是日本政府提供社会化服务的主要形式，其中最直接的补贴方式就是实行农田水利建设和农业保险补贴制度。日本政府预算中，有专门的“农田基本建设款”，由政府出面直接兴建大型农田水利工程。除此之外，其他的农田水利工程，如果有农民或者是农业团体参与修建，各级政府将会承担70%~80%的工程费用。另外，农业设备补贴也是一项直接补贴。日本法律规定，农民个人或者是农业团体购买大型的现代化农业机械，政府将会承担30%~50%的费用。在农业生产融资方面，日本政府通过专门的农林银行，长期向农民提供低息或无息贷款，使农民能有资金扩大生产，改进农业技术和应对自然灾害。

日本政府主要是对投保人、经营者和再保险组织进行财政补贴。例如，日本政府补贴农民水稻保费的50%~60%，补贴麦类保费的50%~70%，若遇特大灾害，政府将承担80%~100%的保险赔款。无论是自愿保险还是强制保险，都享受政府补贴，费率越高，补贴率越高。目前，日本农业保险制度是由三级组成的，由都、道、府、县基层农业保险组织联合会负责基层的各种农保业务。日本各级政府不直接经营农业保险，但是对农业保险进行指导和监督。政府鼓励成立民间互助性基层农业保险组织（如农业保险合作社或互助会社）来直接经营农业保险。

第二，研究机构、农业改良普及中心等提供农业教育和科研服务。日本的农业教育主要由日本中央政府和各级地方政府开设的农业高中、农业大学、农业技术学院、农业改良普及中心、农协、青年俱乐部共同完成，并且提供各种专业进修、农业实验、实习、海外留学等途径提高农业从业者的知识和技术水平，成为培养农业从业者的重要基地。另外，日本的农业科研机构拥有先进的设备和研究手段，政府财政提供充足的科研经费。为了保障科研成果确实落地，日本政府建立了一套完善的科技推广制度。

农业改良普及中心（1994 年前为农业改良普及所）依照《农业改良助长法》，在农林水产省的资助下，与中央和都道府县的相关部门合作，对农户给予生产和生活方面的技术指导。普及指导员是取得相关国家资格考试的都、道、府、县职员，直接面向农民，进行农业生产、农村发展指导、农村青少年教育等活动。指导方式主要包括讲座、巡回指导、上门访问、经营咨询、资料信息提供、实物展示、示范园参观等。现在大部分农业普及中心都已开设了自己的网站，并与当地政府网站联网，通过网络进行农业技术信息的管理与发布。

农业青年俱乐部是日本农村青年的群众性组织，1992 年，全国共有 3038 个。但近年来，随着农村青年的外流，俱乐部数量也逐年减少。俱乐部除开展与生产、生活有关的研究学习活动以外，还开展各种文化交流活动。为了提高俱乐部在农业生产技术方面自主学习的积极性，国家对优秀俱乐部给予表彰和奖励。

第三，制定和完善监督法律体系。日本制定了详细而完善的农业相关法律，为农民利益提供保障。除《食品、农业和农村基本法》这个总法外，为提高农业就业人口有《农业经营基础强化促进法》《就农促进法》《农业补助金发放法》《六次产业法》；为提高农地质量有《农地法》《土地改良法》《农振法》《村落整备法》《特定农山村法》《特定农地贷款法》《市民农村整备法》《设施备灾国库补助法》《特殊土壤灾害防治法》《东日本大震灾之土地改良特例法》；农作物生产方面有《持续农业法》《农业改良助长法》《农业机械化促进法》《农药管理法》《肥料管理法》《地力增进法》《有机农业推进法》等；与金融相关的有《农业改良资金融通法》《农业现代化资金融通法》《天灾受害资金融通法》《农业灾害补偿法》《农业信用保证保险法》；以及农作物的生产流通管理、价格保护之类的法律；等等。日本对农业的立法，涵盖了产前、产中、产后的各个环节，使农民的每一项利益都有法可依，一方面保障农民利益不受侵犯，另一方面也有利于向决策层传达基层农民的要求，有力保持了农民的积极性。

三、对我国农业社会化服务发展的几点启示

（一）加强农村基础设施和公共设施建设

农村基础设施和公共设施建设直接关系到农业生产条件的改善和农业产业化的实现，有利于推动社会化服务发展。农村基础设施和公共设施建设不仅对改变村镇面貌、构建和谐社会具有重要作用，还可以提高劳动生产率，改变农村落后的生产方式，缩小城乡差别。政府应积极规划并完善农业社会化服务建设，扩大基础服务的供给范围，并且应加大对农业科研机构的规范指导及投资力度，并为其制定合理的运作机制。例如，美国政府在公益性服务领域的作用为农业社会化服务奠定基础，对基础性设施及农业基础性研究、教育等进行投入；荷兰政府几十年持续不断地对农业大量投入，进行大规模的农业基础设施建设和公共产品投资。

（二）扩大合作社社会化服务内容和范围

合作社的服务内容，不能停留在技术和信息服务上，而应根据从事专业生产的农民对服务需求的迫切性，把合作社的服务项目和范围不断向资金融通、销售、供应、加工和储藏等领域延伸，以使合作社得到巩固和健康发展。各级政府部门要高度重视合作社的作用，充分尊重其自主经营权，不要进行不必要的干预。要多为其创造良好的环境条件，在税收、信贷等政策上多方扶持，使处于幼芽时期的合作社能顺利成长。在美、日、荷三个发达国家中，农业合作社是提供农业社会化服务的主要力量，它是农民在经济上的联合，为社员提供各种服务，并通过合作社之间的联合为农民发出声音。合作社规范发展的核心是规范合作社的内部治理和财务制度，严格按照《农民专业合作社法》的规定对成员进行盈余返还，从而增加合作社对社员的吸引力，提高农业的集约化经营水平。

（三）鼓励产前和产后服务实体参与农业社会化服务

目前，农业社会化服务的产前和产后环节仍然缺位，从而无法满足在农业市场化、社会化背景下农民多样化经营的服务需求。从产业链条看，无论是分散的小农户还是新型经营主体，对于产前的市场预警、产后的烘干晾晒、初加工以及销售等服务需求都很迫切，但就目前社会化服务供应而言，在产

中阶段还相对充分，产前和产后环节则相对滞后。美国经验表明，“公司+农户”的形式，既可以体现在生产前的生产资料购买上，也可以体现在生产后的农产品加工销售上；荷兰的经验表明，综合性合作社业务对象广泛，不但可以提供采购、销售、物流服务，还可提供信用合作、互助保险等服务。

（四）加强农业社会化服务保险投入和立法保障

农业保险投入和良好的立法保障能够为农业社会化服务保驾护航，然而农业保险的正外部性（高风险、高成本和准公共产品性）决定了它不能完全依靠市场机制来运营，必须以健全的法律法规进行扶持性的经营，需要建立运营高效的农业保险补贴机制，为保险机构提供经营管理补贴、利税优惠和再保险等资金支持及政策保障。对农户采取强制参保和自愿参保相结合的办法，分区设定农业保险补贴标准，有条件的地区可以给予参保农户高额保费补贴，以降低其参保成本。也可以将农业保险纳入各地民生工程项目或者融入其他金融支农政策中，从根本上保障农户对农业保险的有效需求。从美国和日本两国的经验中可以看出，政府的大量投入对政策性农业保险的发展起着巨大的推动作用。

第三章

“一主多元”农业技术推广体系建设研究

第一节　导　引

一、选题背景

（一）加强农业技术推广体系建设是落实乡村振兴战略的重要内容

实施乡村振兴战略是决胜全面建成小康社会、开启全面建设社会主义现代化国家新征程的战略之一。党的十九大报告乡村振兴战略的全面部署中明确要求：“构建现代农业产业体系、生产体系、经营体系，完善农业支持保护制度，发展多种形式适度规模经营，培育新型农业经营主体，健全农业社会化服务体系，实现小农户和现代农业发展有机衔接。”农业社会化服务是现代农业经营体系建设的重要内容。各类新型农业经营主体蓬勃兴起，在促进现代农业建设带动小农户发展等方面，发挥越来越重要的作用。截至2016年底，全国纳入农业部门名录的家庭农场44.5万户，依法登记的农民专业合作社179.4万家，各类农业产业化龙头企业13万个，各类农业社会化服务组织115万个。公益性农业技术推广体系、新型农业经营主体和专业化服务组织，是构建新型农业经营体系、推进现代农业建设的重要基础。加快推进农技推广体系改革创新，是促使成果尽快转化成现实生产力，实现农业现代化的关键。

（二）我国初步建立了“一主多元”的农业技术推广体系

农业技术推广作为农业教育、科研与农民以及政府和农民之间联系的纽带和桥梁，在农业发展中起着举足轻重的作用。我国政府非常重视农业技术推广工作，从2006年至今连续发文，从政策和法律层面，为多元化农业技术推广体系建设提供了保障。2006年国务院《关于深化改革加强基层农业技术推广体系建设的意见》，及农业部《关于贯彻落实〈国务院关于深化改革加强基层农业技术推广体系建设的意见〉的意见》，相继提出了逐步构建“多元化基层农业技术推广体系”“培育多元化农业技术推广主体”的要求。2012年修订的《中华人民共和国农业技术推广法》，从法律层面对各级国家农技推广机构的性质和公益性职责进行了定性和细化，确保了农技推广机构及其工作人员的法律地位。目前，我国从单一的国家农业技术推广体系（中央、省、县、乡四级构成），逐步发展成为以国家农业技术推广部门为主导，科研教育部门、农民专业合作组织、涉农企业、专业技术协会以及有关群众团体等多元主体共同参与的农业社会化服务格局。各主体之间通过横向联系、沟通协调和优势互补，不断拓宽和深化服务领域，创新手段和服务方式，极大地推动了科技成果转化。

（三）强化多元主体发展和联合协作是推广体系建设重点

农业技术推广涉及众多相对独立且功能各异的行为主体，各主体的自身发展、行为实践及相互协作程度，影响了农业技术推广的进程和力度。当前，我国科技进步对农业增长的贡献率仅为57.5%左右，比起发达国家80%的农业增长科技贡献率相差甚远。这也在一定程度上显示，我国的农业技术推广工作没有充分发挥应有的作用，农业技术推广的效率依然比较低。因此，2017年中央一号文件《关于深入推进农业供给侧结构性改革加快培育农业农村发展新动能的若干意见》提出，强化科技创新驱动，引领现代农业加快发展，要求强化农业科技推广。所以，深入推进农技推广体系改革和创新，探寻小农户、规模经营主体与政府、科研教学及各类社会化服务组织之间的有效联结机制成为当前关注重点。

（四）不同主体经验总结是完善推广体系建设的主要手段

完善“一主多元”的新格局，着力构建与现代农业发展结构相匹配、功能相协调、体制机制相适应的现代农业技术推广体系，不断提升农业科技对主要农产品有效供给的保障能力、对农民持续增收的支撑能力、对转变农业发展方式的引领能力，是当前推广体系建设的重要任务。现阶段，各地结合实际，在创新国家公益性机构工作方式和服务机制、国家公益性机构与社会化服务组织结合、社会化服务组织开展服务等方面做了很多探索，这些案例的经验总结，对于破解各主体面临体制机制问题具有重要意义。

本课题在充分调研和研讨基础上，分析了我国农业技术推广体系各主体的农技推广行为、典型模式、取得成效和存在的问题，针对面临的挑战，提出推动我国农业技术推广体系改革的对策建议。

二、研究内容

第一，国内农业技术推广体系建设经验调查。选取国内农业技术推广体系建设较为先进的省市，采取走访、座谈和参观等调研方式，深入了解“一主多元”农技推广体系建设过程中面临的问题，总结公益性和社会化农技推广主体协同发展的典型经验，为各省市进一步完善农业技术推广体系探寻有效的路径。

第二，教学科研单位农业技术推广典型经验借鉴。以涉农教学科研单位的准公益性农业技术推广工作为重点，采取座谈、专家研讨等方式，听取各单位专家在科技管理和服务队伍建设、产业和市场的需求对接、政产学研协作等方面的创新做法和典型模式，为促使更多的教学科研单位参与农业技术推广工作，提供新的路径和经验借鉴。

第三，经营性服务主体农业技术推广典型经验借鉴。选取在农业技术推广服务方面表现较为突出的山西运城中农乐、山东丰信农业等涉农企业，与其相关负责人、被服务对象等开展座谈，交流农技推广工作中的经验、面临的问题，为促进更多的经营性服务主体参与农业技术推广工作、提高服务质量和效率提供新的路径。

第四，国外农业技术推广体系建设的文献梳理。以美国、澳大利亚、日本等农业科技较为先进的国家为重点，选取最新的研究文献和数据，分析各国在农技推广队伍、推广手段、推广体制机制等方面的先进做法，拓宽本课题的研究视角。

第五，推动我国农业技术推广体系建设的对策建议。结合上述研究成果，提出推进我国公益性农业技术推广体系改革，促进多元农技推广主体协同发展的对策建议，为促进农业科技成果转化和提高农业科技支撑水平提供决策参考。

三、技术路线及研究方法

（一）技术路线

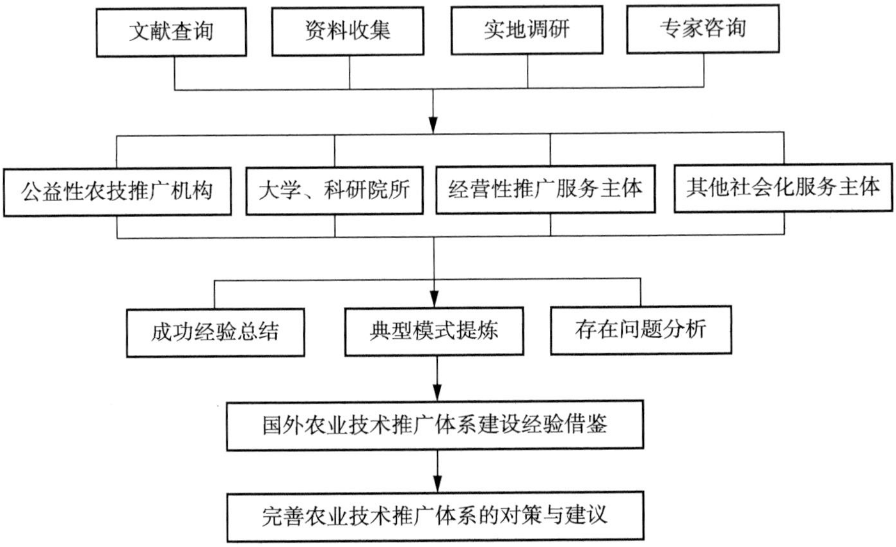

图 3-1　技术路线

（二）研究方法

1. 对比分析法

收集整理最新的国内外有关农业技术推广的文献，探寻农业技术推广体系建设面临的新形势、相关研究热点问题，借鉴国内外推广体系建设的经验。

2. 案例分析法

针对不同农业技术推广主体，采取“点面结合”方式开展调研。“面”上以省、市、县农技推广体系建设和服务工作为调研内容，采取座谈会方式进行研讨；“点”上则选取典型进行实地走访。通过“点面结合”选取典型案例进行剖析，发现问题，总结经验。

（1）我国一主多元农技推广体系建设基本情况。以全国农技推广体系相关职能部门、从事农技推广专家为调研对象，了解我国农技推广体系建设现状、成效、问题和有关认识等内容。实际工作中，课题组成员参与了全国农技推广中心组织的五星基层推广机构评审、2017 年度神内基金农技推广奖评审、

2017年全国农技推广骨干人才培训、互联网+农技推广高层论坛等工作和活动。

（2）公益性政府部门的农技推广体制机制创新。以基层农技推广机构及管理部门为对象，调研新形势下，公益性农技推广体系典型做法，取得成效，面临的体制或机制问题，未来发展思路。实际工作中，课题组成员走访陕西、山西、甘肃、山东、河北、湖北、安徽、广东等相关省市农业厅、农业局、推广总站和基层农技推广站。

（3）大学、科研院所从事农技推广情况。以大学、科研院所为主要研究对象，了解各单位农技推广创新做法、促进科研人员从事推广的制度、农科教一体化建设情况。实际工作中，研究了西北农林科技大学、安徽农业大学、广东农业科学院等机构的做法。

（4）社会化主体从事农技推广服务情况。以涉农企业、农民专业合作社、家庭农场、农村能人等为调研对象，了解社会化主体从事农技推广的模式、面临的问题和发展趋势，及其与国家公益性体系的合作机制；实际工作中，课题组成员走访了山西运城中农乐、山东丰信农业等企业和各地各类合作社（见表3-1）。

表3-1 调研方案

服务类型	调研内容	调研对象
政府相关部门	①公益性农业技术推广体系建设成效，典型模式和存在的问题 ②多元协同农业技术推广体系建设情况，典型推广模式	走访陕西、山西、甘肃、山东、河北、湖北、安徽、广东等相关省市农业厅、农业局、推广总站和基层农技推广站
大学、科研院所	①各单位农技推广创新做法，促进科研人员从事推广的制度 ②农科教一体化建设情况	西北农林科技大学、湖北农业科学院、安徽农业大学、广东农业科学院
社会化服务主体	①社会化主体从事农技推广的模式、面临的问题和发展趋势 ②与国家公益性体系的合作机制	山西运城中农乐、山东丰信农业、互联网+企业等

（三）调研情况总结

课题组成员自2017年6月至12月，对全国11个省20个市区（县）的农技推广工作开展实地调研，日程累计45天，共走访了26个基层农技推广站（中心），6个试验示范基地、14个农业新型经营主体、7个社会化服务点、5个科研教学单位示范基地，召开了不同层面座谈会22次，参会人数超过600人次。这期间，课题组成员参加了全国农技推广中心组织各类活动累计22天，包括“2017年度神内基金农技推广奖”材料整理和评审、“全国五星基层农技推广机构”评审活动、“全国农技推广社会化服务工作”研讨会、“2017 年全国农技推广骨干人才培训班”等。在调研和参加相关活动过程中，课题组成员与各级领导、基层农技推广人员、新型经营主体、专业化服务组织等进行经验交流，掌握了大量的第一手资料，基本了解了情况，总结了经验，发现了问题，并提出了针对性建议。

四、研究范围

农业技术推广是指通过试验、示范、培训、指导以及咨询服务等，把农业技术普及应用于农业产前、产中、产后全过程的活动（《农业技术推广法》第一章第二条）。农业技术，是指应用于种植业、畜牧业、渔业、林业的科研成果和实用技术。本章重点关注种植业相关的农业技术推广问题。

（一）“一主多元”农技推广体系

“一主”，是指以各级农业部门管理为主建设的公益性农技推广服务机构；“多元”，是由企业、科研院所、农民专业技术协会、涉农企业以及各界致力于农技推广服务的组织构成。2017 年《农业部关于推进农业供给侧结构性改革的实施意见》（农发〔2017〕1 号）提出强化基层农技推广机构的公共性和公益性，构建以国家农技推广机构为主导、科研教学单位和社会化服务组织广泛参与的“一主多元”农技推广体系。

（二）公益性农技推广体系

我国农业技术推广体系在纵向层次上，形成了国家、省、地、县、乡（镇）五个层次，各级推广机构有各自的职能分工，上下级之间的联系具备行政指导和业务指导两条主线，信息的传递是自上而下的单向传输方式。在横向职能上，按照专业分设了畜牧兽医站、水产技术推广站、农机化技术推广站、农业经营管理站和限于种植技术的农业技术推广站五个相互独立的体系。

（三）经营性农技服务

经营性服务组织是指独立于政府公益推广体系之外的，开展农技推广工作的企业、农民专业合作组织、家庭农场以及其他社会化组织。经营性农业技术服务的典型特征包括：服务导向市场化、服务主体多元化、服务全程化、服务方式人性化、服务能力高效化。

第二节 公益性农业技术推广典型经验

一、公益性机构农技推广典型模式

针对一直无法解决的老问题，基层公益性机构积极行动。通过完善内部制度，组织再造、政策创设、与社会化服务组织对接等方式进行机制创新，涌现出各种模式，取得了明显成效，提高了服务效率。基于各地基层公益性农技推广服务创新做法，本研究将这些做法归纳为以下三种模式（见表 3-2）。

（一）公益性机构向农村延伸服务（延伸服务模式）

公益性机构在理顺体制、强化岗位管理制度基础上，强化村级服务站点与生产示范基地建设，充分调动基层农技推广人员积极性开展服务，实现技术进村入户。这一方式的优势是公益性体系比较完整，能够履行职能并兼顾广大农户，体现政府技术服务公益性特点，弥补了基层农技推广队伍薄弱、面对千家万户仍力不从心的缺点。由于建设村级站、聘用农民技术员等需要地方财政的支持，需要地方政府给予高度关注，以河北区域站、陕西省蒲城建立村级服务站、山西省各地聘用农民技术员等为典型。

（二）与社会化服务组织合作开展服务（合作服务模式）

公益性机构主动与社会化服务组织对接，针对主体需求开展服务，并发挥这些主体示范带动作用，将新品种新技术进行推广。该模式发挥了社会化组织的人力物力和资金优势。公益性机构在履行职能过程中，发挥了引导和监督作用，提高了技术传播效率。劣势是容易出现公益性机构资源过度向大户倾斜，而忽视中小农户的需求和利益。该模式适合社会化服务发展快，且集中连片、规模化机械化程度高、生产成本低的地区，也适合效益比较高的单一产业。要求双方能够建立良好的资源共享和利益分配机制。典型代表如甘肃山丹模式、庄浪模式、河北隆化县与社会化服务主体开展“五结合”等。

（三）组织和引导社会化组织独立服务（引导服务模式）

公益性机构培育壮大农业新型经营主体，引导社会化组织独立开展农业生产性服务。服务模式的优势是“专业的事情，交给专业的人来做”，社会化组织将服务当作事业来做，对市场了解透彻，服务效率更高。以农民服务农民方式开展服务，更容易获得农民信任。不足是利益驱使可能出现市场化服务损害农民利益现象。社会化组织、带头人的市场拓展能力和社会责任心是该模式成功的关键，因此，需要政府加强监督、管理和政策的引导。典型代表有陕西新型农业经营主体联合会，河北固安“石优20”优质小麦产业链等。

表 3-2 公益性机构农技推广典型模式

	延伸服务模式	合作服务模式	引导服务模式
相对优势	公益性体系比较完善，能够履行职能并兼顾广大农户，体现国家公益性技术服务特点	发挥了社会化组织的人力物力和资金优势，公益组织在引导和监督过程中，履行了职能也提升了地位，提高了技术传播效率	社会化组织将服务当作事业来做，对市场了解透彻，服务效率更高。以农民服务农民方式，更容易获得农民信任
相对劣势	基层农技推广队伍仍旧薄弱，面对千家万户仍力不从心	容易出现公益性资源过度向大户倾斜，而忽视中小农户的需求和利益	利益驱使市场化服务，可能出现损害农民利益现象，需要加强监督和管理
适用条件	地方政府关注度高，村级站建设、农民农技人员聘用等，都需要地方财政的支持，并有建立完善的考核制度	社会化服务发展快地区，产业比较单一，集中连片，规模化、机械化程度高，生产成本低，比较效益高的产业。双方能够建立良好的资源共享和利益分配机制	政府经费和政策的引导，社会化组织、带头人有一定的市场拓展能力和社会责任心
典型代表	河北区域站、陕西蒲城建立村级服务站、山西各地聘用农民技术员等	甘肃山丹模式、庄浪模式、河北隆化县与社会化服务主体开展“五结合”等	陕西新型农业经营主体联合会，河北固安“石优20”优质小麦产业链等

二、公益性机构农技推广典型模式对比分析

（1）从管理体制上看，公益性机构向农村延伸服务、与社会化服务组织合作，有资金、项目或技术等作为纽带，政府在技术传输渠道中占有主动权，政策引导作用发挥和组织管理起来更加容易，技术覆盖面广。而与社会化服务组织合作、组织和引导社会化组织独立服务，构建“自下而上”的技术需求获得机制，围绕社会化组织发展技术需求提供专业化服务，工作实效性和针对性更强。

（2）从服务对象和职能履行看，公益性机构向农村延伸服务时，主要是面向农户开展技术服务，其服务对象和职能均有较大限制。当前，各类新型农业产业组织蓬勃兴起，并日益成为现代农业发展的重要载体。与社会化组织合作服务、组织和引导社会化组织独立服务，则强化了面向各类农业产业组织的技术服务，拓展了基层农技推广机构外部创新资源与内部转化应用的

中介功能，并将其作为新型公益性农技推广机构的一项重要职能加以制度化。一方面，通过加强与农业科研机构的合作，搭建了外部农业专家与内部农业产业组织之间的交流平台，吸引了一大批国内外创新成果及领先技术落户本地；另一方面，通过“站企合作”“站社合作”、项目带动和技术支持等方式，帮助农业产业组织发展，创新和拓展了基层农技推广机构的职能。

（3）从人才队伍建设看，公益性机构向农村延伸服务方式，通过政府购买方式强化了最基层队伍，公益队伍人员有较强的专业技术能力，有利于构建稳定的推广队伍长效发展机制。合作服务模式、引导服务模式，则更需要除专业技术以外的领导、沟通和协调能力，需要对人员加强专业以外的培训（见表3-3）。

表3-3 公益性机构农技推广典型模式对比

	服务对象	管理体制	职能履行	人才队伍建设
延伸服务模式	广大农户、新型经营主体	政府在技术传输中占有主动权，技术针对性弱	公益性技术服务	提升专业技术能力
合作服务模式	各类经营性组织	政府在技术传输中占有主动权，技术针对性弱	公益性技术服务，中介功能	提升专业技术、领导、沟通和协调能力
引导服务模式	各类经营性组织	政府主动权弱，但技术针对性强	公益性技术服务，中介功能	提升专业技术、领导、沟通和协调能力

三、推进公益性机构农技推广机制创新的启示

（1）抓好功能拓展，提高公共服务效率。在新的历史转型期，随着农村土地流转，适度规模经营，土地“三权”分置，农村集体财产制度改革以及精准扶贫等工作不断推进，随着党对“三农”工作的系列政策的出台，党和中央赋予了各级农技推广体系工作更多的使命。加之“放管服”的背景下，农技推广机构在履行好公益性公共服务的同时，也承担了对服务对象的规范化管理、监督的职能。从目前来看，公益性农技组织承担着公共性服务、行业性监督以及管理等多重服务属性。

（2）抓好人才培养，培养一批技术过硬、甘愿扎根基层的农业人才。改革推广机构的人事制度，健全绩效考核激励机制，着重提高基层农技推广人员的工资福利待遇。完善推广体系的人才聘用制度和管理制度，确立科学绩效考核制度和配套奖惩体系，吸纳更多高素质、高学历的应届大学生或社会

人才，激发农技推广人员的工作参与性、积极性和创新力。优化推广体系人力资源配置，加强农技推广人员的再教育再学习机制，提升自我学习、组织培训能力及与社会化服务组织对接能力。

（3）抓好平台建设，提高公共资源利用效率。各地农技推广机构在履行公益性职能的同时，还要利用现有软硬件资源，抓好平台建设。推动基地、化验室、培训室向社会化服务组织开放共享，创新与社会化服务组织共建共享试验示范基地机制，节省成本，提高管理效能。

（4）抓好组织创新，完善基层农技推广体系末梢神经。乡级（区域）农技站这些基层农技推广部门是党和中央在基层传递“三农”工作的最小机构，是伸向农村千家万户的触角，农业科技是联结农业生产、农民和农村三大领域的桥梁和纽带，担负着推进农村经济发展的历史重任，赋予的职能在叠增。由于受体制、经费、人员等因素影响，短时间内提升队伍素质、发挥应有职能难度大，所以需要依托社会化服务。以技术、资源、平台、项目为结合点（纽带），以社会化服务组织为推广体系末梢，服务广大农户。

（5）抓好引领扶持，发挥公益体系技术传播主导作用。各地县农技中心一直坚持抓好基地建设，长期稳定做好新技术的试验示范和培训，履行好公益性职能。同时，推动成立并多方扶持新型经营主体联合会，在新型主体的小联合和连接中，引导和推动农业技术应用和带动引领新型农业经营主体发展，实现公益推广机构与社会化服务组织有效衔接。学会引导农民利用好每一寸土地，运用现代农业机械、依靠绿色高效农业，多产粮食，产好粮食。

第三节　教学科研单位农技推广典型经验

本节主要以涉农教学单位与科研单位的准公益性农技推广工作为研究重点，对其创新做法和典型模式进行总结，分析其经验，发现其不足，为促使更多的教学与科研单位积极参与农业技术推广工作促进农业科研成果转化提供借鉴。

一、大学农业技术推广实践

（一）大学农技推广典型模式

1. 中国农业大学“科技小院”模式

“科技小院”是中国农业大学资源与环境学院发起并建立的，驻扎在农业生产第一线，集农业科技创新、示范推广以及人才培养等多项职能于一体的基层科技服务平台。2009 年，中国农业大学在河北省曲周县高产高效技术示范基地首创以“科技小院”为核心的综合配套农业技术创新和服务体系，将“科技小院、科技长廊、科技小车、科技农民、科技培训和面对面的科技服务”有机结合，逐步形成以科技小院为中心的技术创新与示范平台。到 2016 年 9 月，中国农业大学已在全国 21 省市建立了 81 个科技小院，帮助农民实现增产增效，全国科技小院网络基本成型（如图 3-2 所示）。

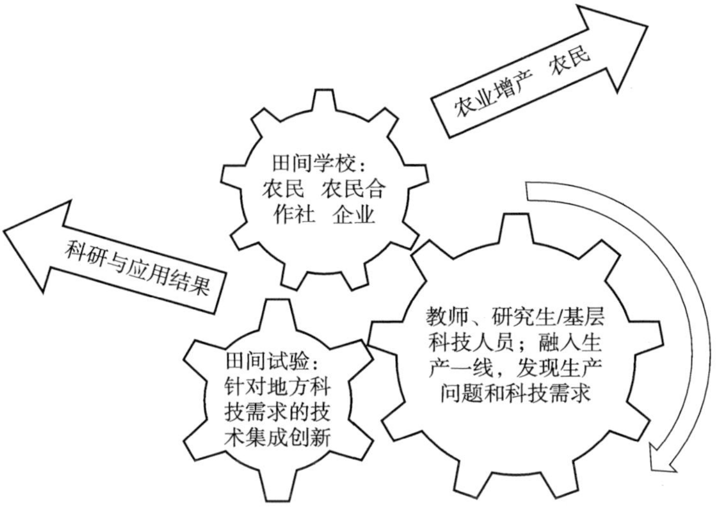

图 3-2　科技小院运行模式

（1）服务内容。科技小院的服务内容主要有两个，一是通过开办田间学校的方式进行农业技术培训，二是开展农业科技试验。具体而言，农民田间学校是在科技小院成立后同步组织建设的，是开展农业技术培训的主要平台，在对象选择上需要经过一定的选拔过程，培训内容更广泛且程度更深入。农技培训主要由研究生负责，让研究生走入乡村建立田间学校，并作为一线技术人员开展农技服务，培训内容取决于农民的生产实践需求并参考其接受能力，培训时间参考农时节令及农民空闲时间安排等多方面因素确定。科技小院的技术推广思路是通过农民田间试验研究解决生产中发现的问题，并在相关区域示范推广，即创新适合于当地的生产技术并将这些技术直接传授到农民手中，将科学技术转化为农户的生产力和效益。

（2）基本保障。科技小院的运行是多元主体的良性互动。首先，大学与政府的良性互动，提升农技推广效率和成果转化率。科技小院（大学）与政府公益农技推广作用互补，政府在推广过程中主要起统筹领导的作用，负责制定目标、发展规划和监督监管等，提供相应政策支持和少量的资金补贴；科技小院则是发挥自身的人才、科研优势，实现科研及社会服务功能。其次，科技小院（大学）与农民、企业的良性互动，促进农业科研成果供求双方的衔接。科技小院根据市场和农业需求立项研发，并就生产方面提供更系统的咨询，包括生产常识、生产技巧和生产理念提升，传授和示范更加亲近农民（农业企业）生产需求的生产技术。

在经费支持方面，多元主体多元筹资渠道。科技小院筹资渠道多元，主要经费来源于国家和地方科研项目、学校、地方政府和农资企业等多元主体。学校经费渠道主要是学科建设经费、科研与教学项目经费、导师课题经费。此外，地方政府全力配合科技小院在当地的农技推广活动，农资企业会提供资金保障科技小院带动农资企业产品的推广应用。

2. 西农模式

2005 年，西北农林科技大学依托大学的科技、教育、人才和信息优势，为服务地方农业，借鉴美国赠地大学的做法，提出建立了“政府推动下，以大学为依托，基层力量为骨干”的农业科技推广新模式，并由此形成了一条“大学、试验示范站（基地）、基层科技骨干、科技示范户、农户”的“试验示范站模式”。该模式通过院校与产业、农民的直接对接，实现培训和推广服务的下沉；农科教产学研紧密结合，达到科研、教学、产业三方共赢（如图 3-3 所示）。

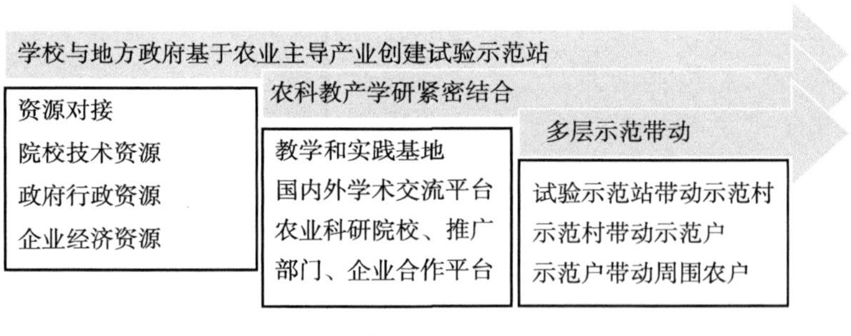

图 3-3 西农“试验示范站模式”

（1）服务内容。一是以农业试验示范基地为载体，以培训和咨询服务为支撑。一方面，学校以区域农业主导产业为对象，科研人员结合自己的研究方向，主动与有关地方政府洽谈，共同创建试验站，直接与产业和农民相对接。另一方面，实施试验示范站带动示范村、示范村带动示范户、示范户带动周围农户的多层示范带动制度，以示范效应带动整个农业产业的发展。此外，西农依托杨凌示范区科技信息资源优势，借助农林卫视举办农业科技专题节目，与各地电信公司合作，建立苹果、红枣、水产等区域产业信息网；与省委组织部合作，面向全省 17000 个村党支部开办每月两期的农技推广电视专题讲座；建立以试验站为连接点的远程培训和咨询服务系统，缩短农业技术服务与产业一线的距离。

二是将试验站作为产学研、农科教紧密结合的服务平台。一方面，依托试验站平台，打造学校教学实习的基地和硕士、博士研究生实践的基地；另一方面，把试验站作为国内外学术交流合作的新平台，在试验站举办各类学术交流活动。目前，各试验示范站已分别与美国康乃尔大学、新西兰环球贸易公司及国内 50 多家农业科研院校、推广部门、龙头企业建立了科技合作关系。

三是创新大学专家与基层农技推广力量有机结合的新模式。比如，西农白水苹果试验站，创造出“1+4+4”的结合模式，即学校 1 名专家带 4 名县级技术干部和 4 名乡级技术人员，组建了一支由西农 7 位苹果专家与白水县 56 名基层技术骨干组成的科技推广队伍，使 8 项苹果关键技术在 14 个示范村和 700 多个示范户间迅速得到推广。西农大眉县猕猴桃示范站，由西农大 8 名专家与眉县 32 名农技骨干组成 8 个工作组，指导 8 个科技示范村，带动 400 个示范户，大面积推广猕猴桃栽培技术。

四是将院校科技资源与政府行政资源和企业经济资源进行有效对接。西农发挥技术优势，市县政府提供政策支持、资金投入和基础设施保障，企业则提供农产品销售平台，三者共同推进农业技术推广，促进农业发展。

（2）基本保障。西农试验站的设立得到学校和政府的大力支持。针对省内建立的试验示范站，陕西省从 2004 年开始，每年提供 300 万元至 500 万元作为大学推广模式专项经费。2010 年开始实行校地共建机制后，学校投入专项经费 8000 万元，地方政府提供部分试验示范推广经费作为补充，产区县政府无偿提供土地 532. 4 亩，投入基本建设资金 1700 多万元。

（3）激励机制。西农通过创新岗位设置、职称晋升、津贴发放和表彰奖励办法等调动科教人员参与一线农业科技推广的积极性。一是专门设立了科技推广处，统筹负责全校农业科技推广的组织管理工作，并在岗位设置中单列一项“推广类别”，确立各试验示范站的岗位编制；二是在职称晋升中单列出技术推广系列，设立“推广教授（研究员）”岗位，在《人才强校规划》

中，专设“技术推广专家”，每年专列100万元经费，对入选者每人给予15万元奖励；三是实行推广专家驻点工作津贴；四是在学校表彰奖励系列中单设技术推广先进单位和先进工作者奖项。这些激励政策的实施，为“西农模式”的顺利运行提供了有力保障。

3. 南农模式

南京农业大学在农业技术推广服务方面不断创新，与时俱进。从20世纪80年代开始，前后推出了“落户到田”“科技大篷车”“双百工程”“专家工作站”和“政产学研金用协同创新”等多种农技推广模式（汤国辉，2015）。南农模式由“扶贫帮富”转向“扶强促优”，服务主体由农户拓展到农户、农民合作社、家庭农场、农业企业等多元主体，开展市场需要的研究，提高成果转化率。

“落户到田”模式是20世纪80年代，南京农大师生通过蹲点赠送新品种、新产品与介绍说明的方式向农户传播新技术。同时，建立与科研相结合的基地园区作为示范基地，并开展中低产田的改造与开发。“科技大篷车”模式是20世纪90年代中期，南京农大建立“扶贫帮富”新平台，由师生下乡进村落户、走入田间地头开展培训指导，融入企业、农民合作社、家庭农场、农业园区等多元农业主体，推广服务引领产业发展的一种新模式。“双百工程”模式，即“百名教授兴百村工程”，是2003年南京农大与连云港市共同设计，以专家教授为主角，以农民群众为主体，集校、地、村、户为一体的系统化工程，实行专家负责制，建立校地合作科技推广新平台，探索科教兴村新模式。“专家工作站”模式是南京农大借鉴现代企业管理与科技超市理念，将学校的人才、科技、成果、信息等要素整合到专家工作站平台上，由专家牵头，将咨询服务与培训服务相结合，着力加快新技术成果的示范推广。“政产学研金用协同创新”模式是以市场为导向，通过政府引导与农业龙头企业资本连接的方式，促进企业加强农业科技创新与农业技术的推广，实现产学研融合的农技推广服务新模式。

这五种农技推广服务模式并不是完全独立的，相互之间既有交叉，也有继承与发展。五种模式针对的主体并不完全一致，各有侧重，例如，“双百工程”是在“科技大篷车”的基础上衍变出来的新模式，由“扶贫帮富”转向“扶强促优”，这两种农技推广模式的直接服务主体都是农户；而“政产学研金用协同创新”模式的主体则是农业企业，通过构建产学研合作各方的共赢机制，积极探索与企业进行商业化合作的方式，开展符合生产实际需要的研究，加快学校研究成果的转化，提高成果转化效率，促进企业加强农业科技创新与推广服务；此外，借助现代信息技术，“一对多”的“专家工作站”和“多对多”的专家远程会诊平台有助于缓解专家资源稀缺与生产基地众多、需求量巨大的矛盾，提高专家团队的利用率与工作效率。下面以“双百工程”模式为例，介绍该种模式下的农业技术推广服务内容与保障机制。

（1）服务内容。一是通过整合专家队伍，以项目的形式建立从专家到农户的科技直通车。一方面，政府抽选出经济发展较好、具有较强示范与辐射作用的村开展项目，并从村里定点选拔一批示范大户进行培训，培养一批具有开拓精神的科技致富带头人，通过这些领头人在农民中发挥示范作用，带动农业产业的发展。这有助于吸引企业资金，提高技术转化和推广效果，扩大辐射影响，以点带面促进当地农村经济的快速发展。另一方面，学校在专家人员的选择上主要是根据当地农户的需求，从 20 多个学科专业中挑选出 96 名专家教授，加上其他科研单位的 11 位科技专家共 107 人与连云港市选出的 107 个村进行对接，担任每个村的科技经济发展顾问，帮助制定村经济发展规划，加强农技培训。

二是用信息技术将传统的专家工作站重新升级为网络专家工作站。专家工作站是指学校为加快农业技术转化和推广，利用自身的技术和人力资源优势，选择基础条件较好，具有示范带动作用的农业生产基地、规模化农场、种养殖大户等，建立专家常年进行生产指导、技术培训、问题解难等驻地工作站。通过网络化改造，架设高清摄像头、环境气象采集仪、智能问题求助终端等，将传统专家工作站改造为网络专家工作分站，并实现与学校总站的网络互动。通过该系统，专家可以在任何有网络的地方，及时获取基地的信息（视频、图片、文字、气象等信息），跟踪农业生产状态，开展远程指导、远程诊断、远程培训等服务，从而有效指导生产，拓展专家的服务范围与数量，提高服务质量与效率。

（2）基本保障。在组织保障方面，校领导与连云港市市长组成项目领导小组办公室，对各参与院校、地方各级部门进行相关任务的协调分配，制订详细的实施方案。在乡镇成立专家工作站，与乡龙头企业、乡农推中心、乡服务公司和合作经济组织等开展合作；在示范园区、产业基地为专业村的大户做示范讲座培训。同时，学校选派科技人员到连云港市各县（区）、乡镇挂职科技副职，促进双方联系。

在经费支持方面，江苏省政府设立了专项资金，划拨 50 万元作为项目经费；学校也有配套资金，专门用于专家教授的下乡活动，为“双百工程”的实施提供资金支持。

（3）激励机制。学校一方面为参与“双百工程”的专家教授创造良好的工作环境，提供后勤保障；另一方面，也给予一些具体的激励政策，把参与工程活动作为教师考核的重要内容，并将工作绩效与收入挂钩，对参与活动的人员进行奖励并在经费和工作条件方面给以优先支持，在晋升职务上给予优先考虑。

4. 安徽农业大学“四体融合”模式

安徽农业大学在 2012 年获准成立农村研究院后，在总结已经成功实践 30 年的“大别山道路”经验的基础上，积极创新体制机制，探索农业技术推广新模式，以校县（市、区）共建“一站一盟一中心”为抓手，推动技术创新与推广工作有机结合，组建成一个政、产、学、研、推结合紧密的产业联盟，构建了研发主体、行政主体、推广主体和新型农业经营主体“四体融合”的新型农业推广服务模式，实现农业技术创新“最初一公里”与“最后一公里”的无缝对接。“四体融合”模式实现了由单一服务拓展到全产业链，由单一功能拓展到人才培养、科技创新、技术推广、创业孵化一体化（如图 3-4 所示）。

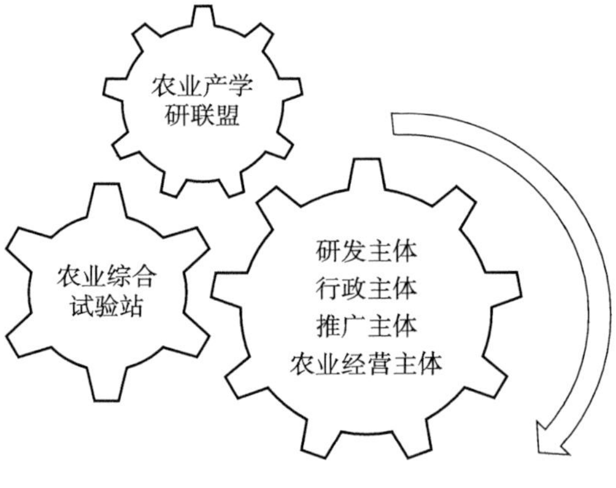

图 3-4 安徽农户“四体融合”模式

（1）服务内容。“一站一盟一中心”，“一站”指区域性的农业综合试验站，是新型农业推广服务平台的载体；“一盟”指学校与县级政府共同组建的新型农业产学研联盟，下设多个县域农业主导产业联盟，是加快农业科技成果转化、推广的组织保障；“一中心”指学校与县级政府共同组建的专事农业推广服务的实体性事业单位，是校县合作的联合办事机构。

其中，农业综合试验站是建立新型农技推广体系的重要载体，建站标准是：15 亩建设用地，主要建设包括教室、远程培训终端、会议室、产业研发中心等在内的综合大楼，并配备标准化的实验室；试验站周边流转土地 500 亩，主要围绕区域主导产业开展技术试验、示范。

农业产学研联盟是依托建立在不同区域的综合试验站，以县为单位，按照县农业主导产业发展的需求，与 18 个县、市、区的行政主体、推广主体和 N 个新型农业经营主体代表联合，共同组建成的一个政、产、学、研、推相结合的产业联盟。该联盟的主要职责是制定产业发展规划，确定每年重点推广的关键技术，指导培训经营主体转化、运用先进技术，解决生产中的技术难题。产业联盟实行首席专家负责制，每个县域农业主导产业联盟由 1 名县级领导牵头，同时配备 8~10 名由高校专家和县内专家共同组成的专家团队，并与 18 个县（市、区）组建了 75 个县域农业主导产业联盟，形成一支由 350 多名科技人员组成的专家推广队伍。该产业联盟构建了“四体融合”的新型农业推广服务模式，突出了全产业链的发展理念，建立了以需求为导向、以产业链为主轴的资源配置方式。

现代农业技术合作推广服务中心是由校县联合成立，承担合作推广事务的组织协调、服务保障、绩效考核等工作，负责农业科技成果的推广任务。

截至 2018 年底，通过“一站一盟一中心”为工作抓手，安徽农大已经启动了 8 个校地区域性综合试验站、特色产业试验站建设工作，在 7 个县（区、市）建立了 56 个农业主导产业联盟，派出了科技专家 206 人，联合地方农技人员 483 人，服务新型经营主体 561 个，做到了对合作县（区、市）农业主导产业的全覆盖。

（2）基本保障。在开展农技推广服务工作的过程中，县里高度重视与安徽农业大学的战略合作。以定远县为例，县委、县政府主要负责同志多次到安徽农业大学磋商共建事宜，成立了合作推广服务中心并选配工作人员，组建了以安徽农业大学首席专家领衔的水稻、小麦、果树、杂粮、蔬菜、猪禽、水产、花卉、草牧九大产业联盟，拨付了 250 万元联盟专项经费。相关部门对联盟工作给予全力支持，统筹安排部门业务与联盟业务工作。

此外，在开展农技推广服务过程中，安徽农大建立完善科技人员服务基层的“五大长效机制”，以保障农技推广能取得实实在在的成效。这“五大长效机制”是技术创新与产业需求协同机制、专家团队与推广团队无缝对接机制、学科专家常驻区域试验示范基地机制、科教人员深入农村一线从事农技推广机制和创新、示范、推广一体化机制。

（3）激励机制。安徽农业大学对联盟采取相应的激励和考核措施，既给“福利”也加“紧箍咒”。每个团队都制定了详细的目标任务书，针对每项任务完成情况细化评分标准。实行定期督查考核，一年至少组织4轮督查，安排2次考核，考核结果与奖惩挂钩。根据考核结果，结合产业发展状况，实行优胜劣汰，及时对联盟进行调整。

（二）取得的成效

农业高校不仅是农业科技的创新主体和源头，还具有学科交叉、技术集成等明显优势，推广服务潜力巨大。

1. 深入生产一线提升成果转化效率

大学通过其建立的试验站和示范基地的平台，以满足农民的需求为目标，进行农技培训、新技术研发、田间试验和示范推广等。在培训中通过技术要点讲解、田间示范和地头培训等方式，对农户进行跟踪服务，并及时获得信息反馈，进而调整试验计划和推广项目的安排。同时，农户也可以通过电话、网络等方式将生产实践中遇到的问题和对新技术或新品种的需求向专家进行咨询。这不仅有效提升了农业科技的转化效率与推广效果，也有利于快速实现农业增效、农民增收和农村经济发展等三农目标。

科技小院通过农技培训使农户掌握种植和经营管理知识，按照测土配方施肥，不仅调整了当地作物种植结构，改善土壤状况，还增加了农民的收入，提高了农民的种粮积极性。科技小院入驻五年之后，曲周县农民知识水平大幅提高，高产高效技术采用率从2009年的17.9%提高到了53.5%，全县粮食总产增长了37%，养分效率提高20%以上，农民收入增长了79%，大大提升了农户生产收入水平。西北农林科技大学通过对接农业产业需求，贯通示范基地与示范村、示范户，构建了农业技术推广的快捷通道，促进最新农业技术的推广应用，推广新品种和新技术350多项，建立示范样板180个，辐射带动200多万农户，新增社会经济效益450多亿元。

2. 提升大学科研创新能力和人才培养质量

大学农技推广过程促进了大学科研活动深入农业和农村，通过缩短农业科技需求与供给的距离，促进了问题导向研究，提高了研究的针对性和大学的科研创新能力。在科技小院模式中，研究生入学前到科技小院进行学习，与农民同吃、同住、同劳动，接受3～4个月的实践锻炼，深入生产一线，了解农业生产实际，培养与农民的感情，并在基地教师和农技人员的指导下作为一线技术人员开展农技服务，在农业技术示范和生产活动中发现并解决生产实践中出现的问题，提升自身综合能力。通过在基层锻炼，研究生不仅对“三农”有了更深刻的认识，而且在基层工作中通过日常生活与农民所急需的技术相接触，从实践中发现问题并进行研究实现了理论、研究和实践的结合，提高了研究生的综合能力，促进了复合型人才的培养。

西北农林科技大学各试验示范站（基地）聚集多学科专家200多人，结合产业发展问题和需要，开展试验研究150多项，申报争取各类科技项目80余项，引进国内外品种886个，先后选育审定良种27个，发表论文495篇，出版著作21部，取得国家专利8项，获得省级成果奖13项。2005年到2013年，西北农林科技大学12个试验站共承担了142个班4260名本科生的实习实践教学工作，有260名研究生在其中开展科研工作，培养科研助理76名。

3. 提高院校服务地方的能力和影响力

2005年到2014年，西北农林科技大学在陕西、甘肃、青海、新疆和河南5个省13个市22个县（区）建立试验示范站24个，在15个省36个市县（区）建立羊、牛、核桃和蔬菜等示范基地40个，构建了立足陕西、面向西北、辐射全国的试验示范站（基地）体系。2005年到2012年，西北农林科技大学在试验站举办大型学术研讨会19次，先后有来自美国、法国、意大利、日本、澳大利亚、新西兰和印度等11个国家的150位专家在试验站进行交流，接待国内地方政府、农业院校、科研单位、科技推广部门和生产企业22199人参观、访问和交流，极大地提升了学校和试验站的影响力。

南京农大从2009年开始，在东海、灌云、射阳3县“双百工程”基地与农技推广机构共建专家工作站，并分别与灌云、高淳、金湖、泗洪、张家港、射阳、东海、涟水、灌南等县（市）挂钩对接，共服务25县次、125村次，服务领域涉及稻麦、果蔬、花卉栽培、蛋禽养殖、设施园艺、生猪养殖等，推广新品种750个、新技术151项，建设示范基地44个、村级服务站51个，培训人数达23000多人次，农户户均增产22.5%，增效21.6%，也大大提升了学校在服务地方社会的能力和影响力。

4. 推动资源的优化配置

大学农技推广由单一的技术推广向人才培养、科技创新、技术推广、创业孵化转变，由服务农业产业的关键环节向服务农业产业全产业链转变，需要大学主动和政府、各类农业经营主体、同行教学科研单位进行对接、联合。这种农技推广方式的转变有助于优化配置农业推广要素，实现“围绕产业链、配置技术链、完善服务链、配套资金链、提升价值链”的“五链耦合”，达到大学推广农技服务的最优效果。

（三）存在的问题

1. 管理体制与运行机制有待完善

校地合作机制尚不健全，与基层农技力量对接融合不够。由于校地之间缺少有效的对接以及制约、激励机制，有些市县双方共建内容仅限于纸上，得不到落实；校院二级管理没有完全落实，学院在建设和管理中主体作用发挥不够；试验站自身建设上，分类管理与绩效考核评价体系还不完善，进入与退出机制尚未形成；内部制度建设和规范管理不到位，管理水平偏低；部分试验站设施建设水平较低，团队力量不足，服务产业的能力较弱。

2. 资金来源渠道单一

大部分农业高校进行农业技术推广的资金来源主要是政府财政经费和科技项目经费。例如，西北农林科技大学试验示范站（基地）运转经费主要来源于国家财政专项拨款。从 2005 年开始，国家每年支持 2000 万元作为大学推广模式专项经费，2014—2015 年每年支持力度加大到 3000 万元。但由于地方政府重视程度不足，存在配套经费落实难、落实晚的情况。其中，2015 年地方提供共建经费到位 2400 万元，约占共建协议经费的 80%。资金来源单一，使得试验站运转只靠国家输血供给而自我造血功能较弱，缺乏市场手段提升科技推广工作的广度与深度，经费支撑力度不够。

3. 推广队伍不稳定

在高校岗位设置中，西北农林科技大学率先设置“推广类”教师岗位，其他高校基本上没有设置推广型教师岗位。从整体上看，我国高校长期以来的考核评价体系重科研、轻推广，虽然近年来有些高校设置了推广服务系列，但服务社会的成效尚未普遍纳入高校的绩效考核，职能与职责不匹配，从而导致很多人从思想上认为科研不行才去做推广，以致这类教师人数偏少。非推广型教师，除推广外，还需承担学校教学、科研等工作任务，所以推广服务时间短，服务次数少。此外，学校推广队伍人员年龄结构老化，但人员有效补充和开放式自由流动的机制尚未形成，新老交接容易出现断层。

4. 技术推广服务与市场需求结合不足

大部分农业高校科技成果转化率低，有效供给不足，研究方向与实际产业需求结合不紧密，研究成果与生产实践脱节。虽然每年有各种新品种接受审定，获得各种科技成果奖，但真正转化为实际生产力的不及1/2。究其原因，农业科研、农业教学与农业企业、金融资本等市场主体缺乏积极有效的合作，目前尚未形成多元主体参与、创新与服务一体化的局面。

5. 与国家公益性推广机构结合不紧密

教学科研单位定位于科技上游，其优势在于掌握人才培养、科技创新，帮助农户有效解决生产过程中遇到的问题，但由于大学作为科研机构与教学培养单位，技术推广人员有限，直接面向广大农民推广难度较大；而国家公益性推广机构扎根基层，与农技需求主体——农户之间关系紧密，在直接面向农户开展农技推广上，相比大学而言更具推广优势。当前以大学为主体开展的农技推广服务工作成效取决于与当地政府的合作力度。目前，教学、科研、推广均是各自为营，三者之间缺乏有效的沟通、衔接与合作，制约着面向生产的科技创新，制约着科技成果向农业的推广和转化。

二、省级农业科学院科技推广实践

（一）广东省农业科学院

广东省农业科学院是广东省农业科技创新的主力军，在现代农业发展中发挥了科技支撑作用。农科院在全省100多个县市（区）建立了试验、示范、服务基地（基点）483个，与佛山、河源、梅州、韶关、湛江、茂名共建农科院分院，与江门、惠州、广州共建现代农业促进中心，并在多个县成立农业专家工作站，还针对地方优势特色产业成立了特色农业研究机构。广东省农科院依托政府主导的农技推广体系，联合企业共同构建了政研企“三位一体”农技推广模式，以科技增量激活基层农技推广存量，较好地解决了基层农技推广队伍人员老化、知识更新慢、积极性不高等问题。

1. 基本做法

（1）紧密依靠各级政府，打通农技推广主渠道。与市政府联合共建广东省农科院分院，通过整合当地农业资源，结合农科院自身人才与技术优势，打造区域性农业科技创新、示范、服务平台。结合各地区的实际情况，丰富、创新科技服务模式，采取与地方共建农业创新中心或促进中心、农业科技工作站、科技试验站、示范基地，与农业龙头企业共建新型研究院等方式，开展农业科技对接服务。2015 年广东省农科院与河源合作建立了河源分院。2016 年，双方围绕东源县国家级农产品主产区、灯塔盆地现代农业示范区核心区及省级农业综合开发等工作，建立了“农业发展促进中心”。中心与县农业局合署办公，农科院向该中心派出专家，带项目、带资金、带技术进入基层，协助政府整合各类资源。以“农业发展促进中心”为核心，围绕东源县特色优势产业发展需求，引导企业、合作社、新型经营主体、专业户等建立产业联盟，采取“政府+科研院+县推广队伍+新型经营主体（企业、协会、基地、示范户）+农户”方式开展技术推广。

（2）抓龙头企业，将技术链与产业链有效衔接。广东省农科院通过派出专家对当地农业发展的科技需求进行调研，根据当地农业资源禀赋、产业特色和推广队伍等进行系统总结，明确重点发展产业，以专家为核心建立科技研究示范点，引导龙头企业、合作社、新型经营主体和专业户等建立产业联盟，推动当地特色产业的发展。此外，广东省农科院积极推动农业产业技术创新联盟的发展，产业技术创新联盟是由企业、大学、科研机构或其他组织，以各方的共同利益为基础形成的联合开发、优势互补、利益共享和风险共担的技术创新合作组织。农科院科研人员作为特聘专家，签订技术入股协议，采取“公司+研究院+基地+农户”“协会（茶叶、加工）+研究院”方式，将技术链和产业链有效衔接。针对广东农业国际性特点，结合行业协会，农科院采取“走出去”方式，把企业和种植大户请到广州进行交流学习。通过市场反馈，把技术重新导入，发挥市场动力，带动科技进入农业生产。截至 2015 年，广东省农科院牵头成立省级农业产业技术创新联盟 8 家，主要分布在特色种植业与农产品加工服务领域，有力推动了广东农业产学研合作和技术进步。

（3）巧抓三种力量，发挥科技源头的引领作用。科技成果转化中端的软肋在“二传手”，为此，农科院在基层科技服务中重点抓三种力量，发挥“四两拨千斤”作用：一是抓行政力量（主管农业副县长或副镇长），由其抓点，农科院技术介入；二是抓技术员，以点带面；三是抓农资店，促进其合法合规经营，承担宣传相关政策义务，在政府可控制的渠道实现信息宣传。

2. 激励机制

为了调动农业科技人员的参与积极性，广东农科院在科研激励方面创新机制设计，一方面，科研奖励在成果转化和科研项目的绩效支出方面不封顶，即科技人员科研产出高，收入也高；另一方面，在人才培养上，通过设立“金颖之光”“金颖之星”、青年（副）研究员、优秀博士等多层次的人才培养项目，完善职称考核、评价及激励机制，促进科技人员的成长。

在成果转化方面，2016 年，广东农科院科技成果转化约有 170 项，成果转化收益的 60%~70%归科技人员。并且，农科院还积极引导科技人员参与到“大众创业、万众创新”的行列中，目前正准备筹建农业科技企业孵化器。

（二）湖北省农业科学院

近年来，湖北省农科院在农业科技成果转化与科技推广服务工作方面展开积极探索，利用全省县级农技推广中心设施和人才，开展“院县合作”共建专家大院工作，从 2007 年开始，先后在 20 个县（市、区）建立了专家大院。专家大院的建设取得了显著成效，实现创新成果数量与质量的双提升，产业支撑能力明显增强。“十二五”以来，湖北省农科院粮食作物研究所共有 30 多个品种成果和技术成果得到转化应用，成果转化和技术服务收益超过 2000 多万元，科技成果转化效率显著提升。在探索农业科技成果转化过程中，湖北省农科院逐步形成一套值得推广的科技成果转化模式。

1. 基本做法

（1）建立“风险共担，利益共享”的利益共同体，调动各方参与积极性。湖北省农科院开展的“院县共建”专家大院按照市场化运作方式，把生产咨询行为转变为以农业大户和专业生产合作社为依托、与农民结成利益共同体的经济行为，将科研人员的工资与农民的收益相挂钩，以调动各方参与积极性。省农科院与县级政府负责组织协调工作，组建专家小组；专家小组则负责具体实施方案的制订、关键技术的指导和技术培训等工作。此外，省农科院会选派专家常年驻点开展研究，并在每个专家大院设立 10 个转化岗位，聘请当地农技人员担任农技推广员，由院地专家共同创建示范基地，起到农业生产的带头作用。

（2）设置转化岗位，建立科技服务平台与农业科技成果的快速转化通道。

通过在专家大院配备办公室、实验室、图书资料室和培训室等设施，为科技服务搭建平台。此外，省农科院每年提供10万元设置成果转化岗位，支持专家将研发的新品种与新技术在本地进行示范推广，并支持试验示范基地的建设。

（3）服务产业发展，实行技术总承包。湖北省农科院粮食作物研究所为适应产业发展需求，在应对不断增加的生产技术需求方面，创新传统公益性技术供给方式，与农业龙头企业和专业合作社进行合作，对粮食生产实行有偿技术总承包，提供从品种选择到种养技术的全程技术服务。例如，2016年，省农科院与湖北楚垣集团沙洋办事处签订协议，对沙洋办事处10多万亩粮食生产实行有偿技术总承包，实施4种高效种植模式，派驻技术人员驻点进行技术指导。这种方式既增强了科技创新成果与产业需求的深度融合，也调动了推广团队的积极性，使其在服务产业过程中也得到相应的回报。

2. 激励机制

（1）加强科技推广服务管理体系建设，提升个人成果权益分配比例。近年来，湖北省及武汉市先后出台促进科技成果转化的“科技十条”“黄金十条”，粮食作物研究所配合政府相关政策，在种业科技成果所有权的确认、收益分配、转化方式以及科技人员持股、兼职兼薪等方面做了明确规定。比如，科技成果完成人对成果具有所有权、处置权和收益分配权；允许科技成果作价入股，成果完成人可以拥有股份；允许科技人员利用技术成果创办公司；科研人员可以到企业兼职兼薪。这些规定的出台为科研人员积极参与科技成果转化工作提供了重要的制度保障。此外，在成果权益分配方面，团队和成果完成人的收益占比由“十五”期间的50%增长到70%，单位、团队和个人的收益分配比例为3∶2∶5，团队收益可在团队内部进行二次分配，因此个人获得收益比例超过50%，最高可以达到70%。

（2）加强科技推广考核奖励制度建设，将成果转化工作与科技创新工作共同纳入岗位绩效考核目标，一同进行考评。结合农业科技“五个一”行动，湖北省农科院要求每个科研团队至少联系一个企业开展技术示范推广和成果转化工作，在成果转化工作中做出重大成绩的科技人员在年终职工考核中可以直接定为优秀等次。同时，为使科技成果符合产业需求，提高成果转化率，要求科技人员转变思维方式，从产业需求中寻求实际问题开展科技创新。对于年度考核中不称职的人员，要求其退出农技推广岗位。

（三）取得的成效

1. 激活了基层农技推广队伍

广东农科院政研企“三位一体”的农技推广模式通过科技增量激活了基层农技推广的存量，为农技人员重新找到了农技推广的切入点，较好地解决了基层农技推广人员老化、积极性不高等问题。

2. 提升了农业技术推广水平，科技支撑作用显著增强

通过整合基层推广人员、专业户、合作社、企业和科技示范户等资源，利用全产业链技术服务作支撑，技术推广不断在产业中放大，促进广东省农业发展。以东源县为例，截至2018年底，东源县已建立科研示范推广基地21个，累计推广新品种和新技术200多项，举办科技培训班18场，培训农村基层农技人员和农民2000多人次，科技示范户300多户。“十二五”以来，以粮食作物研究所为代表，共有20多个粮食作物品种在湖北粮食生产中得到应用，累计应用面积超亿亩，为湖北粮食增产和农民增收做出重要贡献。其中，鄂中5号作为湖北高档优质稻米的主要原料品种已累计种植1000多万亩，农民增收25.9亿多元，企业增效20.7亿元以上，极大地提高了湖北大米品牌的质量和在省内外的市场竞争力，取得了农民增收、企业增效、院所增名的多赢效果。

3. 科技成果与产业融合程度不断加深，促进农业产业发展

产业联盟的设立吸引了各产业龙头企业的参与，政府、科研院所、县推广队伍和新型经营主体相互之间资源共享，围绕当地特色优势产业发展需求，精心培育品牌，以品牌促发展，以发展促产业，充分发挥市场作用，大大提升了农技推广的效率。到2015年，广东省农科院成功培育了3324家农业龙头企业，其中国家级、省级龙头企业600多家，3.6万家农民合作社和5800多家规模以上农产品加工企业，这些组织充分发挥优势，集成利用现代农业生产要素，不断发展成为农业转型升级引领者和农业科技成果转化推广者。湖北农科院转变原有“关起门来搞研究”的情况，主动与市场对接。一方面与企业共建研发中心，由企业提供研发资金，研究所提供技术和人员，根据企业的发展需求共同开展创新研究，创新成果双方共享，由企业进行转化应用；另一方面创新成果转化方式，提升成果转化收益。目前，湖北农科院的粮食作物研究所与近20家农业企业开展了深度合作，开展种业科技创新、成

果转化和技术推广。

4. 提升了企业的科技实力和竞争力

企业通过与科研院所建立技术合作关系，提升了技术研发能力，带动传统产业转型升级。广东省农科院水稻所与某企业共同研发了优质的仙糯 1 号等品种，企业采用“企业+基地+农户”的模式发展糯米原料基地，从原先的 300 多亩扩大到 2016 年晚稻 1200 多亩，带动 570 多农户种植绿色糯稻，增加农业收入 420 多万元。

5. 农民科学文化素质不断提高

通过有组织地开展专家大院建设，促进基层农技推广人员与农民的素质提升。根据焦春海（2012）的统计，2007 年以来，湖北省农业科学院共组织专家 8000 多人次，指导服务农民 100 多万人次，提供各类信息 600 多万条，培育科技示范户 29589 户，辐射农户 510250 户，每公顷平均增收 120～150 元。

（四）存在的问题

1. 科研成果与市场需求仍然存在不同程度的脱轨，农业科研供需结合不紧密

我国农业科研单位科技成果转化率低，农业科技有效供给不足，主要原因在于农业科研与实际产业需求结合不紧密，农业科研与生产脱节现象严重，导致农业科技成果成熟度不高，落地性较差，这也制约了农业科技成果的推广和转化效率的提高。

2. 科研主体和生产主体之间缺乏有效的沟通渠道

缺乏专门渠道收集农户的生产问题，农业科技在应用中遇到的问题难以及时地反馈给科研工作者。传统的展示和培训方式，往往需要耗费大量的人力物力，而互动性又比较差，推广效率比较低，有需求的农户难以找到具体对接问题的人，农技推广的成本高，农技推广的性价比偏低，对移动互联网技术的应用仍有待提高。

3. 缺乏高素质的科技成果推广人才队伍

科研院所中的大部分科技人员以科研为主，对成果应用推广不太熟悉，有的科研人员不愿意去从事应用推广工作。同时地方农技推广部门的农技人员普遍存在年龄老化、素质不高、青黄不接的现象。

三、推进教学科研单位农技推广的思考

教学科研单位作为我国“一主多元”的农技推广体系的重要成员和有生力量，应该以国家公益性农业技术推广机构为主导，主动与农业经营多元主体相结合，联合各类科技创新与推广服务主体，在农业技术推广的广阔天地中积极探索，有所作为。

（一）完善体制机制，推动农技推广工作

优化和完善一些相关的地方性的、部门的办法和政策，加强对农业教学科研单位开展农业技术推广工作的激励。认真贯彻《中华人民共和国农业技术推广法》，鼓励农业教学科研单位设立农业推广岗位，特别是在科技评价和业绩考核中加强对科技成果应用、推广和转化方面的导向作用；完善教学科研单位、科研人员在科研成果转化中的利益分配机制，激励更多、更高层次的科研人员参与农业科技成果推广工作，推进教学科研单位的农技推广队伍的建设。

（二）面向生产开展科技创新

建议农业教学科研单位通过建设新农村发展研究院、农业综合服务示范基地等方式，与政府、各类农业经营主体进行对接，建立有效的农业科技需求沟通平台，以农业生产的实际需求来引导农业科技研究，根据农民对农业科技应用中存在的问题反馈，进行技术集成创新与示范推广，实现农业科研、农业人才培养、农业推广与农业生产的紧密结合。

（三）推动农科教推的深度融合

农业教学科研单位是农业科技创新的主体，是农业技术推广的源头。国家公益性农技推广机构是农业技术推广的主体，具有贴近农业、农村和农民的独特优势。教学科研单位负责农业科技创新和试验示范，农业推广部门负责科技成果熟化、示范和推广，同时对接社会化服务组织，由后者负责科技成果落地和推向千家万户。通过与政府衔接，利用政府的农技推广体系将成果及时转化，用科技增量激活基层农技推广的存量，实现教学科研单位农技推广的目标。建议农业教学科研单位、农业技术推广部门、社会化服务组织在明确各自定位的基础上进行有效联合，发挥各自优势，共同致力于农业技术推广，实现人才培养、科技创新、技术推广、创业孵化一体化。

（四）整合多方资源，提升农技推广工作

教学科研单位应主动与多元市场主体对接，以合作提升推广工作。一是不断加深科技成果与产业融合程度。通过与企业合作共建研发中心，根据企业的发展需求共同开展创新研究，一方面有助于研究成果的转化应用，另一方面也有助于提升科研经费支撑力度。二是加强与农村社会化服务组织的合作。借助农村社会化服务体系的优势，共同推进农技推广。整合基层推广人员、专业户、合作社、企业和科技示范户等资源，实现农业科技服务与农资供应、农村信息服务、农业劳务服务、农村金融服务等社会化服务的共同推进，互相取长补短，提升农技推广工作成效。三是加强对信息网络资源的整合，提升农技推广服务的方式和手段。

第四节　经营性农技推广典型经验

一、经营性组织农技推广的典型模式

（一）农技综合服务模式

从事农业生产性服务的组织或企业，向农民直接提供以技术为核心的，辅以农资、农机、金融等其他生产要素投入及相关配套的服务。

1. 技术获取机制

借助内部、外部两种力量来获取技术。一是企业自主创新技术为主。企业自建研发中心，开展技术创新与成果转化。例如，山东丰信农业服务连锁公司，以自主研发开展技术创新与成果孵化、自建技术服务团队作为技术支撑，在必要时候，就作物解决方案的某一关键环节，争取科研单位或公益性机构的专家支持。山西中农乐农业科技有限公司则是基于在果树行业中多年积累的经验，公司自主研究并示范推广“傻瓜式”技术。针对果农大多数年龄大的特点，把深奥的果树理论、学术专著简单化，用最简单的方式，在技术传授中让农民一看就懂。公司还与农技推广机构、农业科研单位联合，建立自己的研发机构，培训专业技术人才，提高核心竞争力。二是依靠科研或公益性机构的支持。企业与政府公益推广部门、农业科研、教育机构进行合作，共同针对企业经营中遇到的技术难题开展攻关。例如，甘肃谷丰源农化

科技有限公司采取“公司+科研院所专家+公益性推广机构”方式，获取技术支持。公司依靠经营农资行业多年积累经验，与科研院所专家、农技推广机构共同研讨作物技术服务方案。

2. 技术推广机制

围绕农业生产不同环节的技术、物资和其他需求，以“技物结合”方式进行技术传播。一是农资供应+技术服务。采用这一方式的大多是农资企业，以提供农资商品和科技为主要经营模式，这种服务倾向于售后服务，技术服务往往是免费的。例如，凯恒农业科技服务有限公司，采取“农技服务+自有服务团队+农资供应”的方式进行技术推广。公司自己组建了农资配送、农机作业、植保作业等服务团队，为农民提供测土配方施肥、农资、农机、农村金融等综合服务。开发了基于互联网的网络平台，对农户进行会员管理，并及时提供技术服务信息。二是技术服务+农资供应。这类企业在进行技术服务的同时，辅助农资销售。这一方式与上一方式区别在于，随着企业服务观念的转变，企业提供的生产性服务中，技术服务重要性超过农资销售。丰信公司采取“互联网+技术服务+自有服务团队+农资供应”“示范基地+农户”的方式开展技术服务。中农乐公司为果农提供“保姆式”服务，通过建立“公司+乡镇技术站+村级技术员”的农技推广体系，以“互联网+技术服务+自有服务团队+农资供应”方式为果农提供技术服务。三是生产基地+技术服务。这类企业是为了获得稳定、标准的原料或农产品所采取的技术推广服务方式，最为典型的就是“订单农业”。中农乐公司通过流转土地建设生产基地，采取“企业生产示范基地+技术服务+农户”的方式，以获取稳定的、标准的果品为目的，建立自己的生产和示范基地，以产品销售为纽带，指导农户按照一定的操作规程进行生产，引导农户进入市场，促进新技术的推广与应用。四是对接销售平台。采取“互联网+技术服务+农产品销售”的方式，帮助农户种植和销售果品。通过培训和帮扶，果农的果品质量得到大幅度提升，示范户取得良好经济效益。

3. 资金获取机制

目前，我国涉农企业正逐步成为农业技术创新的投资主体，政府财政项目资金仅占企业技术创新与服务收入的一小部分。企业获取资金最常见的方式有两种。一是技术服务收入。丰信公司在生产的前一年向农业经营者收取“农业科技指导和农资配套服务费”，为农民第二年的种植全过程提供技术服务。农民对于其支付费用的技术服务效果主动关注，服务主体收取了费用，也会积极开展服务。二是生产性服务或农资销售收入。谷丰源公司自主创新能力不强，单纯依靠作物解决方案交易订单很少。目前，仍是依靠农资供应来获取资金支持。中农乐公司为农户提供技术服务是免费的，但公司在提供“保姆式”技术服务基础上，销售农资产品，以此获得收入。公司拥有几千亩果品生产基地的产品销售权，销售资金用来支撑企业农业生产环节的技术服务费用支出。

4. 人才培养机制

一是企业内部自我培养。丰信公司服务团队采取内部技术服务人员“传帮带”方式进行培养；一线服务人员采取招聘方式，人员主要由对当地情况非常熟悉、热心服务的农村妇女、种植大户、科技示范户、转型的农资商和保险经纪人等构成，这些人在“学中干”，实践锻炼后成为指导农民采用技术的行家里手，这些人也是潜在的新型职业农民。中农乐公司加强人才团队建设，组建了包括专家、讲师团、村级站长、会长等在内的“金字塔型”技术服务团队，逐级开展技术指导和培训。二是外聘或外包。谷丰源公司自身没有技术研发与服务能力，只能通过聘请外部科研院所科技人员来开展技术服务，或者通过技术服务外包的形式，来完成对生产基地的技术指导与服务，各类高级专业技术人才奇缺。

（二）农业信息化服务模式

互联网企业及相关部门借助数据、信息及渠道优势，以信息化产品销售为主要内容，以农民、农民技术员或国家公益性农技推广员为对象，提供生产所需要的技术服务。

1. 技术获取机制

互联网+农业技术相当于掌上百科全书，需要实时更新。互联网企业在信息技术和平台建设方面具有优势，但农业技术信息、资源搜集等方面相对比较弱。技术获取渠道主要有五种：一是利用自身资源积累进行开发。例如，中国农业出版社，2013 年开始向数字化产品转型，利用多年积累图书、文献资料，开发了视频、数字化产品、专家评审知识体系等，打造了“智慧三农”，面向机构用户进行检索查询。二是利用 QQ、微信等社交平台搜集。来自农村能人、土专家之间的经验分享，信息汇集后进行加工整理和发布。例如，蓝农、农医生、老刀等，将会员问答信息及时加工整理并予以发布。三是依托科研院所、国家公益性推广机构建立，并对技术、信息进行不断更新。四是通过技术交易市场，直接向农业科研与教育机构购买技术成果。五是采取研发外包的方式来获得生产经营所需要的技术成果。

2. 技术推广机制

采取“互联网+技术服务”方式推广技术，利用信息化平台，农民通过手机等移动互联网终端，便捷地获取及时有效的农业生产经营信息。突出特点有两点：一是互联网平台双向互动优势，纵向传播科研推广体系的“处方”，横向传播农民生产实践中摸索的“土方”，实现技术传播的精准性和交互性。二是细化服务对象，提供个性化服务。农业互联网服务平台，针对用户个性化需求提供精准化、智能化服务。例如，一亩田是我国“互联网+农业”的创新典型，一端是服务批发商和采购商，一端是服务农民和产地，通过移动互联网、大数据，以及线上线下的撮合服务，帮助产地农民实现农产品产销对接，缓解农产品销售难和卖价低等传统难题。“云种养”对农技问题按照地域、专家匹配原则进行服务，打造本地化农业服务平台，采取“一对一推送”，专家接单类似滴滴打车，农民问答 2 分钟之内得到回答。

（三）技术示范带动服务模式

以涉农企业或农民专业合作社为龙头，是组织农民共同参与而联结成的一种经济联合体，推行订单生产。表现为“示范基地+技术推广+农产品销售”“合作组织+农户”“企业+农户”形式。

1. 技术获取机制

一是从国家公益性部门获取技术支持，或者与农业科研、教育机构进行合作，共同针对企业经营中遇到的技术难题开展攻关。二是企业、合作组织自主研究和推广的技术。例如，陕西渭南蒲城县四方苹果专业合作社在蒲城县农技中心支持下，应用引进了土壤改良、测土配方、化肥减量、有机肥综合应用、地下铺黑膜，富硒、富铁、富钙产品生产技术。合作社内设有专家组（西北农林科技大学专家和土专家组成），按照苹果栽培技术管理要求，细化主要技术细节和技术要领，编写、印发和发放技术资料。按照半月内的管理要点，每月按时授课两次。

2. 技术推广机制

采取“企业+（示范基地）+农户”开展技术推广，企业的技术引进和应用、推广，可以将农户的科技需求与生产实际紧密结合起来，为农户提供贯穿产前、产中和产后的一体化服务。例如，山西永济凡谷归真农业科技有限公司，以番茄的生产和加工为主要内容，围绕永济市番茄产业，集成示范推广先进技术和番茄品种。同时，建设冷链物流基地，面向农户提供物流服务，解决番茄等果蔬预冷、保鲜、冷链配送等问题。

3. 资金获取机制

企业与农户建立一种“利益共享，风险共担”的利益联结机制。企业牵头组建的专业合作组织，通过统一开拓市场，销售农产品获取资金。例如，四方苹果专业合作社除收购农民产品外，重点挑选年轻、有基础、热爱果业的一部分社员流转土地，注册家庭农场，走工厂化生产道路。目前，合作社核心示范基地1000多亩，由5个家庭农场组成，全部应用合作社标准化管理，生产安全放心产品，以统一品牌包装销售。核心示范田亩年均收益比一般农田高15%。此外，还有一种是农民互助型合作组织，不以营利为目的，带领农民一起面对市场，通过技术互助提高产品质量，获取利润。

4. 人才培养机制

在农技推广的过程中，农民专业合作社能精准地找到新技术的示范者，有助于科技的快速推广。

（四）托管式技术服务模式

以农村技术能人、农民专业合作组织、家庭农场、大户或专业服务团队等为主，凭借技术和经验优势，为农业生产提供全程托管、半托管式技术服务。

1. 技术获取机制

服务主体的技术主要来自国家公益性部门与农业科研、教育机构等渠道。例如，泰安烟农供销农资有限公司成立农业技术服务队，在县农技中心指导下开展“植保培训进百村”活动。

2. 技术推广机制

采取“服务主体（托管物品）+技术+农户”方式，企业通过契约形式将农户吸纳进入农业企业，为农民提供生产技术指导、产品销售等服务。具体方式包括：一是专业技术托管服务。技术托管，凭借合作社的技术和经验优势，服务主体为种植大户提供农业生产种植技术服务。例如，陕西各地的农业技术专业服务团队；“义田农场云平台”为了帮助农场解决技术人员雇佣难、规范化种植程度低等问题，利用“互联网+”农业的现代化理念，依托物联网监控设备、义田农场云平台的基础，将技术人员与信息化工具结合，通过线上线下的技术托管模式，帮助农场实现标准化种植，提高农场生产效益。二是技物结合托管服务。包括土地托管、机械托管、仓储托管、销售等。

3. 资金获取机制

例如，西安市长安区长丰农机专业合作社收入主要有三种渠道：耕种收过程中的机械化服务收入；种子、化肥等农资销售收入；包括供种、高产创建等在内的政府给予的一些农业项目支持。在发展之初，长丰合作社得到了各级政府的大力扶持。

4. 人才培养机制

涉农企业拥有良好的生产经营条件，信息通畅，为了增加经济效益，勇于创新、敢于冒险。先进的服务理念、热情的服务态度、良好的职业素养、科学的管理方式，不但可以提高企业的工作效率，而且能够将技术快速地进行传播推广。

二、经营性农技服务典型模式对比分析

（一）农技综合服务模式

该模式搭建了技术传播和反馈渠道，服务相关主体之间信息互动沟通比较顺畅，由实物带技术，技术接受相对容易。从当前的典型来看，从事综合服务企业的盈利点仍旧依靠农资或其他方式，农业技术方案服务目前还不足以支撑公司运营和持续发展。从事综合服务的企业，通常需要一定的原始积累，熟悉农资和技术市场，拥有自主研发技术服务团队、核心产品或方案作为支撑。由于技术研发成本高，对于一些企业来说，实力还是不够。这一模式对农业生产影响范围比较广、影响程度比较深，需要国家公益性机构加强有效监督和管理，给予一定的技术、资金等方面的支持，以降低企业技术研发成本。

（二）农业信息化服务模式

该模式信息传递比较迅速，服务相关主体之间无须见面即可实现沟通，农民可以利用互联网接受教育与学习。还可以细化被服务对象，提供个性化、

全过程、综合服务。农作物生产情况得到完整记录，使消费者对农作物有一个深入的了解。这类企业需要很强的信息技术采集能力和细分市场提供靶向服务的能力，采取措施提高线上线下用户活跃度。当前由于农户受对信息化工具使用习惯和能力限制，线下推广难度大。如果再缺少线下服务团队，服务成效就无法控制。服务主体市场进入比较快，但退出也很快，风险大。从事专业信息化技术服务企业，承担了信息收集（主要是种植作物、种植面积、种植区域、作物病虫害等方面的信息）、信息发布、预测预报等农技推广公共服务职能，在农技推广资源库、农技推广信息化服务平台、整合涉农行业领域信息等方面发挥了积极作用。因此，需要政府出台利好政策，支持信息化技术服务企业发展壮大。为提升信息化服务主体能力，一方面需要加大新型职业农民培训，培育新型农业经营主体，提高对信息工具使用能力和信息技术的接受能力；为避免资源浪费，需要遵循互联网开放、透明、共享、高效的精神，开放政府的资源，共同探讨互联互通、合作共赢机制。

（三）技术示范带动服务模式

这一模式的优点是引领示范、技术创新要求高；农民可看可学，本土化、渗透式服务，容易获取农民信任，技术采纳率高；龙头企业通过提供优良种苗、先进适用的设备，加快物化技术的推广扩散；通过提供技术培训，降低农民采用技术的风险；市场联系密切，技术针对性强。这一模式的不足是涉农企业的逐利本质决定了其目标是实现自身经济利益的最大化，与农户的合作是为了谋求产量稳定、质量合格、价格低廉的农产品供给源，从而保证以更优质和低成本的产品参与市场竞争。同时，受自身发展规划、生产成本等因素影响，涉农企业参与农技推广的内容，多局限在单项农产品的生产技术和原料供应上。因此，要求基层农技推广机构探索与涉农企业的合作方式，加大技术示范基地投入，拓展科技推广的融资渠道，缓解企业示范基地建设资金压力。同时，组织生产经营者走出去，参观学习先进地区技术和典型经验，扩大视野，规范经营，提高管理水平。此外，还要加大对经营主体的扶持引导，组织农艺农机、经营管理等行业专家，开展多层次、多角度技术培训活动。

（四）托管式技术服务模式

这一模式的优点是技术服务成本内部化、技术管理成本低、技术采纳速度快、服务效率高。技术团队替代个人技术员来为农场提供多品类种植服务。不足是技术更新速度可能有限。服务托管以后，土地经营规模扩大，风险也相应集中。部分经营者自身抗风险能力不足，赚得起亏不起。一旦出现较大的灾害减产，给农户的承诺难以兑现，容易引发社会矛盾。技术服务托管是对农业社会化服务发展的一种探索，政府要加强扶持和引导，加快经营主体培育。扶持重点放在大宗粮食生产上，提高粮食生产的规模化水平。鼓励引导农机合作社、农机大户、家庭农场主、农技服务组织、村组干部、返乡年轻人等各类主体创办领办“托管服务”，鼓励和支持青壮年农民、大学生以“全托管”为平台创业。支持符合条件的新型农业经营主体优先承担涉农项目，土地整理项目优先考虑安排在粮食主产区域，在农机购置补贴、新技术推广、新增农业补贴等方面向规模经营者倾斜；扶持建设粮食烘干、仓储、农机场库等配套基础设施，财政要适当提高奖补标准。在病虫害防治上，各级农技部门对种粮大户要给予更多的关心和支持，有条件的地方可以提供点对点的服务，及时处置，尽量把问题解决在萌芽状态，避免损失扩大。在农业政策性保险方面，可考虑制订差别化的保险方案，适当降低理赔的门槛（见表 3-4）。

表 3-4 经营性农技服务典型模式对比分析

	技术获取机制	技术推广机制	资金获取机制	人才培养机制	典型案例
农技综合服务模式	①企业自主创新技术为主 ②依靠科研或公益性机构的支持	①农资供应+技术服务 ②技术服务+农资供应 ③生产基地+技术服务	①技术服务收入 ②生产性服务或农资销售收入	①企业内部自我培养 ②外聘或外包	中农乐公司、谷丰源公司、山东丰信、凯恒农业科技服务有限公司（陕西分公司）
农业信息化服务模式	①利用自身资源积累进行开发 ②利用 QQ、微信等社交平台搜集	①互联网平台双向互动 ②细化服务对象，提供个性化服务			农医生、老刀、北京奥科美技术服务有限公司、“农滴滴”、一亩田、“云种养”
技术示范带动服务模式	①从国家公益性部门获取技术支持 ②与农业科研、教育机构进行合作 ③企业、合作组织自主研究和推广的技术	“企业+（示范基地）+农户”开展技术推广	企业与农户建立一种“利益共享，风险共担”的利益联结机制	农民专业合作社能精准地找到新技术的示范者	陕西渭南蒲城县四方苹果专业合作社、山西永济盐湖区会荣水果种植专业合作社、山西永济丰农葡萄专业合作社、山西永济凡谷归真农业科技有限公司

续表

	技术获取机制	技术推广机制	资金获取机制	人才培养机制	典型案例
托管式技术服务模式	国家公益性部门、农业科研、教育机构	①专业技术托管服务 ②技物结合托管服务	①服务收入 ②产品销售收入 ③政府项目支持	自主培养	泰安烟农供销农资有限公司、河北任丘史丹利农业服务有限公司、西安市长安区长丰农机专业合作社

三、推进经营性组织农技服务机制创新的启示

（一）抓典型，用社会化服务引领农业生产方式转型

社会化服务组织接地气，服务周到、贴心。但要农民转变思维方式，为社会化服务支付费用需要过程。因此，可以引导大规模农场、农业企业购买有偿农技推广服务（包括技术培训），进而示范带动农户。种业、经济作物、经济林果等行业，在规模经营下，经营者可能愿意拿出一部分资金来购买技术服务以获取更大利润。各级农技推广部门可以支持当地有影响的新型经营体树立典型，或在经济价值较高领域广布示范田，先行先试。

（二）抓结合，推动公益性与经营性服务协同发展

公益推广机构与社会化服务组织在技术环节进行有效对接。公益机构长期积累形成的方案，与社会化组织共享，为其方案优化提供支撑。社会化组织的技术服务员可以成为公益农技推广服务队伍的有益补充，为基层农技人员发挥技术专长、服务农业提供了平台，并增加了收入，解决了基层农技人员服务动力不足、缺经费、技术进村入户到田难的问题。农业技术推广“最后一公里”解决方案：政府直接管到县，面对县以下一家一户的问题，就留给社会化组织，政府起到协调和监管作用。

（三）抓管理，扶持和引导社会化服务发展壮大

为避免无序竞争，需要农业主管部门或第三方评估机构，建立完善的农业社会化服务的信用评估和监督体系，为农业社会化服务的健康发展保驾护航。政府充当裁判，保护农民利益。各级政府部门创新产学研联合的机制和平台，为农业社会化服务组织输送专业技术人才。公益性机构可以通过奖励、项目补助、政府资助等方式，对社会化服务组织的技术推广服务予以支持。

第五节 农技推广体系建设取得的成效与面临的问题

我国的“一主多元”农技推广体系建设取得了重要进展，公益性农技推广机构能力得到加强，出色地履行职责和完成岗位任务。在新形势下，公益性农技推广机构不断创新思路、开拓进取，引导、扶持和规范其他社会化服务组织开展服务，推进了现代农业产业体系、生产体系、经营体系的建立，为现代农业发展提供了有力的科技支撑。

一、我国农技推广体系建设成效

（一）提升了农技推广主体服务能力

1. 我国公益性推广机构条件建设规范有序

2012 年中央一号文件部署了农业科技创新与推广工作，出台了以“一个衔接、两个覆盖”政策为标志的一整套支持政策。截至 2018 年底，基层农技推广机构条件有了改善，工资有了保障，能力得到提升。课题组对来自 23 个省和直辖市的 231 个基层农技推广机构的数据进行分析，结果显示：从站房面积、仪器设备、交通工具和试验示范基地的总量和平均量来说，检测仪器、硬件设备配置较为完善。站房平均面积为 498 平方米，办公室为 131.6 平方米，培训室为 95.4 平方米，咨询服务大厅为 67.3 平方米，检验检测室为 35.8 平方米；办公设备 15.5 台套，培训设备 19.7 台套，检验检测设备 9.1 台套；下乡的交通工具主要是汽车或者摩托车，平均的汽车数量是 0.7 台，平均的摩托车数量是 1.2 台。每个机构人均运行费为 36.2 万元，人均业务工作费为 6.2 万元，每个机构平均的重大技术推广项目经费为 26.2 万元，人员经费基本得到财政保障。各机构职能主要是筛选主导品种、筛选主导技术、培育科技示范户、举办农民田间学校、上报农情信息等，工作量较为充实。

2. 公共服务职能得到全方位履行

为适应农业战略性结构调整，各地大力推进基层农技推广体系改革，组织实施了基层农技推广体系建设项目，全面履行《农业技术推广法》第十一条公益性职责，在基础公益、主要作物、关键环节、重大技术等方面发挥了主体地位，成为我国农业技术传播的主渠道。例如，陕西省农技推广机构在全省建立了苗情检测点24个，涉及小麦、玉米、油菜等主要粮食作物；农田墒情监测点50个，涉及23个县（区）9个土壤类型和12种作物；已有50%以上市县开展病虫害电视预报服务，全省中长期和短期预报准确率分别达到85%和90%以上。此外，部分地区公益性推广机构还主动开展农技先进性、适用性和安全性“三性”验证的管理和验证评价工作，负责落实良种补贴、粮食直贴、精准扶贫等农业农村工作，成为基层农村工作不可缺少的一支队伍。例如，河北省隆化县将农技推广工作与农业产业扶贫工作紧密结合，从农技推广机构中选调出152名农牧技术骨干，负责承包全县152个贫困村，通过建立上联专家、项目，下接产业、贫困户的整体联动机制，助力“三年稳定脱贫”目标任务。

3. 引导和规范社会化服务组织行为

伴随现代农业建设的持续推进，新型生产经营主体不断壮大，社会化农技服务组织日益发展。国家各级农技推广机构主动服务于各类新型农业经营主体，主动联系各类社会化服务组织，在营造“优势互补、协作为农”的“大推广格局”方面发挥了重要作用。例如，天门市农业局以华丰农业合作社为重点抓手，加强培育扶持力度，使其从只有9人小农机作业服务队，发展到拥有268多名社员、跨4个省、全国十强农业合作社，服务范围涉及11个县市的180多个村。此外，公益推广机构还积极探索与经营性服务组织有机融合的路子，指导和规范社会化服务组织开展农技推广服务工作。一些县农技中心技术员出任（或被聘为）社会化服务组织专家，为其技术服务方案提供权威指导，组织开展新技术新产品和社会化服务效果评价。科研院所作为准公益性农技服务机构，与地方政府紧密合作，通过在产业主导区建立科技示范基地、专家大院、科技小院等方式，与基层农技推广人员联合开展试验示范和推广工作，促进了科技与产业紧密结合。

（二）探索了多样化农技推广服务方式

1. “互联网+”在农技推广服务中得到广泛运用

以网站、微信、QQ、远程视频等为代表的信息化工具，在农技推广工作中得到广泛应用，呈现逐年递增趋势，信息化服务范围不断扩大。目前，陕西省已初步构建了省、市、县的农技推广信息化队伍，《陕西农技信息网》已成为全省农技信息化推广的重要平台。在2016年全国农民科学素质网络竞赛活动中，陕西省在全国农业系统排名第6名，有7个县区在全国区县排名前

50名。山西省从2015年开始，选择了5个基础相对较好的农业大县和特色产业，实施“农技宝”云平台建设。河北省在“三电一厅”服务模式基础上，以农业局智慧农业服务平台为中心，以专家技术团队为依托，打造农技推广“滴滴打车”服务模式，在智慧农业服务中心设立专家服务值班室，通过农业园区、种植大户、合作社、家庭农场等新型经营主体“下单”（提出需求），专业技术人员提供“接单”（电话咨询、视频连线、现场指导等形式）服务，由“下单”者（服务对象）对“接单”（专业技术人员）者提供的服务进行评价，根据专业技术人员“接单”服务量（距离远近、服务对象满意度、解决问题效果等）兑现相关补助，调动了专业技术人员主动服务的积极性。

2. 建设类型多样科技试验示范基地

各地在农技推广工作中，以加强试验示范基地为载体，以点带面，积极开展新技术新品种推广和农民培训工作，有效满足了基层农技人员、科技示范户以及农民现场实践学习的需求。围绕区域主导产业发展需求，各级政府加大了试验示范基地建设的投入力度。例如，山西省农技推广总站投资4000万元，重点打造了105个集技术集成、示范推广、职业农民培育为一体的高标准基地。据统计，这些基地接待参观学习人数达到20多万人次。河北省隆化县各基层区域站与局属相关业务股站合作，分别建立2个以上试验示范基地，组装集成玉米全程机械化作业、水稻工厂化育秧、肉牛标准化养殖等一批涵盖农业产业发展的农耕农艺农技结合技术，通过召开现场会等形式进行广泛宣传，起到很好的宣传展示作用。教学科研单位在地方政府支持下，以建立综合服务试验站的方式，拓展服务范围和服务内容，探索了多种农技推广新模式。例如，白水苹果试验站探索了“科教教学机构+基层推广站”结合的模式、安徽农业大学探索的“一站一中心一联盟”的服务模式。根据形势发展需要，一些地区农业局对县级农科所、原种场等机构职能重新确立和功能再造，将这些单位原来承担育种繁育等职能转变为新品种新技术试验、示范、展示和培训等职能，打造本地区农业科技的试验示范展示基地、农作物品种展示基地，以项目形式承接各类试验示范展示任务和开展新型职业农民培训，使这些职能部门重新发挥了技术推广作用。

（三）建立了效率优先的服务工作机制

1. 建立农技推广绩效考评机制

建立健全了基层农技人员聘用、推广责任、工作考评、人员培训等各项工作制度。为调动农技人员积极性，各地结合不同部门及不同岗位实情制定业绩考核和行为考核并重的考核机制。科研教学机构为鼓励科技人员推广应用先进农业技术，在制度层面，制定相关政策和实施意见，在职称、职务评定、评先选优和奖励等方面，将农技推广工作的实绩列入考核内容。例如，北京市农林科学院、西北农林科技大学、湖北农科院等，设立推广处，编制推广工作计划，统筹组织协调全院推广工作；设立推广专项基金、推广系列职称和推广工作绩效考核办法等。其中，西北农林科技大学还设立了推广工作津贴、推广工作岗位。

2. 探索农技推广服务新模式

各地主动应对农技推广面临的新形势和新任务，在农技推广方式和方法创新上做了大量有益的探索，积累了一些好经验和好做法。目前，已基本形成了“县农技中心+乡镇推广站+村级工作站（农技员）+新型经营主体+农户”农技推广网络体系。包括：政府公益机构主导的新型经营主体示范带动模式、政府主导的人员队伍补充和组织再造模式、政府公益性机构引导的社会化服务组织培养等。有经营性收入的龙头企业、科技园区、科技示范基地等经济活动主体，围绕产业化经营各环节需要，与农民结成紧密、松散或半松散的利益共同体，以企业效益为核心向农民提供农业生产所需的科技服务，形成了产业化龙头企业为主体的订单式推广服务模式、以农资生产企业为主体的农资综合服务模式、以互联网企业为主体的技术信息化服务模式、以农民组织为主体的自我服务模式等。

（四）实现了科技对现代农业的有效支撑

1. 推动了现代农业发展

农技推广机构积极落实党和国家重大农业技术项目，推动了重大技术推广落地，从技术上确保了国家粮食安全和农产品有效供给。农技推广机构还组织研究和引进推广了一大批新品种、新技术，强化关键技术攻关，在生产上发挥了重要作用。截至 2018 年底，我国主要农作物良种基本实现全覆盖，自主选育品种占比达 95%；农作物耕种收综合机械化水平超过 66%，5 年提高近 10 个百分点；农业科技进步贡献率达到 57. 5%，5 年提高 3 个百分点。这些指标表明，良种、农技、农机等现代生产要素已成为农业发展的主要驱动力，现代农业建设实现了由量变积累到质变提升的转变。以陕西省为例，该省主要粮食作物良种覆盖率达到 93%以上。2016 年，陕西省推广重大技术落地面积268万亩，增产粮油65.7万吨（马铃薯按1∶5折粮计算），实现增收16.08亿元。开展配方施肥和植保减灾工作，陕西省测土配方施肥面积达到75%，年实施生物灾害综合治理面积为1.8亿亩次。

2. 提高了农民科技素养和种田水平

农技推广服务向农民提供公共科技服务，在传播扩散农业技术过程中，开发了农民智力，改变了农民传统的种植行为，提高了农民科学素养和种田水平。山西省采取集中培训与分散指导相结合、传统教学与现代媒体教学相结合、理论学习和现场实操相结合的方式，每年在对基层农技人员进行5~7天的集中培训的同时，各县还根据农时季节组织科技示范户和农民，在田间地头、试验示范基地、规模健康养殖小区、现代农业示范园区等地开展了形式多样的实用技术培训。据统计，山西省有2.68万农技人员和农民参加了不同形式的培训，基本覆盖了山西省所有乡村。通过培训，不仅让基层农技人员进一步掌握了新品种、新技术、新机具、新信息和新模式，同时也使得每个农民学会了1~2项农业新技能。

二、我国农技推广体系建设面临的问题

从以上分析看出，我国农技推广体系在提供优质公共服务、创造公平发展环境、规范服务市场、支撑现代农业建设等方面发挥了重要作用。但随着农业现代化建设深入，农业供给侧结构性改革、生态绿色农业建设、精准扶贫等对农技服务提出了新的需求，面临着这些新变化和新形势，我国农技推广服务体系尚不能充分适应。主要表现在：

（一）公益性农技推广软件建设薄弱

实施“一个衔接、两个覆盖”政策，保障了基层农技人员的基本工作条件和经费，但在思想认识上、人员素质、约束和激励手段、资源利用等方面存在不足。

1. 农技人才素质有待提升

一是人员结构不合理。由于受编制体制等多方面因素制约，基层农技人员流动十分困难，老的出不去，新的进不来，进来的留不住，大部分乡镇农技站5~10年没进过新人。农技人员普遍面临知识老化、年龄偏大和结构断层的情况。二是知识更新慢。现有人员只掌握农业常规品种和应用技术，对农业新品种新技术接受困难，现代化信息技术应用不熟练。三是协调组织管理能力缺乏。

随着经营主体规模扩大，对集成技术及技术以外的金融、保险等需求增加，农技人员的技术集成组装、沟通协调能力较弱，不能充分满足需求。以山西省为例，该省种植农技推广机构编制 4189 人，现有在岗人员 3415 人，缺编近 20%。现有在岗人员经过省部级院校 3 个月以上集中培训的不足 2%，大专以上学历的不到 40%，年龄在 50 岁以上的超过 55%。此外，在基层农技推广队伍中，尚有不少无学历、无职称的人员。山西省临猗县嵋阳镇农业技术推广站，在编人员 1 人，为“一个人站”，农技人员新老交替问题急需解决。

2. 缺乏灵活有效的激励机制

基层农技推广机制改革创新难度较大，顾虑较多，各地方领导对改革创新工作的理解和重视程度不一，可供推广的创新成果不多；长期以来形成的行政管理型农技推广机制，干多干少、干好干坏一样的现象仍然存在。有些基层农技推广机构仍按照下乡次数、发明白纸、培训次数等来考核推广工作，激励作用非常有限。

3. 公共服务资源利用不充分

多年积累的试验数据、技术解决方案、试验化验仪器等不能充分发挥作用，配套的试验仪器、农机等设备闲置多利用少，随着时间的推移，部分仪器设备已老化，跟不上时代发展的需要。

（二）教学科研单位农技推广力度弱

1. 推广队伍不稳定、高素质人才缺乏

我国农业高校长期以来的考核评价体系重科研、轻推广，虽然近年来部分高校设置了推广服务系列，但服务社会的成效尚未普遍纳入高校的绩效考核，职能与职责不匹配。同样，科研院所中的职称评审、职务晋升以及对农业科技的评价还停留在发表论文上。科研人员缺乏足够的激励去考虑成果的应用、去从事推广工作，更不要说是长期、深入地开展农技推广。总体而言，农业教学科研单位普遍没有形成稳定的、高素质的科研推广队伍。

2. 农业科研供需结合不紧密

我国农业教学科研单位科技成果转化率低，农业科技有效供给不足，原因主要在于农业科研与实际产业需求结合不紧密，农业科研与生产脱节现象严重，导致农业科技成果成熟度不高，落地性较差，这也制约了农业科技成果的推广和转化效率的提高。

3. 与国家公益性推广机构结合不紧密

教学科研单位的主要优势在于人才培养、科技创新，在农业推广方面，由于在基层没有分支机构，直接面向广大农民推广难度较大；而政府公益性推广机构，在接近农民上有优势，但是在科技研发上满足不了现代农业发展的需要。目前，教学、科研、推广均是各自为营，三者之间缺乏有效的沟通、衔接与合作，制约着面向生产的科技创新，制约着科技成果向农业的推广和转化。

（三）经营性农技服务组织能力不强

1. 经营性农技服务地区发展不平衡

组织管理上，各级政府、涉农部门和新型经营主体对经营性农技服务工作认识还不到位，对建什么、怎么建，为谁服务、如何服务，思路还不够清晰，组织领导不够有力，重视程度不够。市场机制引导下，由于各地区农业生产基础条件、土地规模化经营程度、农业产业化程度不平衡，能够提供社会化农技服务的主体发育程度不一。例如，甘肃、陕西等西北部地区，土地流转率高，社会化服务组织发育比较快。但湖北、安徽等中部地区，社会化服务组织发育仍缓慢，各地可借鉴的经验和模式不多。

2. 经营性农技服务组织小而散

社会化服务主体仍处于发展初期，规模小而散，覆盖面较小，标准化程度低；软件、硬件配套相对滞后，新技术和新品种自主研发能力也不强；主要从事粮食、蔬菜种植、农资配送、病虫害防控、信息等服务，在销售、储藏、加工、品牌创建、金融服务等环节，延伸服务还处于爬坡阶段；与农技推广部门、科研院所等公益性技术服务机构联结还不紧密，对新技术新品种示范推广关键环节掌握还不到位，服务能力不强。

3. 对社会化服务组织支持力度小

与其他支农项目相比，农业社会化服务主体建设统筹支持力度不大，缺乏政策创设和专项资金扶持，建设用地审批困难，基础设施与配套功能不够完善，部分服务主体服务窗口建设不规范，功能分区不合理，服务标准、收费标准及内部管理制度不健全，服务质量不能有效保证。社会化服务组织存在与农民利益联结不紧密、积极性不足、示范带动作用有限等问题。

（四）“一主多元”推广体系应进一步整合

1. 公益性农技推广机构主导作用发挥不充分

对于2012年新修订的《中华人民共和国农业技术推广法》，有些地方政府宣传贯彻落实力度不大，政策研究不深入。对于如何发挥公益性农技推广机构“国家队”的组织领导作用重视程度不够，思考不多，创新方法少。各地对农技推广支撑现代农业发展的工作亮点、创新做法的挖掘和宣传不够。

2. 一主与多元尚未有效融合

公益性农技推广机构主导，与教学科研单位、经营性主体开展有效联合协作，“上下贯通、左右联合”农技推广大体系在各地还未形成。各类服务主体之间缺乏有效的沟通交流渠道，联合和协作少。公益性农技推广机构与其他社会化服务主体之间合作，大多仅限于项目执行阶段，长期有效的合作机制还很缺乏。

（五）现代农业技术服务供给仍有缺位

在当下和未来较长时间内，小规模种植户都将构成我国农业经营主体的基本面，同时新型经营主体也是目前我国农业经营主体的重要组成部分，小规模种植户与新型农业经营主体对农业技术服务的刚性需求结构仍然存在，但是针对这两大主体的现代农业技术服务还存在一些问题。

1. 服务主体不能全覆盖

目前，大部分地区基层农技推广仍采用传统的下乡、进村、入户方式对农民进行直接技术指导，不断提高的工作成本，使技术服务很难覆盖数量众多的、独立经营的小规模农户。针对新型经营主体的现代化信息、物流配送、金融保险、市场营销等服务还不多，与新型经营主体产业化经营需求不能完全匹配。

2. 服务内容单一

农技推广主要以部门的单项服务为主，缺少产业配套的全产业链、全过程的综合服务。与产中服务相比，产前的农资供应，产后的储藏、保鲜、加工和销售等配套服务更加缺乏。农技推广信息化应用面小、程度低，不能充分适应新时期农业生产的需要和农民的需求。

三、我国农技推广服务体系发展趋势

（一）农技推广服务主体有新发展

以传统公益性农技服务队伍为主的局面发生变化，公益性农技服务队伍稳定性增强、基层农技推广队伍得到充实、培育了一批技术服务和传播的新载体、有大量新型主体加入农技服务队伍。近年来，各级政府对农技推广体系加大投入，基层农技推广机构硬件条件得到极大改善。各地贯彻落实中央精神和《农业技术推广法》要求，通过改革实现了基层农技推广机构经营性职能的分离，明确了其公益性定位。条件能力建设规范有序，检测仪器设备较为完善。绝大多数基层农技推广机构已经纳入地方财政全额拨款事业单位序列，农技人员工资纳入财政预算，基本实现了乡镇农技人员工资待遇与当地事业单位人员的平均收入水平相衔接。农技推广人员队伍得到了加强，部分市县实施了农技人员特岗计划，多数特岗人员纳入了技术员序列。2012 年以来，中央财政每年投入 26 亿元支持全国 2500 多个农业县健全农业技术推广体系，提高农技推广效能。在公益性农技推广机构创新工作机制过程中，通过组建村级服务站、聘用村级技术指导员等方式，进一步充实基层农技推广力量。在国家农技推广机构支持下，传统的服务主体得到改革再造。培育农民专业合作社、家庭农场、专业大户等农业新型经营主体，引导这些主体联合、协作和开展自我服务，支持代耕代种、联耕联种、土地托管、统防统治等新型专业化服务队伍发展，将这些主体锻造成为技术传播的重要载体。大量新兴服务主体不断涌现，农技推广市场蓬勃发展。在新型服务主体中，农资企业、互联网企业、出版社、农村金融服务组织的发展明显加快，它们凭借先进的营销理念、独特的技术服务方案、先进的管理措施、高效的服务团队，快速地进入这一领域并占有了一席之地。

（二）农技推广服务内容有新拓展

农业生产经营形式变化，使农技服务内容从传统技术服务，向服务内容多样化、服务过程全程化和服务对象差别化转变。农业生产经营形式的变化，带来了农技推广服务内容的多样化和生产服务全程化。从服务性质上看，涉及公益性服务和经营性服务、专项服务和综合性服务、一般性服务和特殊性服务；从服务环节上看，涉及产前服务、产中服务和产后服务全过程；从服务内容上看，涉及农业科技服务、农产品质量监管服务、农村金融保险服务、农产品流通服务、农资服务、农业信息服务等诸多方面。同时，随着农业生产主体分化，个性化农技服务特征更加鲜明。已经形成了为规模经营大户提供从种到收一整套解决方案的技术服务，服务内容包括信息、技术、金融等各方面；为年龄大的农户、外出务工人员家庭提供代耕代种代收、粮食收储银行等托管、半托管式服务。例如，甘肃帮农农资、山东丰信、中农乐公司、凯恒农业等服务型企业，通过建立让农户看得见的示范服务，立足用户实际和需求，为其提供一整套技物结合、菜单式服务方案，服务节点从种子处理、配方施肥、绿色防控等，延伸到为生产全过程提供社会化服务。这类让农户放心、省心并愿意付费用的保姆式、全程化、一站式服务，将服务从最后一公里延伸到了最后 100 米。

（三）农技推广服务方式有新活力

信息化技术被广泛应用，使农技推广输送技术信息更加鲜活生动。农民主动"走出来"参与技术服务全过程，自主创新、创业热情高涨，使农技推广工作焕发新的活力。现代交通、通信、信息等技术条件和组织资源，为农技推广社会化服务提供了物质基础。信息化技术的方法、手段和最新成果被广泛应用到农技推广工作中，突破农技推广工作的时空局限，满足了现代农业多样化生产需求，成为行业管理、技术推广活动的重要手段和支撑。多种本土化的农技推广服务平台搭建，面向各主体实现了智能化、实时化培训、语音问答和农情信息推送，特别是在应急性农业灾害处置等方面，更能凸显农技服务的便捷化。全生育期的农事直播，微视频、图文、远程视频、交流群等生动方式，提升了农技推广的活力。而利用平台采集的农业生产服务档案、生产投入产出、方案执行效果等方面的大数据，将在未来构建新型农业生产经营和技术服务管控体系中发挥重要作用。例如，山东丰信"App+丰信网+Callienter+微信端"、中农乐的"千乡万村" App，缩短了技术到田间地头的距离，随时随地进行田间指导和管理；凡谷农业水肥一体化灌溉控制智能化系统、丰农葡萄专业合作社电子商务平台，无不反映出信息化技术在农技服务中的关键作用。大数据时代社会化服务组织网络和农户信息数据及生产投入产出数据，都将成为其后续发展的资本，并产生不可估量的价值。同时，互联网还激发了农民创新、创业热情，打造了一些创新者和创业者。长期以来，农民一直被动地接受农技服务，由专业服务人员到田间地头、农场和农家院里进行上门服务、现场指导，因而使服务的内容、服务的质量、服务的效率、服务的意愿、服务的偏好等都掌握在服务主体手中。目前，这一形势悄然发生着变化，农民开始主动“走出来”，开始广泛参与服务的全过程。表现为农民主动接受培训、出去参观考察先进技术和经验，甚至掏钱购买技术服务，成为技术市场的消费者。此外，农民还通过组织化的渠道，将自己转变为自我服务的主体角色，全过程参与产前、产中、产后各生产环节。涌现出的农民技术服务团队、农业护士、专业合作社联社社长等，通过“做给农民看，带着农民干与农民打成一片”的方式开展技术服务。农民参与技术服务的身份与角色发生转变，自主创新、创业热情高涨，使其对技术服务内容、服务质量与水平的评价更具有主动权，将成为推动农技推广服务方式变革的重要力量。

（四）农技推广服务主体之间关系有新变化

长期以来，国家公益性农技推广机构与广大农户、农业企业、农民专业合作社等各类农业生产主体，在体系内属于自上而下直接服务关系，被服务对象主要扮演的是技术受体角色。由于所属不同行政系统，科研教学等机构也面对上述主体开展技术试验示范等工作，与国家公益性机构交叉不多。这种直接服务方式，只需提高公益性机构、科研教学机构的技术服务能力和被服务对象的技术接受能力。随着新型农业经营主体壮大，国家公益性农技推广机构更加关注于企业、农民专业合作组织等新型农业经营主体及大量涌现的专业性服务组织。通过为这些主体服务，发挥其对广大农户的示范带动和技术传播作用。重点服务对象发生变化，新型经营主体和服务组织不单是技术受体，还是政府引导下的技术供体，承担了技术传播的社会责任。在服务对象变化过程中，国家公益性机构的地位上升，承担了更多的技术方案研究、服务效果监督评价等职能，这些职能对其技术服务能力、组织协调能力要求更高。此外，科研教学等机构，也与地方政府联合，借助农技推广体系优势，开展农技的试验示范工作。

第六节　国外农业技术推广体系建设经验借鉴

本节以美国、澳大利亚、日本等农业科技较为先进的国家为研究重点，对各国在农技推广体系建设、推广手段、推广体制机制等方面的做法进行分析，为提升我国的农业技术推广事业发展提供参考和借鉴。

一、美国

（一）组织机构与职能

美国农业科技推广体系主要由联邦政府、赠地大学（Land-grant Universities）体系下的州立大学、县农业推广站3级组成，形成“三位一体”的农业技术推广体系，其中，州立大学处于体系的核心地位。根据王甲云（2014）的统计，美国从事农业推广的人数在200万名左右，其中州立大学农学院与县农技推广站人数分别占约1/3与2/3。

1. 美国食品与农业管理局（NIFA）

美国食品与农业管理局是联邦政府农业部设立的农业推广管理机构，负责审议每年度的国家层面农业科研与推广工作计划和预算，承担全国的农业科技推广工作的协调与管理，监督农业法律法规的实施情况，并向各州和县级相关部门提供农业推广经费与信息。NIFA并不参与实际的科研教育与推广，而是在这些领域通过提供项目资金在各个州和地方开展合作。

2. 州农业研究与推广中心

州立大学下属有州农业研究与推广中心，其中，州农业技术推广中心负责管理与运行全州的农业推广服务，具体包括制定经费预算，筹划与实施州内农业推广服务，协助指导州内“4H青年”教育与培训工作，指导、监督各区域研究与推广中心和县推广站人员的工作，建立农业新技术示范基地，负责财务管理与后勤服务。推广中心的工作人员大部分是由各州立大学农学院的教授兼任，也有少部分人来自其他院系。州农业研究中心根据地方农业实际生产需要，开展应用技术研究，解决生产难题等。

3. 县农业技术推广站

县农业技术推广站是美国农业科技推广体系的最基层组织，是直接面对农民、为农民服务的农业技术推广机构，它接受赠地大学的管理、监督与指导。其主要任务是宣传推广先进实用农业技术，向农民提供信息、咨询、培训和社区服务。县推广站中设有全职推广人员与行政人员职位，推广人员是由所属区域的研究与推广中心主任聘任，州农业技术推广中心负责其工作业绩考核，行政人员则主要由当地政府负责招聘。县级推广站的推广人员数量主要是根据县面积大小设置。以得克萨斯州为例，得克萨斯州的土地面积为

696241 平方公里，共有 254 个县，其中 250 个县设有推广办公室，共有 559 名县级推广人员，每个县的推广人员从 1 人到 13 人不等，平均每县有 2 名县级推广人员，每名县级推广人员推广范围为 1245.5 平方公里。

（二）推广内容与方式

随着美国农业技术推广体系的不断完善，其推广的内容也不断丰富，目前主要开展的内容有以下四个方面：一是农业科技服务，这主要是利用农业科研和教育项目帮助农民掌握农业科技知识，改进经营管理技能，提高农业生产率，服务对象主要包括农场主、农民、农村妇女和青少年等。二是自然资源的利用和保护，该内容主要是以水资源利用、耕地保护和空气污染治理等项目指导农民合理利用资源、保护环境，实现经济与环境的可持续发展。三是家庭与消费科学，该内容是通过家庭示范和家务咨询的方式，向农村妇女和低收入家庭提供家庭教育、卫生保健等方面的知识。四是 4H 青少年服务，服务对象是全国范围内 20 岁以下的青少年，通过开展活动帮助其选择适当的生活和职业，培养青少年的综合素质与能力，具体包括公共场所演讲、进行科学实验、服务当地社区、学习社会技能与独立生活技能、培育职业兴趣等。

美国农业推广的方式多种多样，基本上是以引导启发为主，采取了自下而上的咨询推广。

推广专家和县推广人员充当中间人，既要和合作者及研究者交流研究事宜，也要指导推广教育项目，培训志愿者和推广教育农民等利益相关者。志愿者接受推广专家与县推广人员的推广教育后，也会向农户提供直接农技培训。

除传统的建立应用示范基地、一对一指导、访问培训等方式以外，还采取了网络推广的方式，网络推广的目标是形成一个基于互联网的信息系统，进行推广服务，目前美国已经建立起全美推广网站（extension），该网站将与推广相关的内容主题化，包括自然灾害应对策略、社区交流、食品营养与健康、农业生产等板块，农户每天 24 小时都可以上网获取可靠的、相对应的专业化信息并接受教育。除此以外，美国还有专门的期刊为农业推广服务，以这个期刊为媒介，为农户提供定期农业科技服务资讯。

（三）经费来源与管理

美国《史密斯—利佛法案》（*Smith-lever Act*）规定农业部对各个州的农

业推广经费占总预算的比例不能超过州总推广经费的10%，各州政府与县政府通过财政预算补充农业推广经费。其中，20%~25%来自联邦政府提供的资金、50%来自各州政府提供的相应资金、20%~25%来自农户及产业协会的资助、企业资助、基金会捐赠等地方或私人投资。

2016年NIFA划拨13.26亿美元的弹性资金与1.2亿美元的固定资金用于农业技术推广。其中，7.77亿美元的弹性资金作为常规经费将直接用于州实验站、州合作推广系统和合作林业计划，该经费只能用于赠地大学；剩余的弹性资金与固定资金6.69亿美元作为竞争性审批项目经费用于基础研究与整合型研究以吸引高素质人才与优质农业项目促进农业的发展，该经费不限于赠地大学的使用。州实验站与州合作推广系统将经费直接拨付给各州立大学农学院用于教学、研究与推广。

在所有的大学推广服务中，学校设立财务处，学院统一管理州农业研究与推广中心和县推广站的推广经费。由于各个学校的标准不一样，各个学校管理费抽取的比例也不一样。一般在申请项目经费获得批准后，学校与学院会分别抽取28%的经费作为管理费用，其余归项目主持人自行分配。如得克萨斯州农工大学，推广专家的经费中72%用于科研，约2.8%用于购买办公用品，剩下的约25.2%则归学校。

（四）人员管理

美国从事农技推广工作的人员主要分为两部分：一是专职推广人员，主要由联邦、州、县合作推广机构中的专家组成；二是辅助人员与志愿推广人员，包括家政推广助手、4H项目负责人等。联邦政府下的农推机构NIFA的农推人员主要是负责组织、协调和指导各州的工作，提供国家级的科研成果和资金支持。州立大学的农推人员主要是由教师兼职担任，教师在从事教学工作的同时还需要负责推广工作的开展，例如制订推广计划、设计具体方案并组织实施相关项目、招聘并培训县农业推广人员等。县推广员作为基层农推人员将直接面对农户进行推广，介绍新的技术和信息，帮助解决农户在生产过程中遇到的难题，改善耕作管理方式等。县农业推广人员受雇于州立大学，为全职推广人员，大多数为本科学历，部分有研究生学历，没有职称等级。目前，70%以上的农业推广人员都属于县农业推广站，直接面向农户进行农业推广。以得克萨斯州为例，程甫（2014）的数据显示，得克萨斯州内的在校推广人员约323名，其中推广专家有101名，其他专业人员有150名，支持推广工作的人员有 32 名，相关行政管理人员有 40 名，因为推广专家还承担有教学科研任务，每年这些教师可以根据工作强度适当调整工作重点。校外的推广人员约有 1493 名，其中县级推广人员有 556 名，县政府雇用的其他支持职员有 480 名。

二、澳大利亚

（一）组织机构与职能

澳大利亚与多数国家不同，其联邦政府没有一个职责分明、机构完备、人员齐整的推广体系，其职能的发挥主要是依靠州政府农技服务部门的工作绩效与制度安排。也就是说，澳大利亚没有形成全国统一的农技推广体系，而是由各州政府根据所在区域的行业和生产需要，单独设置推广机构进行管理。此外，研究机构、农业企业和行业协会也会承担相应的农推工作。澳大利亚通过采取这样的农技推广方式，可以有效节省公共开支，提高运行效率。

1. *州政府层面*

澳大利亚农技推广实行垂直管理，独立性较强。各州政府的农业厅或基础产业厅会设立专门的农业技术推广机构和“推广领导办公室”来具体负责全州农技推广。同时，在州内行政区设立分支推广机构，下属若干个次级推广机构，设立乡村事业发展中心，负责农业技术指导、收集农户需求信息以及农村人力资源开发等工作。为提升管理效率，农技推广机构只需向上一级的农推机构负责，不受地方政府的干预，这种“垂直管理”模式保证了农业技术推广的顺利开展。

2. *科研院所层面*

除各州政府农业部门设立的农技推广机构外，与农业相关的各科研院所也设立有农技推广办公室和专职、兼职的技术推广人员，他们一般会同农业生产经营者保持密切的联系，尤其是规模较大且有一定知名度的科研单位往往会在生产一线建立自己的信息情报中心，专门负责顾客需求信息的收集与反馈工作，并解决实际工作中遇到的各类技术难题与生产问题。

3. *私人农业服务部门*

私人农业服务部门，包括农业咨询公司、农业企业、农民合作组织等，在农业技术服务中也发挥着重要的作用。它们与政府配合，承担大量的推广活动，例如组织田间示范、研讨会和信息手册的发放等。其中，行业协会是农业推广链条上不可或缺的一环，澳大利亚的行业协会数量众多，一般是按照地域和行业划分组建相关的行业协会。行业协会之间互动频繁，对农业生产经营过程中存在的问题与农业技术供需状况都了如指掌，再加上与政府部门、研发机构和其他农业经营主体一直保持着密切的联系，使之在农业推广方面具有得天独厚的优势，对农户的技术需求能做出敏锐的判断，并调动农户技术采用的积极性。

4. 其他组织

此外，20 世纪 90 年代后期，澳大利亚联邦政府设立了研究与开发组织（Research and Development Corporations，RDC）和合作研究中心（Cooperative Research Centres，CRC），它们是澳大利亚政府和企业及私营推广机构等联合推广的重要平台。RDCs 是由联邦政府和企业缴纳的行业税共同出资筹建，代表政府和相关行业负责管理 R&D 服务，将有助于该行业发展的科研项目签约给大学、研究机构和企业，并为研究成果的应用创造条件。RDC 模式使生产者加强了对农业科研和推广的投资，从而实现了需求驱动，加强了农业科研和推广的有效性和针对性。目前，澳大利亚已经设立了 15 个 RDCs，这 15 个 RDCs 覆盖了所有类型的农业企业。CRCs 是澳大利亚重要科研机构之一，它是由政府、研究机构和企业出资设立，结合行业的需求确定研发项目，并负责科研成果的应用和转化。目前在澳大利亚有 44 个 CRCs，涉及农业产业化、环境可持续、健康保健、社会融合、信息技术和金融等领域，其中，农业领域有 11 个合作研究中心。一项独立调查结果显示，1991 年到 2017 年，CRCs 产生的净经济效益已达 75 亿澳元。

（二）推广内容与方式

从 20 世纪 90 年代中期开始，各州政府都在不同程度地转向农业服务的私有化，采取一种用户支付的原则，具体表现为以下几个方面：

一是对农业技术进行分类，并尝试一种有偿服务的运作模式。部分州政府将农业技术划分为私有商品、行业产品类服务和公共产品类服务三种主要类型。其中私有商品（主要涉及农药、良种、化肥等生产要素）由农业企业负责生产、试验和推广；行业产品类服务是指针对涉农行业内特定的名优产品而提供的农技服务，该类农业技术服务由地方政府和农业经营者共同出资，份额各占 50%；公共产品类服务全部由政府出资，服务内容涵盖病虫害预防、区域生态保护方面，旨在维护国家农业生产安全和社会稳定。塔斯马尼亚州政府则完全实施农技服务私有化战略，推广人员采用一对一的服务方式，依据顾客需要开展工作，费用也参照私有企业标准收取。

二是政府逐渐从推广服务的提供者转变为推广服务提供者的协调者。政府推广部门发挥农业科技服务体系和多种类型的技术服务供给者的作用，采用自下而上的方式对广大农民进行服务；工作重点除进行农技服务外，更加注重农村地区人力资源的开发和利用，把农民能力建设作为推广人员日常工作考核的标准之一；广泛使用无线网络、便携网络、数字产品等现代化传播媒介，实现农业技术供给与需求信息的快速传递，有效提高了农业技术推广效率。除亲力亲为外，政府推广部门会将一些任务外包给其他技术服务供给主体，自己只起一种监督和协调的作用，这些技术服务供给主体包括行业协会、涉农企业和科研机构。

除上述推广方式外，展览会、学术研讨会和技术发布会都是技术信息推广传播的有效途径，其中技术博览会和展览会被视为典型的技术市场。澳大利亚的许多城市，如悉尼、布里斯班、帕斯等地均设有大型的会展中心，每年定期或不定期举办农业技术展览会。规模大且影响广泛的优势使该类型推广模式不但能够为技术供给方提供一种宣传最新科技成果的机会，也增加了一个农民需求意愿的表达平台，供需双方可以面对面地进行交流和互动，进而实现技术服务的需求导向性特征。

（三）经费来源与管理

在 20 世纪 90 年代之前，澳大利亚的农业推广投入主要是由各省财政承担，联邦政府只是给予各省有限的补充。在 20 世纪 90 年代之后，澳大利亚联邦政府设立的 RDC 与 CRC 加强了其对农业科研推广的投入。各州、地方政府、大学和私营企业也提供相应的资金支持，促进了公共部门和私营部门间的合作研究以及农业技术研发推广。

资料显示，从 2005 年到 2014 年近 10 年的时间里，澳大利亚用于农业研发与推广的资金投入不断增加，2014 年澳大利亚农业研发与推广的年度资金为 33. 16 亿澳元，其中 30 亿澳元用于农业研发，3. 16 亿澳元用于农业推广，农业推广资金仅占总资金的 9. 5%。农业研发与推广资金的一半以上（52%）由公共部门提供，即澳大利亚政府、州政府和大学。公共部门在 2014 年提供了 1. 79 亿澳元的资金用于农业推广，与 2005 年相比增加 1800 万澳元的投入，增长了 10%。私人部门在 2014 年投入了 1.37 亿澳元，与 2005 年相比增加了 2500 万澳元的投入，增长了 18.2%。相比公共部门，私人部门的农业推广经费增长幅度更大。

澳大利亚联邦政府将相当大比例的公共资金用于农业推广。从 2005 年到 2013 年，投入农业推广的公共资金由 7600 万澳元增长到 1.15 亿澳元，增长了约 51 个百分点。这一增长主要是由于 2011 年以来“Carbon Farming Futures”“Filling the Research Gap”“Extension on the Ground”项目实施后政府相关资金的注入，但从 2014 年起，澳大利亚联邦政府开始减少用于农业技术推广的资金投入。各州政府用于农业推广的资金从 2005 年起一直处于平稳减少的状态，从 2005 年的 6100 万澳元下降到 2014 年的 4100 万澳元，减少了近 33%。总体来看，政府农业推广经费波动较大，相比 2005 年虽总体有所增加，但内部增长结构不稳定。相比起政府部门对农业推广投入经费趋势的不明朗，大学与私人部门用于农业推广的经费一直处于稳步上升的态势。大学用于农业推广的经费在逐年增加，从 2005 年的 2400 万澳元增长到 2014 年的 3400 万澳元，增长约 42 个百分点。大学推广活动一般与具体的研究项目密切相关，用于推广的资金大约占研发推广活动资金的 10%。主要生产企业提供的农业推广资金虽然增长幅度不是很大，从 2005 年的 1.22 亿澳元实际增长到 2014 年的 1.37 亿澳元，增长了约 12%，但仍然不影响企业作为目前农技推广经费主要来源所处的地位。在整个私人部门提供的农业推广资金中，只有不到一半（约 45%）的资金提供给 RDC，其余的直接用于农场咨询服务如雇用农学家提供生产咨询等。私人部门农业推广经费的不断增加反映了农民咨询服务支出与 RDC 支出的增长。

（四）人员管理

1. 推广人员构成

澳大利亚的农技人员一般分为三类：一是地区咨询员，以州农业部门官员为主，具体负责州内农技推广工作。二是技术专家，主要职责是向从事农业技术推广的工作人员如地区咨询员提供业务咨询，并解释研究成果，同时也从事具体的应用研究和推广活动，通常在州农业部门任职。三是技术传播专家，主要职责是开展在职培训，这类技术传播专家一般由各州农业部门派出，并借助各地的咨询站和研究所向农业生产者开展技术咨询与服务工作。

2. 推广人员素质

整个澳大利亚农业教育可以分为三大类：高等农业教育、中等农业教育和农业职业培训。国立、州立农学院通过职前培训和在职培训两种方式对农技推广人员及农牧业从业者进行培训。除直管的国立、州立农学院以外，澳大利亚政府把教育和培训作为一种“特殊商品”，农技推广人员还可以通过市场机制，根据农牧业发展需要，向不同学院和培训机构“购买”不同的培训内容以满足推广人员提高职业技能的需求。

三、日本

（一）组织机构与职能

日本农业技术推广体系是在“二战”结束后根据美国的农业合作推广服务体系构建的，它实行的是政府与农协“双轨”推广，被称为协同农业推广体系。

1. 政府机构

政府农业技术推广机构具有严格的行政架构，主要分为四个等级：农林水产省、地方农政局、都道府县各级农业推广机构和农业普及改良中心。

农林水产省负责全国农技推广的宏观管理和指导，负责制订农业技术推广的五年计划，根据特定时期的农业发展重点制定指导目标，并对都道府县的农业技术推广机构提供经费支持。地方农政局作为农林水产省的派出机构负责具体管理和指导工作，加强对各都道府县一级的农技推广工作的监督。都道府县各级推广机构根据五年计划要求，结合本地区农业产业特点，制定地方农业科技推广实施方针，负责选拔、任用和培训改良普及员，提供农技推广的经费支持；在各都道府县的农政部专门设置普及教育部，以此协调各地区科研（农业试验场）、农业普及改良中心和农业大学之间的关系，保证农业科技供给与需求信息在各部门之间能及时相互传送；此外，为了提高农业推广的质量，2012 年 47 个都道府县设置了农业革新支援中心，从专业角度出发提供高级咨询，计划性地开展农技推广指导工作。农业普及改良中心是日本农技推广的主体和实施单位，是农技推广的最基层组织，负责辖区内具体的农技推广工作。截至 2018 年底，日本有 5894 名改良普及员，360 个农业改良普及中心。

2. 农协

农协是农民自治组织，是除国家农业推广体系外的日本第二大农业推广体系。它的设立是为了解决实行土地改革后所导致的分散经营、生产力水平低下等弊端。1947 年发布的《农协法》，从立法上确定农民协会在农业技术推广中的地位，日本几乎 99%以上的农民都加入了农协组织，通过参股的方式，自下而上建立起基层农协、县级农协和全国农协三级网络。全国农协主要负责组织县级农协开展业务工作，对农协工作人员进行培训，协助政府进行农业政策的研究和制定等；县级农协主要负责对各基层农协提供业务指导；基层农协则是与农户直接对接，为农民提供生产资料和信息服务，指导农民开展农业生产等工作。

日本农协的经营业务主要包括以下几个方面：第一，指导事业，即在农业教育、农业经营乃至于农村生活等方面为农民提供信息服务和指导；第二，经济事业，包括会员生活、生产资料的统一购买和农产品的统一销售；第三，信用事业，通过农协信用合作和农林中央金库为农民提供金融信贷服务；第四，共济事业，主要是向会员及其家属开展人寿、财产方面的保险业务，提供未来生活保障；第五，厚生事业，为所管区域居民提供医疗保健服务；第六，利用事业，提供农村公共设施服务，购买大型农机设备，供农协社员共同使用；第七，其他事业，包括加工服务、旅游服务、农业经营受托事业服务、为农协会员代理农地的出售服务、平整住宅用地、建造和管理租借住宅服务，以及土地改良服务等。

3. 其他组织

除政府与农协的农业推广系统外，日本还建立了一些农业科技推广的支持组织机构，包括农业委员会、民间企业、农业推广试验场和农业大学等。其中，农业委员会是由三层体系构成，包括市町村农业委员会、都道府县农业会议所和全国农业会议所。与农协不同，市町村农业委员会是隶属政府的行政机构，而都道府县和全国农业会议所则是一个非行政机构，属于设立在都道府县内的农业团体。农业委员会的基本业务主要是负责农地的买卖和转用、监视和控制农地的无秩序开发行为、处理农民养老金方面的业务等；除此之外，还负责促进农业经营的现代化发展和农户的经营指导。

（二）推广内容与方式

1. 与具有丰富经验的农业人员构筑合作伙伴关系

由农业革新支援中心的普及指导员牵头，与都道府县内经验丰富的农业经营主体达成合作伙伴协议，从以下三个方面开展合作：一是培养新的农业从业人员，提供品种选择、种植技术和经营管理上的指导；二是推广有经验农户的生产技术，达成合作的农户可以向普及指导员传授生产经验，经指导员总结后形成具有学习借鉴价值的案例在地区进行整体推广；三是与合作农户共同建立农业综合试验站，提供技术试验，打造地区样板。

2. 建立完善农业推广信息系统

日本从20世纪70年代开始建立发展农业推广信息系统，1975年成立了农业推广信息中心，专门负责收集政府关于农业推广的信息和地方农业实际推广的信息，其运营经费由国家和各都道府县共同承担。20世纪后期，政府建设起“农业技术情报网络系统”，利用信息网络将农业数据库、温室管理系统、农业气象监测系统、专家服务系统以及农业生产管理系统等进行整合，为农户提供全方位的信息服务。除了在生产环节上建立起信息网络，在销售环节上日本也建立起农业电子商务系统，大力发展农产品电子交易业务，促进农产品以及各种农业物资的产购销信息化服务，以此满足农村地区的市场服务需求。

部分都道府县的改良普及中心积极推进ICT服务开展推广指导活动，农户一旦遇到病虫害或技术难题需要及时咨询时，可以直接利用平板实时与普及指导员或农业革新支援专业人员进行交流，将现场情况完整传输到专业人员的平板终端，实现信息的实时共享，专业人员最快可在8分钟内完成诊断并提出指导建议。如有必要，推广人员可在一定时间内赶到现场进行追加指导。ICT的使用大大缩短了推广人员对农户的答疑时间，节约了时间成本。

3. 推动产学研合作

日本政府推动多种方式的产学研合作，一方面，从制度上提供合作保证，建立完善企业与大学合作的教育制度，如研究权属保障制度、委托研究制度、人员互派制度等，以完善的政策保障大学与企业合作通畅。例如，20世纪70年代，日本政府允许国立、公立大学的教师到企业兼职，同意将产学研究机构设在企业等。另一方面，加强基层各级机构的横向联系，各都道府县的改良普及中心、农业大学、农业科研试验中心，一般都集中于同一区域，研究人员、改良普及员、农协技术员之间保持紧密联系，普及员把从基层了解到的农民的技术需求和问题及时反馈到农业试验场，并与科研人员一起商讨对策，最后通过普及员把研究成果传授给农民。许多农业科研人员和普及人员还兼任农业大学学校的老师，将从农业试验研究中心获得的最新农业科研成果和信息直接传授给农业生产者。

4. 开展营农指导事业

在具体农业技术推广方面，营农指导事业是农协各种事业的基础，在各项业务中占有特殊地位。和其他业务相比，只有营农指导事业是直接与农户的生产过程挂钩。通过营农指导，农协与农户之间产生信任关系，进一步强化农协的作用和地位，为开展其他事业打好基础。营农指导事业的主要内容包括：第一，调研了解当地农户的需求，为其制订差异化的营农计划；第二，对当地资源进行综合管理，建立大规模生产体系，促进农业生产产业化；第三，帮助农户引进优良技术和品种，组织会员交流有关栽培和饲养的知识，从而提高会员的技术和经营能力；第四，统一规范农产品价格，打击恶意低价竞争；第五，培养农业继承者及农户带头人，支援会员组织活动。

农协的营农指导员作为技术普及员负责上述营农指导工作的开展。营农指导员首先根据农民的需要设定推广课题，制订推广计划，按计划开展工作，然后进行评估，再将评估结果反馈到下一个推行计划之中。农民在使用新技术的过程中，将遇到的问题和需要改进的具体要求反馈给营农指导员，营农指导员再反馈给专门技术员，最后由专门技术员反馈到有关研究机构，经改进、提高后再通过上述途径反向传回到农民手中。

（三）经费来源与管理

日本的农技推广经费来源主要分为两部分，一部分是由国家和地方政府共同负担，另一部分是来自农协等民间组织的资助。政府和农协多渠道相对稳定的经费来源保障了农技推广工作的顺利开展。

1. 国家和地方政府

日本政府财政对农业补贴（正式名称为“协同农业普及事业交付金”）力度很大，具体补贴内容包括基础设施建设、农业器械设备、农业贷款、农产品价格保护和农产品保险等，其中农田水利基础设施建设和农业现代化器械的购置支出，绝大部分由政府财政承担，需要农户支付的比重很小。预算总额的分配是根据各都道府县的农业人口、耕地面积和受灾害情况按照4∶4∶2的标准进行。国家和地方的分摊比例则是按照修订后的《农业改良助长法》的规定执行。受到“税源转移”分流政策的影响，2006年开始，农业补贴只保留活动经费和20%的人工经费，其余的全部通过税源转移由地方负责，农业推广的工作重心也由国家转到地方。因此，2006年之后国家拨付的农业推广补贴金也大幅减少。

2015 年《农林水产省第 1090 号文件》显示，国家仅为农业合作推广事业支出提供 5%的经费支持，都道府县则负责提供 95%的经费。资料显示，国家下拨的农业推广补贴从 2005 年的 36 亿日元减少到 2013 年的 24 亿日元，这一数额持续至今。虽然都道府县提供了绝大部分的农业推广经费，但从 2003 年开始农业推广经费也一直处于减少的态势，从 643 亿日元减少到 2017 年的 488 亿日元，2014 年有小幅回升，但之后又继续减少。

2. 农协

除政府提供的农技服务外，农协也会开展营农指导事业对农户提供相应的技术指导，其经费来源更加多样，包括农户的入会费用、农业产供销中的收入提成、地方性公共团体和上级农协的补贴金、出租农业大型机械或公共设施收取的使用费、企业投资和社会捐赠等款项。

（四）人员管理

1. 推广人员的构成

政府专门设置有农业技术推广的公务员岗位，称作“普及指导员”。普及指导员具备双重身份：一是作为农业科研机构的开发助理，在新技术的实验室开发阶段就尽可能参与研发全过程；二是作为技术推广员，从实验室出来后，从农协获得农户资料和当地的年度农业计划，挨家挨户拜访，到田间地头进行实际指导，提供农业信息和经营建议，最后将指导过程制成报告提交给农协。

农协的基层农业推广组织也配备有营农指导员，营农指导员是直接在现场负责农业指导。近年来，营农指导员的业务范围逐步扩大，除了与农业改良普及中心合作，帮助农户进行农业技术、农业教育管理、生活改善的指导，还需要负责农产品的收发业务以及销售行政业务。

2. 推广人员的素质

日本建立了较为严格的考试录用、定期培训和量化考核制度。农林水产省为普及指导员开设了普及课，制定了相应的学习目标、学习时间、学习方式，制定了 3 个能力等级的教育进修规划，制定了量化考核制度，规定推广工作人员必须在一定的时间内完成一定的推广活动，有效地保证了日本的农技推广效率。另外，为保证工作的效率和质量，日本农业推广人员每 2~3 年轮岗1次，原则上在政府机关与基层工作之间相互轮换，严禁普及人员从事与普及活动无关的事务。

农业革新支援专业人员则是在普及人员的基础上再进行选拔，必须要满足以下两个条件：一是具有专业领域相关高级知识和相关机构等的沟通调整能力；二是具有总计10年以上的普及指导中心的推广指导经验、试验研究机构的研究经验、总厅的行政经验以及农业大学的教育经验，其中参与推广指导活动的经验需要在5年以上。

农协体系的推广工作人员必须通过都道府县中央会的考试才能录用，都道府县中央会定期对农协推广人员进行培训，培训内容包括栽培管理作业技术、调查分析和计划能力、经营和流通方面的理论知识等，以适应日益多元化的农民需求和农业发展新形势的需要。

3. 推广人员的待遇

日本农业推广人员属国家公务员，待遇有保障。政府为其提供较高的社会地位、优厚的社会待遇及良好的进修升职机会。为了调动农村基层普及指导员的积极性，日本实施了岗位津贴制度，普及人员的月津贴约为工资的12%，各地可根据实际情况做出调整。

四、经验及启示

从以上美国、澳大利亚和日本三个典型国家农业技术推广体系的发展中可以看出，三个国家的农技推广各具特点：美国的农技推广以大学为主导，大学在整个农技推广体系中实现了农业产业全程产业链服务；澳大利亚没有常规性的农技推广体系，农技推广以市场为导向，由地方政府推广部门、农业企业、行业协会和科研单位承担推广任务，以一种自下而上的方式根据农户生产需求提供相应技术服务；日本的农技推广主体主要是政府和农协两者协同推广。总结这三个发达国家的成功经验对于加快我国农业技术推广体制创新具有重要借鉴意义。

1. 建立健全农技推广相关政策法规体系

美国、日本都制定并完善了一系列的农业政策、法律法规，形成了促进农业发展的良好政策法规环境。

美国的农业技术推广体系是在*Morrill Act*，*Hatch Act*和*Smith-lever Act*三部法案的基础上建立起来的，这三部法案对推广机构的地位、管理设置、经费筹集与使用三个方面分别做出了相应的规定，保障了大学在农技推广过程中能顺利发挥主导作用。

日本制定出台了《食料农业农村基本法》《农业改良助长法》《农业协同组合法》等一系列法案，为农业科技创新体系建立、发展现代农业奠定了基础。尤其是1947年颁布的《农业协同组合法》（20世纪60年代重新修订），给予了农协很多优惠政策，已经成为促进和保护日本现代农业合作社的基本法律。

中国在2012年8月31日颁布《中华人民共和国农业技术推广法》，在其中明确了农业科研教学单位农技推广的公益性定位，从法律上保障了其开展农业技术推广的地位，对进一步加强农技推广、促进农业科技成果转化与应用提供了有力的法制保障，但是法律的贯彻落实还有待进一步加强，还有待于一些地方性、部门的政策、办法出台才能真正推动农技推广工作。

2. 建立多元化的融资渠道

日本与美国的农技推广经费以政府为主，政府充当农技推广投资的主要力量，对农技推广的投资保持相对的稳定性和持续性，同时也鼓励企业、组织参与农业推广，构成多元化的农业推广资金渠道；澳大利亚的农技推广是以企业等私人部门的投资为主，州政府提供一定的经费作为补充，资金来源渠道更加丰富。如美国 *Smith-lever Act* 规定联邦政府拨款占全州总推广经费的比例不超过10%，同时强制县级政府拨款进行农业推广项目合作，由此建立起联邦政府—州政府—县政府三项资金来源进行合作推广服务。

与发达国家相比，以我国现代农业发展的需要来说，我国农业科技推广的投资总量、投资力度以及经费保障程度都远远不足，亟须完善我国现有的投资结构，拓展投资渠道，保证推广工作经费。

3. 确保农业技术研发、教育和推广的统一

美国、日本和澳大利亚十分重视农业技术研发、推广和应用环节的一致性。美国农业大学的科研、教育和推广“三位一体”的推广服务体制和澳大利亚涵盖科学研究、农业生产、食品工业、市场营销的农业技术服务内容以及日本集中于同一区域建立的改良普及中心、农业大学和农业科研试验中心都是为了快速实现技术信息的共享与应用，整合农业科研资源，促进农业技术的推广。

我国目前的农业科研、教育、推广的管理体制，是在计划经济时代建立

的，虽然为了市场经济发展要求，在微观层面上进行了职能适应性调整，但是没有从宏观层面进行顶层设计。因此，三个部门自成体系，科研成果没有流向推广部门的正常渠道，科研机构不过问推广系统的工作，推广部门不了解科研进展情况，农民所需要解决的技术难题没有列入科研计划的正规途径。这种教科研与推广相脱节的局面必须改变。

4. 充分发挥各类市场主体的作用

发达国家的推广经验表明，农民协会、农业企业等社会推广组织是农业新技术成果转化应用的强大推进器，展现出广阔的发展前景。日本农协在农业推广体系中具有举足轻重的地位；日本的农业企业在推销产品的同时向农民传授农业技术的方式，加快了新科技成果的推广，在农业推广中发挥了重要的作用。

我国的农技推广是单纯的政府主体模式，主要以国家公益性农业技术推广机构为主导。未充分调动农民专业合作社、涉农企业等各类市场主体的积极性，农业社会化服务组织参与农技推广服务的方式还有待进一步探索，需要在国家公益性农业技术推广与各类市场化农业技术推广之间建立和完善有效的沟通与衔接。

5. 改革农业技术推广的管理体制

美国的推广体系中，联邦、州和县每一级都有明确的职能和相应的机构，实行垂直管理并保持横向合作和交流。这一点也可以应用在我国的农技推广机构的管理中，在我国中央、省、市、县、乡镇五个层面明确各级推广机构的职责，建立县级农业推广机构对乡镇农业推广机构的垂直管理，并在垂直管理的基础上加强同级之间的合作与交流。

6. 重视提升农技推广人员专业知识

科技成果的迅速转化需要一批高素质推广人员，发达国家对农技推广人员的素质和资历都有严格要求。澳大利亚的农技推广人员必须是大专院校毕业生，具有独立工作和帮助农民解决实际问题的能力，在参与农技推广工作前，推广人员要接受职前和在职两种方式的培训。日本也建立了较为严格的考试录用、定期培训和量化考核制度，也是为了筛选出高素质的农技推广人员。

我国现阶段的推广人员中有相当大一部分没有接受过系统的农业推广知识教育，还有一些技术员知识严重老化。因此，要明确推广人员队伍的准入资格，完善农业推广人员培训体系，强化农业技术人员培训工作的计划性和有效性。

第七节 推进我国农技推广体系建设的对策建议

一、强化农技推广体系建设顶层设计

（一）加强政策保障

围绕党的十九大构建现代农业产业体系、生产体系、经营体系建设目标，研究并制定基层农业技术推广体系改革创新的政策措施，适时出台推动“农技推广社会化服务的指导意见”或“新时期我国农技推广体系建设规划”。加强全国农技推广机制创新工作的总结和宣传工作。深入宣传贯彻落实《中华人民共和国农业技术推广法》，加强执法检查，强化政府机构公益性技术推广的主导地位，提升相关服务主体的法律意识。

（二）加强组织管理

政府部门对农技推广工作重视程度，极大影响着基层农技推广工作成效。相关领导及政府部门要进一步提高思想认识，高度重视农技推广和农技社会化服务工作，将农技推广体系建设作为落实乡村振兴战略、深化农村改革的重要内容，制定配套政策，落实推进措施，为农技人员开展技术服务提供强有力的组织保障。强化农技推广机构的平台意识，提高组织协调监督的能力。

（三）加强公共财政扶持

支持各地用好现有农技推广体系建设资金，积极整合农技推广补助、农民培训、社会化服务等项目资金，做好公益性农技推广，并培育和壮大农业生产经营主体。鼓励地方采取多种措施，加大对农技推广工作的资金支持力度，确保基层农技推广有必要的工作经费。

二、深入推进公益性推广机构改革建设

（一）深化乡镇农技推广机构改革

一是明确乡镇农技推广机构职能。强化公益性职能，明确其对新型经营

主体的作用和社会化服务组织的扶持、帮助和监督的职能，建立国家公益性农技推广与新型经营主体和社会化服务组织有机衔接、协同推进的基层农技推广网络体系。鼓励基层农技推广体系在完成病虫测报、农产品质量监测等公益性职能以外，主动服务社会化服务组织。二是加强农技推广岗位考核，调动农技人员工作积极性。三是坚持公益性农技推广服务优先与增值服务的原则下，在定岗服务、购买服务、派驻服务和委托服务等服务中，探索增值服务新机制。

（二）加强农技推广队伍建设

按照农技人员专业化、专家化的要求，一要解决好现有农技人员的工资、待遇、退休等问题，畅通其工资待遇、职务职称晋升通道，先要让现有农技人员从事体面的农技推广工作，必要时可做好转岗、交流、分流等。二要为农技人员减负，解决其“在编实际不在岗”的问题，使其从纷繁复杂的行政事务性工作中解脱出来，专心从事专业技术服务工作。三要完善推广人员队伍的准入资格，加强对现有农技人员的教育与培训，以适应现代农业发展的新要求。四要按照“懂农业、爱农村、爱农民”的要求，吸引培育选拔一批新的农技专业人员充实到农技推广队伍。五要参照“乡村医生”和“农村教师”培育计划，探索建立“基层农技人员特岗计划”，选拔“爱农业、爱农村、爱农民”的高中高职毕业生签订相关协议，报考大中专院校农业类专业，毕业后到基层农技服务机构工作一定年限。六要积极推进“贫困地区基层农技人员特聘计划”，针对地方特色农业产业，选拔和培育一批农技推广的“土专家”，并给予相应待遇。

三、推行社会化农业技术服务新机制

（一）培育和壮大农业社会化服务组织

鼓励各地通过购买服务、定向委托、奖励补助等方式，支持新型农业经营主体参与农业社会化服务、承担农业公益性服务项目。支持农民合作社、专业服务公司、专业技术协会、涉农企业等为农民提供低成本、便利化、全方位的服务，培育社会化服务明星企业和“领头羊”。允许财政支农项目直接投向符合条件的新型农业生产经营主体，深入推进财政支农项目资金形成资产股权量化改革。教学科研单位加强科技成果转化的利益分配机制改革，深化“院县共建”“技术承包”等政产学研合作模式，推动高校、科研院所的科技、人才、服务优势与农技推广体系的紧密结合。

（二）因地制宜探索农技推广管理和服务新模式

由于公益服务体系不同级别机构主要职能、面对主体不同，要求采取不同管理体制和管理模式。建议鼓励地方因地制宜、先行先试，探索农技人员管理、农技推广服务新模式，以尽早释放改革红利，还可为丰富、完善顶层设计提供实践案例和探索经验。在模式探索中，应该明确不允许改革倒退。如禁止公益性机构搞经营、避免利益输送等。为确保公益性职能履行，也要激发改革动力，克服畏难情绪，建立和完善改革容错纠错机制。

（三）推动多元技术推广主体协调协同发展

各级公益性农技推广机构要主动适应新变化，拓展思路敞开胸怀，做好多元化服务主体的对接和融合。公益性农技推广机构自身要在全覆盖、有保障上多下功夫，重点在那些具有较强公益性、外部性、基础性的领域，经营性服务组织不愿干、干不了的领域积极发挥作用，以保障粮食安全目标。在比较效益不高的粮食生产领域，强化公益性机构技术服务和社会化生产性服务；在比较效益高的粮油经作、果树等产业，引导社会化组织开展技术推广和全程生产性服务；组建各种形式的农技服务共同体（联盟），探索重大农技的协同推广机制，让各成员在协作中开展服务，提升认知和获得尊重。

四、发挥公益性农技推广机构主导作用

（一）加强行业自律和监督检查

在政府部门或第三方组织下，推行农技服务单位资信管理体系，指导监督行业组织开展资信，为被服务对象选择技术服务单位和政府部门购买实施重点监督提供参考依据。资信评价等级以一定时期内的技术获取能力、技术推广服务能力、守信守法记录等为主要指标。政府部门组织行业组织或第三方开展资信评价工作。允许获得资信的合作社、企业及各类组织，在相应范围内开展技术推广相关服务，并配套建立灵活的服务质量考核、反馈和淘汰机制。对获取服务资信的组织或企业，在政策和项目等方面予以支持。

（二）搭建社会化服务平台

鼓励省市县级农技推广机构，探索搭建“国家公益性农技推广机构+社会化服务组织（科研单位、企业、合作社、种养大户、家庭农场、农村土专家

等）”的农技推广服务平台，将农技推广与大学科研单位、新型经营主体和社会化服务组织有机结合起来，围绕主导产业、服务农民目标做好技术服务工作。搭建基于互联网的交流平台，促进公益性农技推广机构、多元社会化服务主体等进行沟通交流、资源整合和联合协作；加强农技推广大数据方面调研，为社会化服务组织提供数据和技术解决方案方面的支持；推动基层农技推广机构将基地、化验室、培训室都进行了开放共享。

（三）加强舆论宣传

及时总结基层农技推广体系建设、推广模式的工作亮点和创新做法，并进行宣传，以凸显“一主多元”推广体系下公益性机构主体职能以及体系建设对现代农业发展的支撑作用。在政府部门主导下，组织多种形式的、不同层次的观摩、参观和考察等活动，加强地区之间交流，推动体系建设工作上新台阶。

第四章

不同类型农技推广服务典型经验

第一节　公益性农技推广体系建设典型经验

一、甘肃省庄浪县区域站农技推广

庄浪县位于甘肃省东部、六盘山西麓，属黄土高原丘陵沟壑区，海拔1400~2857米。辖18个乡镇，1个街道办事处，293个村，总人口为44.48万人，其中农业人口为41.05万人，总耕地面积为6.11万公顷。人多地少，干旱少雨，立地条件差，是典型的旱作农业大县。庄浪县是全国第一个“中国梯田化模范县”和农业部划定的“全国苹果优势产区”之一，主要作物有小麦、玉米、马铃薯、谷类等。

（一）突出产业（优化种植结构）

按培育现代农业产业的需要，根据不同生态类型、气候特点、当地的生产条件和科技发展水平，布局形成了西南部河谷川地果菜、中北部十旱山区玉米和马铃薯、关山高寒阴湿区马铃薯的产业格局。调整优化种植结构，建立了“果—畜—菜、畜—旱—薯、薯—药—苗”等多年轮作倒茬栽培模式。同时，针对不同作物和产业，从种子、种苗入手，在主推技术上配套，在方式方法上同步，打造了支撑产业发展的技术服务体系。

（二）区域建站

根据生态类型、气候特点、产业发展需要，在不同生态区域设农技推广区域站9个，实行“人财物管理在县，服务在乡”的管理模式，每个区域站服务2个乡镇。区域站人员不参与乡镇行政工作，提高了专一性。围绕区域内主导产业开展技术服务，打破了行政区域的约束。区域站对上连接依托县级中心各业务站建立的区域服务团队，对下连接村级农技服务站所，形成了层次分明、构架科学、针对性强、服务便捷高效的农技服务网络（如图4-1所示）。

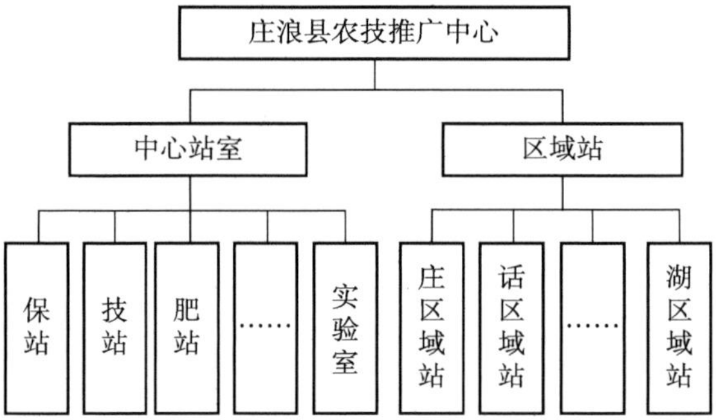

图 4-1 庄浪县农技推广体系架构

（三）特色管理

重点是在“四个一”上下功夫。即一岗多责，县级岗位不仅承担本级岗位职责，还要承担乡、村级岗位职责；不仅要承担本专业职责，还要承担相关专业职责，要求在一个职责上做出业绩。一职多能，一个职位履行技术推广、技术培训、技术咨询、技术指导等多项职能，要求在一项职能上收获成果。一员多点，一个技术员完成多项田间栽培试验，发挥技术样板、成果展示等多项作用，要求在一项试验上取得突破。一人多户，一个专业技术员培养多个科技示范户，培育典型、打造标杆，引领科技发展，要求在一个农户里总结出典型经验。

（四）创新运行

适应新常态下技术创新的规律，推广了针对性强的运行模式。一是抓源头，创新推广了马铃薯脱毒种薯“一分一亩十亩”运行模式。即选择示范户每户提供 1 分地的脱毒原种，次年繁育 1 亩的脱毒原种，第三年繁育 10 亩地一级脱毒种薯，基本满足农户当年对脱毒种薯的需要。二是抓中间，创新推广了先进技术“个、十、百、千、万”运行模式。即 1 项技术，建立 10 个基地，遴选 100 名技术员，培育 1000 个示范户，带动 2 万名农户。三是抓两头，将 12316“三农”服务热线、农技通、农信通等资源整合起来，通过手机、网络、广播、电视和有线喇叭等媒介开展服务，拓宽了信息渠道，丰富了信息内容，加快了传递速度。四是抓推广，组织开展农业技术评价。一方面，组织农民、农资生产者、经销商、专业技术人员等人员对农资进行综合评价，向农民推荐好产品。另一方面，组织专业技术人员对农业技术，在田间进行校验试验，筛选出好的技术，向农民、专业合作社推荐。

（五）高效服务

农业技术服务涵盖了生产的各个领域，贯穿于栽培的各个环节，发挥了大田生产的服务站、技术员作用，为农民种植选品种、教技术、讲收获；发挥了生产过程中病虫测报的前沿哨、侦察兵作用，为生产者测病情、报疫情、教防控；发挥了产品销售的情报站、信息箱作用，为农户传播信息、通报行情、预报趋势；发挥了落实政策的百事通、广播员作用，宣传政策、解答疑难、落实补贴。

二、甘肃省山丹全程全员社会化服务

山丹县位于河西走廊中段，是甘肃省张掖市的东大门，素有“走廊蜂腰”“甘凉咽喉”之称，总面积为 5402 平方千米，海拔在 1550 米至 4441 米，属大陆性高寒半干旱气候，全县辖 8 个乡镇、110 个行政村，共有人口 21.4 万人，其中农村人口 15.3 万人，是甘肃省河西走廊灌溉区的一个农业大县，是甘肃省土地流转较快的县，是全国首批基本实现主要农作物生产全程机械化示范县。山丹县把推进农业全程全员社会化服务作为加快农技推广的重要举措，探索建立公益性推广机构与经营性合作组织联合开展农技推广的全新服务模式。

（一）因地制宜，立足主导产业

紧密结合山丹的生态类型、光热资源和生产条件，发挥比较优势，引导布局产业，打造生产基地。在南部高海拔冷凉区域培育形成了马铃薯种薯繁育和油菜制种产业基地；在中部温寒区域培育形成了马铃薯商品薯、原料，油菜、啤酒大麦产业基地；在北部平川区域培育形成了特色经济作物产业基地。同时，一方面，在整合相关项目加强基础设施建设的基础上，加快农民土地确权，按产业需要适度规模化推进，以适应现代农业发展的需要。另一方面，引导种植大户、专业合作组织等新型经营主体推广先进技术，合理调整内部种植结构，推动形成新的特色产业，搭乘提升规模效益的快车。

（二）因人制宜，突出新型主体

山丹县把加快创新农业经营体系、培育新型农业经营主体作为全面推进现代农业发展的重要举措来抓，促进家庭农场、专业大户、农民合作社、农业产业化龙头企业等新型农业经营主体蓬勃发展。截至 2017 年，全县土地流转面积达到 35 万亩，占二轮土地承包面积的 75%，累计建成各类农民专业合作经济组织 1100 多个（其中：国家级示范社 4 家、省级 23 家、市级 57 家、县级 136 家），建成规模以上农业产业化龙头企业 12 家。一是突出公益性技术指导主体。以县、乡农技推广部门为责任主体，以各类社会化服务组织为服务平台，以农户和市场需求为导向，充分发挥农技部门专业人才分布广、信息量大的优势，加强合作沟通，突出产前、产中、产后全程社会化服务，达到指导农户种、引导农户调、帮助农户销的目的，最大限度让农户增收致富。不断创新机制，积极稳妥地推进农村土地流转和农业经营体制创新，根据新型经营主体的先进组织形式，形成了适宜山丹的四种土地流转模式：①能人带动型。发挥县内能人优势，积极搭建能人创业平台，支持他们与外地客商签订农产品产销合同，在充分尊重农民意愿的基础上，租赁农民土地发展规模化经营，带动土地流转。②企业基地型。发挥加工流通龙头企业的作用，引导龙头企业以“公司+基地+农户”的方式，租赁承包农户土地建立核心原料基地，发展订单农业。③主体经营型。按照“长期流转、股份经营、合作发展”的模式，以农民专业合作社为主导，以农民家庭经营为基础，引导农民以土地入股的方式，加入合作社组织抱团发展，促进土地整村规模经营。④亲友托管型。引导全家外出务工和进城经商的农户，将承包地托付给自己的亲朋和邻居代耕代种，以此形成托管式的土地流转。二是突出专业化灵活服务主体。探索推广“1+N+N”结对服务方式，就是根据全县农业生产特点和主导产业布局划分区域，每个区域确定“1”名专业技术人员，选择有代表性的“N”个新型经营主体，再结对其所在区域内的“N”个种植大户开展技术服务，确保了人员有针对性、专业有针对性、服务有针对性，实现了农资使用规范化，开创了现代农业经营体系的雏形，涌现出了许多先进典型，为种植大户提供了看得见、摸得着的示范学习样板和用得上、价值高的信息及见效快、成本低的优质服务。三是突出经营性综合服务主体。探索推广“公益性技术指导+土地所有者+投资开发商为主的 PPP 模式”和“专业服务公司+合作社+农户”“村集体经济组织+专业化服务队+农户”“涉农企业+专家+农户”等多种服务模式。坚持市场化运作，引导越来越多的龙头企业、农民专业合作社、农村电商组织参与农业生产经营服务，助推农业生产转向产业化、规模化和品牌化经营，促进农业社会化服务供需有效对接，实现农技部门、专业合作社、企业和种植大户的互惠共赢。

（三）因事制宜，紧扣关键节点

紧扣产前、产中、产后三大关键节点，通过项目扶持、示范带动，依托种植大户组织各类专业合作组织开展全程社会化服务。一是紧扣种子供应、新技术落实、示范点建设等关键节点，开展产前服务。充分利用实体店和电商，优质优价地把优良品种、配方专用肥、农药和地膜等统一配送到田，保证农业生产资料合理高效运用。二是紧扣农机操作、田间管理、病虫害防治等关键节点，开展产中服务。突出省工、省时的全程机械化操作，组织农业机械化专业合作社，推广马铃薯施肥、点种、起垄、覆膜、覆土“五位一体机”和油菜覆膜、穴播、覆土“三位一体机”及小麦宽幅匀播播种机等新型农机具，提高了规范化种植水平。突出作物的不同生长节点，组织管理服务专业合作社，开展以平地、旋地、施肥、起垄、覆膜为主的代耕代种、联耕联种种植管理有偿社会化服务，合作组织每亩收取农户 245 元有偿服务费，有效地提高了农业新技术推广速度。突出病虫害防治关键时期，组织植保专业化合作社，开展以统一药剂拌种、统一飞防为主的代防代治、统防统治有偿服务，推广应用的无人植保机每亩防治费用为 8 元，比人工防治每亩 15 元降低成本 7 元。同时突出农药减量控害，采取农技部门、统防统治服务组织、种植大户三级联动服务方式，建立万亩连片农作物病虫害专业化统防统治与绿色防控融合推进示范区。三是紧扣农产品销售、储藏等关键节点，开展产后服务。突出电商速度快、成本低、信息广等特点，协调加工、储藏、运销专业合作组织，发挥多年来与上好佳、达利园等国内知名企业建立合作关系的优势，统一开展农产品分类包装及调运销售等有偿服务，积极探索“企业+基地+网店”或“协会+基地（合作社）+网店”的农村电子商务模式，全县注册电子商务公司 38 家，个人网点 186 个，微店 300 多个，延伸了产业链条，提高了产品附加值。

（四）因类制宜，区域整体推进

根据不同类区主导产业、社会化服务的内容、推广技术的先进程度以及农民的接受程度，围绕新型经营主体，建立技术团队，落实技术措施，实行区域整体推进。一是农机专业化服务等重点技术措施实行整区域推进。以马铃薯高垄机械栽培、马铃薯机械收获、油菜机械覆膜为主推技术，以农机专业合作社为服务主体，强化农机更新换代，实践完善机播、机管、机收与农艺技术融合，实现整区域推进，马铃薯机械播种、机械收获和油菜机械覆膜率均达到100%。二是测土配方施肥等通用性技术实行整县推进。深入开展农企对接行动，努力创新配方肥推广模式，积极调动3个测土配肥智能化服务中心、8个“一屏一机”配方肥掺混示范门店及48个村级配方肥供应网点的积极性，引导企业生产销售配方肥，鼓励农民施用配方肥。大力推广“一条龙”“智能化掺混”服务模式，服务一家一户的“一袋子”、“一屏一机”、按卡自购自配辅助配方肥推广模式，实现整县覆盖。三是农作物药剂浸（拌）种及病虫害综合防控等实用技术实行整乡推进。以植保社会化服务组织为主体，以不同类区主导作物的药剂浸（拌）种技术为主要内容，实现了整乡推进，种子药剂浸（拌）种率达到了75%，农作物病虫害统防统治面积达到了50%左右。四是绿色高产高效创建组装技术及农资供应、订单签订等措施实行整村推进。在马铃薯、油菜等作物种植区域，围绕“一控、两减、三基本”的目标，采用垄作栽培、增施有机肥、覆盖降解膜与秸秆、悬挂频振式杀虫灯及黏虫板“五位一体”的绿色高产高效技术，实现了绿色高产高效创建技术整村推进。通过加强农业经营主体与种植大户之间的联系，广泛签订购销合同，实行了整村推进。在合作社的示范带动下，全县发展订单农业35万亩，有2.6万多个农民转变为农业产业化工人。

（五）因效制宜，全程全员服务

按照“做什么、谁来做、怎么做、做到什么程度”的要求，制定各个环节的服务标准，做到点面结合、全程贯通，形成“部门全、类型全、专业全”的农业全程服务模式。一是实施“三点工作法”。即农技中心定点，业务团队建点，技术人员蹲点。农技中心围绕项目实施、技术推广、科研攻关等确定示范基点；业务团队根据各股室、各区域站功能特点，发挥团队作用，通过单位自建，与新型农业经营主体合建等方式，建成一批特色鲜明、技术可复制推广、能够代表行业先进水平的示范基点；技术人员深入一线驻点，推广农业实用技术，落实各项试验示范，把握关键节点，学习工作方法，提高解决实际问题的能力，达到接地气、受锻炼、学技能、强本领的目的。二是实施农资服务多元化模式。充分发挥年生产能力2万吨配方肥加工企业和智能化配肥服务中心作用，结合配方肥销售服务网点、App农技一点通和施肥宝等智能化服务手段，做到配方施肥及作物管理的个性化服务。通过先进完善的多元化服务模式，促进农业生产标准化、服务专业化、经营集约化。三是建立农业全程社会化服务效益评价机制。成立农业经营效益评价裁定小组，实行“服务组织申报、农户确认、监管小组核实”制度，在各个生产环节，选派农技人员认真检查核实作业面积、作业质量，每完成一项作业任务，须有全程服务合作社、服务对象、评价裁定小组三方签字认可，最后，组织专家测产评价，客观全面地反映服务质量和成效，确保各项增产增收措施落到实处。

三、陕西省蒲城县构建农技推广新网络体系

蒲城县地处陕西省关中平原东北部，属渭南市管辖。下辖 14 镇 275 个行政村，总人口为 80 万人，其中农业人口为 65 万人，为陕西第二人口大县。东西长为 52.8 千米，南北宽为 47 千米，总面积为 1585 平方千米，总耕地面积为 156 万亩，为渭南市第一农业大县。常年小麦播种面积 90 万亩左右，复种玉米面积 50 万亩左右；现有果林面积 50 万亩左右，设施瓜菜面积 15 万亩左右，是全国 100 个优质小麦生产基地县之一，也被农业部命名为“中国酥梨之乡”。2016 年，第一、第二、第三产业比例为 20 ∶ 41 ∶ 39，农业总产值为 48 亿元，农民人均纯收入为 3585 元。截至 2018 年底，全县拥有国家、省、市级龙头企业 41 家，注册农民专业合作社 1116 家，认定家庭农场 165 家（其中市级示范家庭农场 30 家），累计创建国家级示范社 8 个，省级百强社 2 个，省级示范社 8 个。初步形成了以合作经济组织为纽带、龙头企业为骨干、集体经济组织和其他各类农村社会化服务组织为支撑、多种生产经营主体共存的农业经营新格局。

在农技推广方面，面对市场经济的不断深入发展、农业机械化程度的提高，新品种、新化肥、新农药、新设施的加快推出，蒲城县通过创新机制，整合资源，重建组织，积极探索技术服务新方式，初步建成了以县农技中心为核心，以农业新技术试验示范基地为依托，以新型农业经营主体联合会和村级工作站为阵地，以合作社、种植大户、家庭农场及农业科技示范户为主要服务对象，辐射带动广大农民的农技推广新网络体系。这种新型网络，和传统的县、乡、村三级农技推广体系相比，不论是从组建方式、运行机制，还是从工作内容、运行效率上讲，都有本质区别。这一新型农技推广组织的建立，为加速农业技术尽快转化为现实生产力提供了有力的组织保障。主要做法如下：

（一）建立农业新技术试验示范基地

从 2011 年开始，蒲城县农技中心与蒲城县桥陵创意农业发展有限公司合

作，在其生产基地建立了农业新技术试验示范基地，按照“公司经营，中心技术支持，试验用地和劳务中心出资，示范中心补贴，产品公司所有”的模式运作。该基地选址于县中西部的桥陵镇桥陵路中段，交通便利，人流量大，具有示范区位优势。占地面积 300 余亩，是县级农业新技术试验示范核心基地，承载着县农技中心林果、设施作物、花卉、大田作物的新技术试验和示范职能。现有温室大棚 20 座，现代化冷棚 40 亩，果园 160 亩，有花卉苗木 40 亩。近几年引进、试验、示范、应用了多方面先进技术，对于促进当地相关产业的可持续发展、促进农民增收起到了积极的作用。2016 年 8 月，市农技中心和蒲城县农业局合作，在县东部椿林镇汉村又建立了一个占地 300 亩的农业新技术综合试验示范基地，工作涉及品种选育、新作物示范、水肥技术研究与示范、病虫绿色防控技术研究与示范、新设施示范等方面。

（二）建立村级工作站

2014 年，面对农业生产新形势，蒲城县总结出提高农民的组织化程度是搞好农技推广工作的最有效措施之一，为此决定在全县范围内组建蒲城县农技中心村级工作站。通过村级工作站，强化基层农技推广力量，重点服务种植大户、家庭农场、农民专业合作社和农业科技示范户，辐射带动广大农民。村级工作站设站长、副站长各一名，县农技中心指派技术指导员 1 名。村级工作站站长由各业务站确定，副站长由站长指定。同时，对站长的遴选办法和体系的维护方法做了相关规定。目前，有村级工作站 340 个，基本覆盖全县所有行政村。每个村级工作站遴选科技示范户 5 个，每户辐射带动普通农户 10 个。对于每个村级工作站，要求有自己的生产示范园，县农技中心给予其一定工作经费或农资等方面的支持。以村级站为依托，将村里的能人、热心人组织起来，村村建服务站点，除了示范推广技术，还作为基础数据采集等工作的基本队伍。

工作站主要职能：一是抓好基地建设，长期稳定做好新技术的试验示范和培训，发挥公益性职能；二是抓好引领扶持，推动成立并多方扶持新型经营主体联合会，有效组织带动引领新型经营主体发展；三是抓好组织创新，将村里的能人、热心人组织起来，村村建服务站点，除了示范推广技术，还作为基础数据采集等工作的基本队伍；四是抓好职能拓展，不仅推广产中技术、品种等，还拓展到新型经营主体的服务、技术指导、拓展到产后品牌打造和电商平台对接；五是抓好平台共享，将试验示范基地和联合体共建共管，既节省成本，也提高管理效能。通过村级工作站，测土配方施肥、水肥一体化、土壤有机质提升、盐碱地改良、小麦玉米新品种等各项技术推广工作，均迅速得到了落实，对于推动科学技术转化为现实生产力起到了积极作用。

（三）聘用村级农民技术员

在各个项目区聘请有文化、懂技术、科学意识强、热爱农业技术推广、在当地有号召力的农民，作为村级农民技术协理员，协助农技推广机构搞好本村的项目实施工作。协理员既是技术措施的宣传员、示范员、指导员，又是组织监督员，有效解决了农技推广"最后一公里"问题。

（四）建立新型农业经营主体联合会

近几年，种植大户、家庭农场等新型农业经营主体规模不断发展，他们对农业技术关注度极高，素质较强。为了帮助他们克服各自为战、缺乏有效的信息技术供给等不足，解决其在作物布局、种植管理、市场销售等方面的巨大困难，引导其健康发展，在蒲城农技中心的主导下，全县 80 多个种植大户、家庭农场以及专业合作社于 2016 年 11 月 24 日成立了蒲城县新型农业经营主体联合会（以下简称"联合会"），将联合会秘书处的办公室设在农业局。联合会重点解决单个合作社、种植大户、家庭农场解决不了和解决不好的问题，铸造蒲城农业发展的"火车头"，打造富有蒲城特色的优质品牌和优质农产品生产基地。针对联合会成员产品滞销等困难，联合相关媒体组织开展"西瓜节"、桑葚采摘等活动，为成员解决销售困难，取得很好效果。县农技中心邀请省内外知名专家教授，对联合会成员开展各种栽培、修剪、水肥一体化等技术现场培训活动。同时还组织成员参加国际农产品标准及基地建设标准、全国智慧大农业"千县万企"等全国性的大型活动，不仅开阔了成员视野，还提高了其质量意识和商品意识。

（五）成立"互联网+农业"电商平台

农产品销售是拉动优质农产品生产和农业技术普及应用的"火车头"，没有这个"火车头"，优质农产品生产和农业技术普及应用就没有动力。为此，蒲城县在指导联合会组织传统超市销售、店面销售的基础上，积极引导他们进行社区销售，并建立电商平台进行网上销售，主动打造农业发展新引擎。目前，已建立电商平台销售通道 3 个，组织相关工作人员 96 名，年销售各类农产品 3000 余吨。

通过打造以县农技中心为核心，以农业新技术试验示范基地为依托，以新型农业经营主体联合会和村级工作站为阵地，以合作社、种植大户、家庭农场及农业科技示范户为主要服务对象，以广大农民为辐射带动对象新的农技推广网络体系，积极构建技术推广、优质农产品基地建设、新型销售“三位一体”模式，促进了蒲城县农业新业态、新模式、新产业的形成，发现了现代农业技术转化为现实生产力的新路径、新方法，实现了全县的农业技术推广事业的进一步发展。

四、山西临猗基层农技推广体系建设

临猗县是山西省农业大县，辖 14 个乡镇，375 个行政村，总人口有 57 万人，其中农业人口为 50 万人。全县耕地 150 万亩，是“林果粮棉”多元并举的农业大县。全县建有 14 个乡镇农技推广站，核定编制 21 人，人员工资由财政全额发放，人员编制、业务管理、工资和业务经费归县农委统管。目前，全县建成了“县农委+乡镇站+村科技示范户”三级公益性基层推广体系，并以公益性农技推广队伍为主导，科研教学、社会团体、农资企业、社会化组织广泛参与合作的推广模式。

（1）以县级农技推广机构为支撑，以行业协会为龙头，以社会化组织为平台，以技术服务为保证，加快了新技术、新品种、新成果的推广速度。

（2）大力支持农业专业合作社发展。县级农业部门为其组织产业化开发提供技术、资金、物质、信息保障，向农业专业合作社派出专家，帮助他们进行技术培训和调整优化产业结构。

（3）与农业社团、农资企业合作。联合举办科技下乡活动，帮助企业规划建设农产品质量安全生产基地。以嵋阳镇安绿农资嵋阳淑玲连锁店为服务窗口，采取技术和物资联合下乡，将新型农资产品，经过农技部门试验示范成功后，在农技部门指导、监督下，由农资企业以优惠价格提供给农民使用。

五、山西省林泽县鸭暖镇基层农技推广体系建设

林泽县鸭暖镇辖 11 个行政村，有 103 个合作社，5793 户，20046 人，有耕地 7.9 万亩。全镇着力建设万亩精品玉米种子、万亩精品瓜菜制种、万亩优质高原夏菜、万亩甜叶菊加工、万头（只）优质牛羊养殖、万亩特色林果产品六大基地。为加强农业工作力量，壮大队伍，整合农技站、林业站、农机安监站工作人员，成立了镇农业综合服务中心，为全镇农业发展提供技术

支撑。为提高基层农技推广体系服务水平，该镇强化管理，努力创新。

（1）创新基层农技推广体系管理制度。在工作中，建立了工作考评、人员竞聘、推广责任、人员培训等工作制度，规范农技推广工作。

（2）创新农技推广的方式方法。根据该镇东西两片地域面积大、耕地分散、技术服务点多，线长面广的特点，在推广方式方法上突出了五个“1+1”活动，即每年办好1个科技示范村，1名工作人员联系1个村，每名科技示范户辐射带动农户20户，每户有1份技术明白纸。建立了“农技人员+示范户+农户”“农技人员+基地+农户”“农业科技示范点+农户”等推广方式。每名工作人员撰写1篇有价值的调研报告或技术报告，不断提高基层农技推广部门的自身地位和服务能力。

（3）创新服务载体。借助实施农村劳动力转移“阳光工程”“农业科技入户工程”等项目，发展科技示范户78户。采取建档分类、提供发展信息、帮助规范经营、项目扶持等多种形式，培育绿野蔬菜种植专业合作社、金地富民种植专业合作社等农业新型经营主体14个，使其快速发展壮大。目前，全镇已实现村有农业技术指导员、社有农业科技管理员、户有农业科技明白人的目标，测土配方施肥、高原夏菜复种、多层膜覆盖增温、农作物病虫害综合防治等技术得到推广运用。

六、任丘市农业局农技推广机制创新

按照方便农民、利于业务指导、有效管理和公益性职能履行的原则，任丘市农业局设立市级推广机构7个，落实人员编制110人；建立区域站9个，落实人员编制145人。其中，专业技术人员204人，占总人数的80%。任丘市针对新型农业经营主体和职业农民，主要开展了以下服务方式：

（1）5+20服务。在全市筛选出5个规模较大，效益较好，组织管理先进的新型农业经营主体进行重点扶持和建设。由市级农技推广机构负责提供全包服务，整合相关业务项目向新型农业经营主体倾斜，打造全市农技服务的“领头羊”，真正发挥典型示范引领作用。每个经营主体示范辐射周边10个以上新型经营主体发展。在全市建设20个试验示范基地。每个基层站在辖区内建设2~3个面积在20~100亩的试验示范基地，区域站与主体共建共管，土地由新型农业经营主体提供，基层站负责从整地、选种、播种、管理、收获的全程技术服务，新型主体按照要求提供生产资料和农机具等配套服务，双方协作，共同打造成展示新品种、新技术的试验示范基地。

（2）“1+N”服务。由一名农技人员结对多个新型农业经营主体或种植大户。根据每个技术干部的专业特长、服务能力、农民认可度，确定一个或多个新型经营主体或种植大户进行结对服务。在“1+N”服务模式中，着重在“1”字上做文章，注重提高每名农技人员的业务素质和服务能力。目前，已经有 60 名农技骨干与 144 家新型经营主体进行结对，自由结对、双向选择，确定服务关系。

（3）“1+1+5”信息化服务。为做到技术推广与农民实际需求的“双向互动”，任丘市推广站通过整合各项资源，建成“1+1+5”的服务模式，即依托一个智慧农业云平台工作室，组成一支专家团队，整合河北农技云平台系统，远程“农业专家远程视频诊断系统”，“2238000”热线电话，“三农”彩信平台，微信公众号和微信群等五个信息系统，打造现代农业信息化服务方式。

七、河北省隆化县农业局农技推广“五个结合”

为实现“三年稳定脱贫”目标，助力全县脱贫攻坚工作，隆化县农业局立足农技推广服务工作，以“五个结合”方式创新“一主多元”协同开展服务的新机制，涌现出一批可复制、可推广的典型。

（1）与新型经营主体结合。采取“农技推广机构+公司+基地”的模式，每个农业技术推广机构都要结合各自工作实际，选择一个新型经营主体，围绕主导产业，共同建设 1～2 个试验示范基地，新型经营主体负责投资、投劳、提供场地，而农技推广机构无偿负责全程技术跟踪指导服务，集成推广新技术、新模式。

2017 年，全县共建立试验示范基地 36 个。县农业技术推广站与白虎沟区域站，依托承德畅隆中药材有限公司，在步古沟、西阿超、碱房 3 个乡镇创建万亩中药材园区，通过桔梗机械化种植、柴胡套种玉米、枸杞矮化栽培、黄花高产栽培等技术推广，有效推进该县中药材产业稳步发展。

汤头沟区域站与隆化穗丰家庭农场合作，建立了功能（富硒）水稻试验示范基地 500 亩。在农技推广人员指导和帮助下，农场示范种植“长选 12”“长选 14”“松辽 6 号”“稻花香 4 号”等新品种 14 个，重点推广水稻新品种选育及高产栽培技术、绿色水稻标准化生产、测土配方施肥、有害生物绿色防控、旱稻稀植技术、机械化作业、无纺布育秧等实用技术 8 项。农场承担着市县两级农业部门的水稻节水灌溉、有机水稻示范、功能（富硒）水稻研发等项目。通过基地建设，增强农技推广人员的责任感，有效促进新型经营主体进行技术革新。

（2）与科研单位结合。采取“科研单位+农技推广机构+基地”的模式，各农技推广机构通过与省农业厅、中国农大、中国农科院、河北农大、中国电信等科研院校和企业合作，建立科研示范基地及信息化平台，将先进的实用技术进行集成推广，广泛开展多元化推广服务，有效促进科技成果转化。

郭家屯、汤头沟区域站与中国农大联合建设地膜水稻栽培、牧草混播种植、承德市春玉米展示、旱作农业“水肥一体化”等科研示范基地。张三营区域站与植保站依托恒通种养殖专业合作社，与承德市农牧局植保站、蔬菜站，北京市植保站，河北省植保站合作在张三营镇建设200亩设施蔬菜技术集成科研示范基地，集成示范推广科研单位推荐的黄腐酸有机肥、“两网一膜”及辣根素病虫害生物防治、全膜覆盖、熊蜂授粉、新型臭氧发生器病害预防等技术。韩麻营区域站与承德市农林科学院在中关镇建立占地500亩的现代农业科技创新基地，进行特色作物优良品种选育与推广。

（3）与社会化服务组织结合。采取“农技推广机构+社会化服务组织+新型经营主体”的模式，各基层农技推广机构结合各自的优势，与社会化服务组织相结合，有效解决推广力量小与推广对象多的矛盾。采取以技术示范为前提、以社会化服务组织为载体，将技术服务与农资经营有机融合，既达到技术推广服务多元化的目的，又实现生产者和服务组织利益互盈，还促进农户对技术的应用。

汤头沟区域站协调6家农资经销企业与42家种养殖大户及新型经营主体建立生产合作，在供种、价格、技术、管理及产品销售上实行“五统一”。郭家屯区域站与隆化双滦汇农技合作社在玉米主产区开展耕、种、收全程机械化托管服务。

（4）与市场营销结合。采取“公司+基地+市场”的模式，各农技推广机构积极与北京新发地和天津金钟两个农产品批发市场对接，签订隆化县蔬菜销售对接协议，分别在批发市场内建立“承德·隆化”特色蔬菜销售专区，主打“隆化越夏西红柿”单品品牌。同时，积极协助北京百宝源公司、陕西海升集团、山西好乐公司在该县建设草莓生产加工基地，天津硕盈集团建设番茄生产基地，天地壹号公司、迁安市养殖企业到该县兴建生猪标准化养殖基地，北京“京顺兴”公司肉牛出口基地项目落户该县，与迁安市农牧局合作山楂、树莓等产品深加工。农技推广机构按照公司要求、市场需求及“三品一标”技术规程对各生产基地进行严格管理，确保达到产品加工、市场销售的质量标准，用市场要求倒逼新技术应用与推广。

（5）与帮扶队伍结合。采取“技术联络员+驻村工作组+贫困村”的模式，将农技推广工作与农业产业扶贫工作紧密结合，全面推行“一村一员一册”产业精准对接机制，即一个贫困村派驻一名帮扶联络员，建立一本《隆化县农业产业精准脱贫帮扶手册》，从全系统选调出152名农牧技术骨干，其中基层区域站86名，负责包保全县152个贫困村（含2016年出列的村），积极与各驻村工作组紧密联系，建立完善上连专家、项目，下接产业、贫困户的整体联动机制。韩麻营区域站与国家环保部驻中关镇三家村工作组合作，建设有机蔬菜基地400亩，与承德宽广超市对接，实行订单生产销售。白虎沟区域站依托河北省教育考试院驻白虎沟乡泉眼沟村工作组，建设高标准设施蔬菜冷棚52栋，带动贫困户42户，贫困人口131人发展设施蔬菜产业。

八、河北省固安县农业局引导社会化组织开展农技推广

固安县农业局与河北省农业产业化重点龙头企业积极沟通并达成共识，建立了公益性推广机构和企业协调配合、资源共享的推广模式，取得较好的效果。

（1）资源共享。一是培训场地共享。政府农技推广部门利用公司160平方米的多功能大厅举办多场大型农民专题培训班。二是试验示范基地共享。公司拥有自主产权的150亩试验示范基地，五年来为省、市、县承担玉米、小麦新品种引种试验（品种）386个，新品种、新技术示范60多次，组织农民参观近百场次。三是化验设备设施共享。在政府部门的大力支持下，公司建立了种子检验、测土配方施肥化验室，面积达200多平方米，有技术员、检验员、化验员6名。几年来，承担了土壤普查任务、化验土样近万个。四是人才共享。政府农业部门招聘的大学生到公司进行实习和锻炼。

（2）农技下乡。农业局还发挥企业资金、场地的优势，聘请老农艺师、工程师组成“农业科技报告团”，编写《科技小报》印发给农民，录制电视节目《绿园田地》，为农民提供技术培训。

（3）以点带面，促进产业链形成。以农资企业为切入点，引导农资企业与技术推广、种子企业、面粉加工企业和广大农民实施产业间的有机结合。小麦新品种“石优20”是固安县于2012年从石家庄农科院引进并进行主推品种之一。在推广中，县农业局与企业联手，采取“六统一”的推广模式，即统一供种、统一供肥、统一技术指导、统一病虫害防治、统一产品回收、统

一收购价格。采取了抓重点乡镇、重点村街、种粮大户和重点基层点的措施，形成上下联动、层层把关的工作机制，做到了区域化种植、规模化生产。打造出了以优良籽种为核心、以科技推广为支撑、以农资供应为保证、以订单加工为带动、广大农民积极参与的“石优 20”优质小麦产业链。

九、农技服务中心发展和农技人员创新创业有机融合模式

2006 年，湖北省在全国率先推进乡镇综合配套改革，实行“两转一推”以钱养事新机制。随州市唐县镇农技站改为农技服务中心，改革成为民办非企业中介服务组织，公益性服务岗位保留 7 人，其他人员按政策要求通过处置固定资产全部买断。农技站改制后，农技人员生存与发展面临挑战。中心主任刘克文带领 7 位农技人员，不等不靠，确定公益性职能与经营性服务融合发展的思路，将公益性技术推广与增值服务结合，壮大了农业技术服务中心的同时，推动了当地马铃薯产业发展。

1. 具体做法

（1）主动出击，打开农技推广工作新局面。围绕唐县镇马铃薯产业，刘克文带领中心同志远赴东北，组织调回薯种，开展马铃薯栽培技术的试验示范和推广工作。依托省农业厅、华中农业大学、省农科院等单位技术力量，围绕水稻、马铃薯等开展新品种区域、农药肥料、栽培模式、机械化生产等 10 余项试验示范工作，总结并推广了“深沟、高垄、全覆膜”马铃薯配套高产高效栽培技术，解决了鄂北地区春马铃薯种植成功率低的关键技术问题。“深沟高垄全覆膜技术”为全省首创，居全国领先水平。该技术荣获 2009 年度随州市科技进步奖一等奖，荣获 2017 年度湖北省科技成果推广奖二等奖，并被正式批准为湖北省早熟马铃薯生产地方标准（DB42/T 948—2014）。

（2）依托公益性服务平台，拓宽服务和创业渠道。为支持农技服务中心的建设和发展，刘克文以农技服务中心为平台，围绕马铃薯特色产业，领头创办了随县马铃薯专业技术协会、随州市汉东玥马铃薯专业合作社、随州市汉东玥农业科技公司，并创办了随县马铃薯科普惠农服务站、随县农业科技示范园、随州市农产品保鲜贮藏加工厂等经营性服务组织。合作社以“合作社+基地+农户+标准化”方式，贯彻落实统一规划布局、统一栽培技术、统一投入品配送、统一产品标准、统一销售秩序，推动当地马铃薯无公害、标准化生产。

（3）立足本职岗位，树立党员先锋形象。农技服务中心针对杂交中稻、马铃薯、玉米等当地种植业生产，为农民提供技术指导、机械服务、种子种苗、专用肥料、种薯储藏等服务。中心还成立了党支部和协会党支部，创建并发展了“支部+协会+基地+生产标准”的党建工作模式，形成了“支部引领、协会服务、党员带动、能人运作、产业支撑、农民致富”的良好工作格局。

2. 主要成效

（1）壮大了农技服务中心规模。经过近10年的奋斗和发展，唐县农技推广中心业务能力和经济实力持续增强。刘克文从一名普通农技员晋升为正高级农艺师，当选为中国马铃薯专业委员会委员、湖北省马铃薯专家，先后荣获农业部农牧渔业丰收奖一等奖、省政府科技进步奖二等奖、随州市科技进步奖一等奖；随州市感动三农人物、随州市杰出科技人才及中华神内基金农技推广奖等多种奖项。目前，中心办公场所占地面积33600平方米、建筑面积6880平方米，购置机械设备2110余台套，拥有固定资产1066万元。先后获得了全省农业技术推广先进单位、全省模范试验示范基地、全国农民专业合作社示范社、全国科普惠农兴村先进单位、中国优秀农民专业合作社、随州市星级农民专业协会、全市先进基层党组织等荣誉称号。

（2）推进了马铃薯产业发展。在刘克文带领下，农技服务中心完成了农业部无公害农产品认证，并正在申报绿色食品，“汉东玥”马铃薯也荣获了湖北省名牌产品称号。2009年以来，农业部连续六年在随县唐县镇召开全国南方春马铃薯现场会。2012年，中央电视台新闻频道对合作社生产基地的马铃薯收获情况进行了现场直播，引起各地广泛关注。马铃薯产业已初步形成为当地农民精准脱贫、增收致富的支柱性产业。

（3）提升了农技人员科学素养。10多年来，唐县农技服务中心先后承担了农业部马铃薯高产创建、小麦高产创建、农作物轻简栽培、测土配方施肥工程、无公害农产品生产、病虫害综合防治工程等20多个项目。2013年，中心创办的千亩高产示范片，通过农业部专家验收，取得亩产4451.9公斤的好成绩，刷新了湖北省马铃薯单产新纪录。马铃薯“深沟高垄全覆膜技术”在随州及湖北连续推广六年，累计推广面积60万余亩，为农民增收10亿余元。中心农技人员编写了《马铃薯生产与经营》《马铃薯的繁种与栽培技术》等科技丛书，在国内学术刊物上发表了《唐县镇土豆生产现状与分析》《平原丘陵马铃薯高产高效栽培技术》《随州市春马铃薯不同种植模式分析》等20多篇论文。

十、宁夏政府主导全域推动农业社会化综合服务

为创新和探索建立覆盖全程、综合配套、便捷高效的农业社会化综合服务模式，宁夏农牧厅在2015年先期试点建设8家农业社会化综合服务站的基础上，2016年按照“政府引导、主体多元、资源互补、便民高效”的原则，通过采取政策创设、项目资金扶持、加大技术指导、强化监督考核及宣传引导等措施，建设农业社会化综合服务站40个，初步建立起我区农业社会化综合服务站体系，为促进农业增产增效、农民增收，推进“一特三高”现代农业发展发挥了重要的作用。

1. 主要做法

（1）加强政策创设，规范引导服务站建设。做好政府顶层设计，加强规范引导，加大政策资金扶持，引导农业社会化综合服务站通过市场化运作，实现健康稳定可持续运营，才能让农业社会化综合服务站更持久地发挥效力。2015年底，宁夏农牧厅制定印发了《创新农业社会化服务 发展综合服务组织的意见》，明确提出以种植业领域为主，开展农业技术社会化综合服务站建设试点。2016年以来，在全区产业集中区选择特色产业优势突出、示范带动效果好、交通便利的乡（村），依托农机作业公司、农资销售公司、农业龙头企业、农民专业合作社、专业大户、乡镇农技服务中心，整合服务资源，采用改建、扩建等方式，充实服务内容，引导和支持建成农资服务引领型、农机服务引领型、技术服务引领型、加工流通服务引领型、融合发展服务引领型的农业社会化综合站40个，加快了我区新型农业社会化综合服务组织建设进度。

（2）加大项目资金扶持力度，激发服务站建设积极性。采取加大政策扶持、整合项目资金等措施，支持农业综合服务站购买测土配肥机，建设田间学校，完善农机作业公司基础设施，发挥“四两拨千斤”的激励功效。2016年以来，协调整合现代农业产业园建设、龙头企业带动产业融合发展、粮食（蔬菜）绿色高产高效创建、盐碱地农艺改良、一二三产业融合示范、种业提升工程、绿色循环农业、测土配方施肥、病虫害统防统治、农机农艺融合示范园区、农民田间学校建设等农业项目资金2800多万元，通过采取直补、实

物租赁、担保、贴息、保险、基金等多种方式，支持农业社会化综合服务站建设。同时，开展星级农业社会化服务站创建，重点对达到二星级、三星级，且稳定为农户提供服务的，以“后补助”方式给予支持。2017 年，中央财政针对农业生产发展等项目，首次安排农业社会化综合服务资金 500 万元，对建成三星级服务站（6 个）每个补助 30 万元；二星级服务站（16 个）每个补助 20 万元。

（3）突出公益服务和企业引领相结合，进一步健全服务体系。充分发挥自治区“两组一会”、农科院、农技推广等公益性人才队伍优势，加快推进公益性农技推广服务体系和经营性服务体系融合试点。按照“身份有别、目标相同”的要求，采取派驻人员、挂职服务、共建载体、购买服务等途径推进融合。2016 年，服务站依托农技推广单位，聘请 120 名专家和技术人员开展技术指导；组织自治区“两组一会”和科研院所专家 43 人驻站“坐诊”开展技术咨询服务，破解了服务站技术瓶颈问题。贺兰、永宁等服务站聘请技术人员开展全程技术承包服务，签订有偿服务协议，实现了公益性技术推广与微利性有偿服务相结合，达到技术人员、服务站双赢的目的。

（4）强化监督考核，保障服务站建设质量。在运行管理机制上，严格“八有”标准，即“服务有合同、作业有标准、人员有培训、过程有记录、产品有监管、质量有保证、效果有考评、能力有提升”，实行“五制”管理，即服务站主体申报制、服务标准公示制、服务绩效考核制、服务满意度测评制、评星定级推荐制，使服务站建设逐步走上了规范化建设轨道。2016 年，全区通过考核验收和星级认定的服务站达到 40 个，其中：二星级 6 个、一星级 15 个、挂牌的 19 个，基本覆盖了全区各市县区，初步形成了以新型农业社会化服务主体为依托、公共服务机构为支撑，经营性服务和公益性服务相结合、专项服务和综合服务相协调的新型农业社会化服务体系；2016 年自治区挂牌成立的服务站在 2017 年 7 月底前全面完成工商法人注册登记。实行末位淘汰制的动态管理，对服务能力不强、群众满意度差的降星摘牌，对服务和带动能力强、群众满意度高的评星升级。

（5）强化宣传引导，扩大服务站建设的影响力。充分利用广播、电视、现场会等方式，推广农业社会化服务组织典型经验、典型做法、典型成效，带动全区农业社会化综合服务站创建工作。农牧厅分别于 2016 年 11 月和 2017 年 6 月组织召开《全区农业社会化综合服务现场推进培训会》和《全区农业社会化综合服务站能力提升培训会》，观摩了多家典型农业社会化综合服务站，对2016年考核认定的40家农业社会化综合服务站进行现场授牌，邀请农业部专家来宁开展培训，组织全区农业社会化综合服务站负责人培训交流创建做法和经验。邀请宁夏电视台、《宁夏日报》等新闻媒体记者参加会议，制作了《宁夏农业社会化综合服务站10大典型》宣传片和画册，并在各类媒体宣传播放，营造了良好舆论氛围。

2. 取得的成效

全区农业社会化综合服务站通过开展技术指导、农资超市、测土配方、统防统治、农机作业、信息服务等“一站式”社会化服务，提高了农业生产效率，降低了投入成本，自身服务能力得到加强，示范带动效果明显。

（1）新型农业社会化服务体系初具雏形。考核认定的40个服务站，以企业引领的有28个，公益服务的6个、企业引领和公益服务相结合的6个；从事优质粮食产业社会化服务的28个，从事蔬菜产业社会化服务的12个；以测土配肥、植保和新技术推广服务组织引领创建的19个，依托龙头企业创建的6个，依托农机作业公司创建的9个，依托农资公司创建的6个。基本覆盖了全区各市县区，初步形成了以新型农业社会化服务主体为依托、公共服务机构为支撑，经营性服务和公益性服务相结合、专项服务和综合服务相协调的新型农业社会化服务体系。

（2）服务站基础设施逐步完善。积极整合测土配肥机、田间学校、农机作业公司、农业信息化建设等项目资金，支持各服务站依托现有场地设施，通过改建扩建新建，配套机具库棚、农资超市、培训教室、冷藏设施、田间市场、产品展厅，购置耕整地、育苗、播种、植保、收获、烘干等农机装备；配套物联网、农产品质量检测、电子商务、益农信息等服务手段，基础设施逐步完善。

（3）服务功能进一步拓展。服务功能以技术指导、农资供应、测土配肥、统防统治、农机作业、信息服务“六项功能”为基础，向土地托管、金融服务、电子商务、市场营销、休闲观光、创意农业等领域拓展，实现了从单一公共服务向多种社会力量相补充转变，从生产领域向全要素延伸、一二三产业融合转变，从常规服务向个性化、专业化服务转变，初步形成了服务主体“多层次”、服务内容“多元化”、服务机制“多样化”的新格局。

（4）服务能力稳步提升。积极推广合作式、订单式、托管式、全程式服务，服务面积逐步扩大，降本增效成效明显。2016年，各服务站服务总面积达到57万亩，可实现水稻每亩降本增效106元、玉米每亩降本增效83元、蔬菜每亩降本增效156元；小麦、水稻机械化率均达到100%，玉米达到78%，马铃薯达到43%；配方施肥应用率达到100%，统防统治率达到50%。

十一、江苏省射阳县政府购买全程社会化服务

射阳县采取政府购买服务方式，重点扶持在粮食生产社会化服务中，技术难度高，单个农户做不了的育供插秧、烘干储藏、粮食加工、基础设施配套及统一病虫防治、公共信息平台服务等环节，开展全产业链一体化服务。

1. 主要做法

（1）引导规模经营。县成立联耕联种专门工作机构，通过召开村组干部会、党员代表会、农民田头现场说明会，做到联耕联种家喻户晓、人人皆知，由于降本增效、省工省力得到了参与农民的一致认可，推广面积呈跳跃式发展，2013年全县推广面积为8.4万亩、2014年为50.6万亩、2015年为70万亩、2016年达到100万亩。

（2）聚焦政策扶持。县政府对县内新建排名前10位的社会化服务组织给予每家3万元奖励；巧用非普惠制农业项目，对水稻集中育供秧基地，按照服务面积，无偿提供一定数量的秧盘、无纺布等育秧材料；对小麦“一喷三防”，由专业化服务组织实施统防统治的药剂补助全覆盖；对秸秆机械化全量还田，夏、秋两季分别按照25元每亩补贴到农机合作组织或农机手；对机插秧的田块给予30元每亩作业补助。

（3）部门合力培植。农业部门从植保、农机等单位抽调100名农技骨干组成科技联合团队，挂钩到新建的各类社会化服务组织；工商、国土部门在经营执照、土地使用等方面，主动帮其对接相关审批部门，提高办理效率。

2. 推进方法

社会化服务组织是建立在以营利为目的基础上，往往为了自身的利益相互竞争，给农业生产经营秩序带来一定的混乱。实行政府购买服务后，就形成了准入门槛，在推进过程中，主要抓好三条：一是组建社会化服务组织。在农机大户或退职村组干部中选择有实力、懂经营、善管理的人担任各类服务组织的理事长，把分散的农业机械集中起来，再根据生产经营需要和经济效益，适当购置需要配套的机械。二是不断规范社会化服务组织运营。按照市场经济规律，由第三方村“两委”监督，实行契约式服务，统一安排作业、

统一作业标准、统一作业收费、统一分配收入。三是逐步扶持社会化服务组织发展。帮助社会化服务组织解决在产、供、销等环节中的问题，向服务组织提供县内外农机作业调剂，开展新技术、新模式等服务。

3. 取得的成效

（1）农业机械化发展迅速，农业生产服务能力不断提升。2014 年、2015 年、2016 年我县分别新增插秧机 630 台、1460 台、2720 台，粮食烘干机 90 台、360 台、540 台，连续三年全县使用购机补贴资金均处于全省前三位、盐城市第一。射阳县富丰农机合作社一年多时间投入超 1500 万元，成为全省最大的农业全产业链社会化服务组织。

（2）科技成果转化加快，农业生产能力得到加强。以统一品种和耕种为前提，发挥社会化服务组织的专业优势，使集成技术得到普遍运用。麦子采用秸秆机械化深耕深松还田和机条播，保证了一播全苗、苗齐、苗匀，冬前达到壮苗，小麦单产普遍超 1000 斤，与散地种植比增产两成以上。水稻普遍使用“上毡下钵”塑盘育秧和工厂化育秧新技术，我县 2014 年、2015 年、2016 年集中育供秧点分别为 28 处、128 处、297 处，规模已达 1 万亩，可供 80 万亩大田插秧，成为全省商品化集中育供秧最大县。

（3）绿色增长趋势凸显，农业融合发展势头强劲。专业化服务组织用种、肥、药使用量减少 30%以上，农村生态环境得到明显改善。通过处方药、配方肥，粮食品质显著提升，销售价格可提高 5%～10%。去年，我县沈氏米业主动和新坍镇农民对接，以高于市场 0.1 元/斤的收购价格，签下 2 万亩联耕联种水稻生产订单。全县实行订单种植的面积达 16 万亩，仅价格提高就增加收益 1500 多万元。

十二、四川崇州市“1+1”技物配套服务

为建设覆盖全程、综合配套、便捷高效的社会化服务体系，崇州市通过整合农业公益性服务资源和农业经营性服务资源，形成了“1+1”技物配套服务方式（即 1 个农业综合服务站+1 个农业服务超市），促进了市场化服务组织与公益性推广机构优势互补、良性互动，壮大了农技推广服务力量，助推了农技推广服务供给，实现了农业适度规模经营。

1. 主要做法

（1）依托基层农业综合服务站，搭建“一站式”农业社会化服务平台。

按照“政府引导、公司主体，市场运作、自主经营，技物配套、一站服务”的发展思路，引导社会资金参与组建综合性农业社会化服务公司（以下简称公司）。通过优化农业公益性服务资源，依托基层农业综合服务站（以下简称服务站），以片区为单位建立农业服务超市（以下简称服务超市），搭建“一站式”农业社会化服务平台。目前，公司根据农业产业布局的实际，已在全市10个服务站建立服务超市，服务全市25个乡镇（街道）。

（2）整合公益性和经营性服务资源，开展“一条龙”农业社会化服务。服务站为服务超市提供技术支撑保障，对服务超市提供的服务实行登记备案制度，并开展技术指导培训、服务质量监督等工作；服务超市在服务站指导监管下，提供农业技术咨询（免费）、农业劳务、全程农业机械化、农资配送、专业育秧（苗）、病虫统治、田间运输、粮食代烘代储、粮食银行、金融服务等全程农业生产“一条龙”社会化经营性服务。

（3）建立服务价格协商机制，实行“菜单式”农业社会化服务。公司结合服务对象的生产服务需求，每年大小春之前，邀请合作的社会化服务组织、服务对象、农技人员，召开需方、供方、技术人员三方参加的服务价格协商会议。根据当年农业生产实际，汇集各方意见达成共识后形成当年服务价格，让利于服务对象。服务价格协商后，将服务项目、内容、价格等在服务超市明码标价，服务对象根据农业生产实际需要进行“点菜”订购，签订全程或单项服务协议，实行“菜单式”农业社会化服务。

（4）建立监督回访机制，确保农业社会化服务功能发挥。每项服务完成后，由服务对象填写服务质量回执单，公司根据回执单进行验收结算，凡因服务质量问题被投诉三次以上的，公司将取消与其合作；公司根据回访结果，结合农技人员建议，制订下一季服务计划。

2. 取得成效

（1）解决了农业社会化“谁来服务”的问题。公司依托服务站建立服务超市，搭建农业“一站式”社会化服务平台，将分散的农户纳入社会化大生产体系中，培育了一批农业社会化服务主体，促进了农业服务的专业化、市场化、社会化发展。目前，公司从事农业社会化专业服务从业人员达5000余人。

（2）解决了农业社会化“怎样服务”的问题。公司通过整合社会化服务组织，为服务对象提供全程农业生产“一条龙”社会化经营性服务，满足了他们对耕、种、管、收、卖等环节多样化服务需求。目前，公司已整合农机、劳务、植保等合作社和农资供应商 86 个，建成工厂化育秧中心 2 个、水稻集中育秧基地 25 个，建成库容 2000 吨的粮食烘储中心 12 个、“粮食银行”兑换点 8 个，服务面积达 20 余万亩。

（3）解决了农业社会化服务“怎样服务好”的问题。通过构建“农技人员+服务超市+服务对象”上下互通的农技推广服务体系，延伸和补充了公益性农技推广服务内容，强化了公益性服务功能；通过建立价格协商与服务质量监督回访机制，实行“菜单式”农业社会化服务，为服务对象提供了便捷高效、质优价廉的服务，有效促进了社会化服务功能的发挥。从服务对象反馈的情况来看，以全年种植粮食为例，种子、肥料、农药、机耕、机收通过服务超市“订单”服务，每亩每年直接节约生产成本 150 元以上。

十三、广西田东县“5 个 1”农技服务

近年来，田东县积极探索“农技服务+”模式，重点培植杧果等特色产业，以企业（合作社）新型经营主体为核心，发挥其在技术推广、教育培训、信息服务、品牌建设等方面的作用，构建了“政府+企业（合作社）+金融机构+科研机构+农技推广机构”框架+互联网的“5 个 1”的农技服务模式。

1. 主要做法

（1）政府引导，营造良好服务环境。政府通过宣传引导、制定规划、政策支持、整合要素、创优环境等措施进行宏观调控。近年来，县政府一方面加强院县农业科技交流与合作，分别与中国热带农业科学院、中国农业科学院柑橘研究所、广西农科院、广西大学等科研院所签订技术合作协议，建立长期稳定的合作关系；另一方面按照国务院支持贫困县开展统筹整合使用财政涉农资金试点的要求，创新财政涉农资金整合使用机制，把“零钱”化为“整钱”，集中支持新型经营主体，2017 年全县共统筹整合财政涉农资金 1.38 亿元，以入股的方式实施 50 个产旅融合和特色种养项目，通过政策性资金的引导，撬动了社会资本 7.84 亿元，服务于新型经营主体。

（2）企业承接，提升生产经营水平。在土地流转、规模化生产经营的新形势下，新型经营主体已成为我县科技成果转化的重要载体，是农技推广的重要对象，承载对接着科研成果转化基地、推广示范基地、人才培训教育、

产销合作、信息服务等功能。近年来，我县重点打造了40个运行规范的合作社（企业），建立起现代农业生产技术示范基地，为了提高服务水平，每个基地都有基层农技机构联系开展指导服务，其中8个基地为科研院所长期的科技成果转化及服务基地，带领农户开展统一农资供应、统一技术规程、统一生产标准、统一产品质量、统一品牌销售的“五统一”产业化经营，提高了我县农民生产经营的组织化程度。

（3）金融机构扶持，解决资金短缺问题。我县农村商业银行提供“融资+融智”多样化金融服务，为新型经营主体提供“香杧贷”金融产品，创新性对企业、专业合作社等进行按株授信，通过杧果授信来实现借款人无须提供担保、抵押的贷款。在解决融资问题的同时，今年投入100万元设立杧果产业扶贫技术服务专项资金，有效解决急需配套技术指导服务问题，同时也弥补了田东县正处于脱贫攻坚决战时期，财政投入扶贫资金需要量大，可用于安排专项培训经费不多、推广经费不足的问题。

（4）科研机构做支撑，建立专家团队。我县通过“院县合作”模式，企业（合作社）作为科研部门的科研试验基地，聘任1位或多位有专业知识的农业科研部门的专家担任的技术顾问（专家组组长），为指导企业和合作社引进推广新优良品种、高新技术，提供人才培养支撑，促进科研生产对接。目前，在我县特色农业，特别是杧果产业上，引进中国热带农业科学院热作所、广西农科院等杧果领域的10余名专家，通过“首席专家—县级岗位专家—驻点农技人员—新型经营主体”指导体系，构建田东杧果等特色产业发展的创新团队，设综合试验站（基地）5个，为产业发展提供科技支撑。

（5）推广机构做保障，为产业保驾护航。县乡两级农技人员实行包村联户制度，县级农技机构分片对应联系乡镇，乡镇每个农技人员对应联系相应行政村，年末实行技术推广服务任务考评，并与评优奖励挂钩。除安排乡镇技术人员外，还安排对应的县级专家长期联系指导，通过抓示范、抓标准、抓培训，以点带面，点面结合，为产业发展提供技术保障。

（6）以“互联网+农技推广”为载体，服务杧果特色产业。以解决农业生产关键问题为导向，抓住创建“数字田东”机遇，利用手机App等媒介，打造杧果产业数据库，建立“杧果熟了”手机信息网络平台；探索指导农民专业合作社发展智慧农业，率先在全国杧果行业上引进国内先进技术搭建的“丰博智慧农业4.0云平台系统”，在智能手机App应用和PC端实现对杧果园区生产环境关键要素的实时精准监测，开展智能管理和控制，推动现代信息技术与农业生产技术的深度结合。

2. 取得的成效

（1）实现农业科技创新。一是建设杧果试验站等科研基地，针对品种、技术等瓶颈问题，开展杧果商品率药剂对比试验、改良杧果施肥技术试验等试验，筛选出适合当地种植5个优良新品种。二是指导建设杧果资源种质圃，收集保存并引进杧果种质资源1000份，打造中国最大杧果种质资源库。三是指导规划建设国家级杧果产业创新示范园区，促进杧果科技创新与推广、加大杧果交易市场建设力度。

（2）促进农业科技成果推广应用。全县主导品种、主推技术入户率和到位率达到95%以上，建设农作物优良新品种展示示范点12个，展示品种60多个（次），示范面积超过2万亩。

（3）提高农民素质水平。通过聘请广西区内外专家和本土专家，实行“土专家+洋专家”办班授课方式，以杧果种植管理技术和营销内容为重点，开展专题培训班141期，培训7794人，提升农民种植水平。

第二节 经营性农技推广服务典型经验

一、山东丰信农业服务连锁有限公司

山东丰信农业服务连锁有限公司（以下简称丰信公司）于2008年12月注册成立，专注于作物种植技术方案应用研究与农技服务，是国内首家商务部备案批准的互联网种植服务连锁企业。该公司摸索建立的全程化技术承包服务模式（以下简称丰信模式），在2016年面向农户全面推广并开始获得收入。目前，该公司总部有固定员工60人，其中专业技术人员只有10人，终端服务人员3000人，承包服务（包括生产资料和技术指导）70万户，其中80%为小农户。丰信模式主要是“互联网+连锁门店+终端服务团队”的技术服务方式，由作物全程栽培管理方案为线下服务提供技术支撑，是一套帮助农户种好地的服务体系，让农户种地更简单、高产更轻松。

（一）以自主研发为主，科研院所、公益性农技推广机构为辅获取技术支撑

技术稳定性是技术承包服务的核心，而作物种植是复杂的系统工程，要实现增产增收，单靠一项技术、一个产品难以实现。因此，丰信公司整合种植技术资源，建立了丰信作物种植技术研究院，利用积累的种植数据结合智能算法技术，构建了包含65项关键指标的农作物种植数据模型，开发了从营养、植保到田间管理的作物全生命周期种植技术方案，以及专业配套的农资产品，实现技物协同应用，达到“预防为主，治疗为辅”的作物健康种植管理目的。陆续上市的十余种作物整体解决方案，推广应用近百万亩，在增加产量、提高品质、省工省时上效果明显，普遍实现增产7%~30%，减少施药1~2遍、减少施肥1/3，已获得多项国家发明专利。根据作物栽培管理设计模型，专业采购人员负责选购配套农资，质检人员控制农资质量，技术人员解决种植问题，根据一线服务人员订单要求提供农资配送服务和技术支撑。农技服务员按标准服务指导种植户，种植户只需按种植标准流程干好农活即可，便于种植户掌握使用，更高效轻松地管理农田作物（如图4-2所示）。

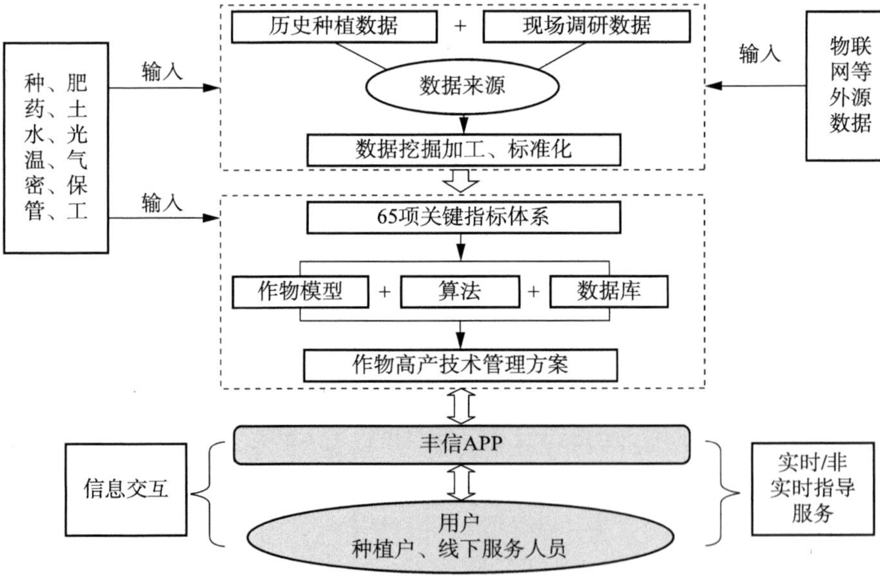

图4-2 作物全程栽培管理方案

从目前来看，企业在技术获取方面仍面临一定困难，需要政府或科研机构的支持。此外，必要时候，就作物解决方案的某一关键环节，争取科研单

位或公益性机构的专家支持。公司与科研院所及相关专家通过技术转让、技术委托、技术转化等形式建立了稳固良好的战略合作。公司专家分为两类：一是公司聘请，成为公司员工，支付工资薪酬；二是技术知识方案付费，专家向公司提供作物技术解决方案，公司支付一定报酬。随着公司进入推广阶段，积极主动与基层农技机构（泰安市）对接，其原因是当地农技员最熟悉情况，是保证技术稳定性的最佳依靠。要是公司“另起炉灶”自己做，则要从“零”开始。由于顾虑兼职取酬违规，目前跟公司对接的农技推广人员都不敢从公司拿报酬。

（二）通过搭建移动互联网服务系统，实现了农技服务的快速便捷

公司借助互联网工具，搭建了以“丰信 App+丰信网+呼叫中心+微信服务端”为主体的信息化互动系统，通过即时的线上服务系统，可以随时随地与农户快速对接，及时解决种植户的问题和需求，并能随时通知提醒种植户注意天气变化、病虫害预防、田间管理等农事信息，为种植户提供及时有效的种植信息服务。同时，平台系统内采集了所服务农户的详细种植记录。从土壤、水源、天气到技术和农资，再到管理方式以及作物每个时期的表现，都实现了大数据管理，实现了对整个种植过程的全程可追溯。

（三）通过组建高效的村级服务队伍，实现农技服务精准入户到田

公司组建线下村级服务专员在田间地头跟踪服务，观察作物长势、田间管理，及时发现异常情况，向线上专家系统上报，并快速制定应急措施，真正让农户体验到“零距离、零门槛、零时差”的 360 度种植服务和帮助。公司为一线服务人员提供高产方案、定制方案、选肥选药、田间管理技术等。线下使用系统的人员是一线服务人员，由对当地情况非常熟悉、热心服务的农村妇女、种植大户、科技示范户、转型的农资商和保险经纪人等构成。一线服务专员在手机“丰信 App”的指导下，在田间地头跟踪服务，观察作物长势、及时发现异常情况，借助线上系统快速制定应急方案。“天上有网，地里有人”，线上“专家”+线下“护士”的服务团队互动频繁，发挥了真正信息传输和沟通管理作用。服务专员扮演了“护士”的角色，生产管理的药方由丰信团队解决，农资由专业服务团队采购，并由农资公司配送到田间地头。这种只负责农资和技术的“半托管式”“保姆式”服务方式，避免了农村农资人情、假农资的问题，也使农民种地比原来轻松很多，很受农民欢迎，老会员复购率为 75%~90%。

（四）与农民和加盟商实现共赢

公司在生产的前一年向农业经营者收取“农业科技指导和农资配套服务费”，为农民第二年的种植全过程提供技术服务。农民对于其支付费用的技术服务效果主动关注，服务主体收取了费用，也会积极开展服务。所谓“农民不愿意掏钱的服务是无效服务”。而依托交易所获取的相关数据和信息，更真实可靠。该公司主要服务不超过 3 种作物的产区农户。在与农户签订承包服务合同，约定指标、提供技术指导方案时，只约定可改善优化（与农户自主管理比较），并能保证技术稳定性的指标，对技术效果显著但风险大的则不涉及。

总公司对于县、乡镇两级管理采取加盟店（商）形式，县级加盟商负责拓展所辖区域乡镇门店，乡镇门店负责管理基层服务人员和物资配送。公司与加盟店之间是合作共赢机制，各级加盟商交付一定风险保证金和加盟费后，向其输出丰信模式的技术系统、信息系统、运营系统、标准化工具等，并持续帮助加盟商提升本区域经营效益。所有加盟店根据所服务的面积获取利润分成。公司与加盟商是合作伙伴关系，加盟商拓展的服务面积越大，公司与加盟商获得的利润越高。

（五）培养技术服务人才和新型职业农民

总公司服务团队采取内部技术服务人员通过“传帮带”方式进行培养；一线服务人员采取招聘方式，由对当地情况非常熟悉、热心服务的农村妇女、种植大户、科技示范户、转型的农资商和保险经纪人等构成，这些人在学中干，实践锻炼后成为指导农民采用技术的行家里手，这些人也是潜在的新型职业农民。同时，公司通过输出“互联网+种植服务”标准化服务体系，对有创业意愿的农民进行服务标准培训，下载使用“丰信 App”后即可申请成为丰信农业村级服务站点种植服务专员，服务管理 5000~10000 亩耕地，年收入可达 3 万元以上。同时，丰信公司形成的基于互联网的高效运营连锁体系，可以让传统农资人低风险转型升级为农业服务商，让创业者轻松进入种植服务领域。目前，公司已建立标准化县级种植服务运营中心 62 个、乡镇服务体验中心 307 个、村级服务站点 2174 个。

二、山西中农乐农业科技有限公司

山西中农乐农业科技有限公司（以下简称中农乐公司），服务核心锁定在果树技术研发上。2005 年杨良杰在山西运城创办“中农乐果业专业合作联合会”，围绕“帮果农产好果”，用“傻瓜式”的创新果业技术、“保姆式”的落地服务，为农户提供在产前、产中、产后全过程中实行全产业链综合服务模式。旗下有中农乐果业合作联合社、中农乐知云互联网科技公司、中农乐果品贸易公司、灵宝市中农乐农业科技有限公司、洛川中农乐农业科技有限责任公司以及分布在山西运城、河南、陕西的大型果品现代化示范园区和产业基地。中农乐成立 13 年来，立足于果业技术创新和服务模式创新，服务范围已基本覆盖我国北方果区，线下登记在册果农会员达 16 万户，线上服务的注册会员近 40 万户；中农乐每年都会开展五六千场次的技术培训，受惠果农数十万人次。

（一）“傻瓜式”技术创新：农技推广服务的“敲门砖”

中农乐董事长杨良杰在创办中农乐前，从事果业媒体工作，10 年的职业生涯，让他深谙果农之需。中国的果农大多是上了年纪的农民，很多人处在技术“扫盲”阶段。杨良杰带头和专家团队的讲师们尝试先把晦涩难懂的学术著作吃透弄懂，重新生成具有实践指导作用的“小学生技术”。中农乐把专家的先进经验、技术知识，通过报纸“翻译”成农民能读懂、用得上的“大白话”实用技术，将各种烦琐的技术用简笔画表现出来，绘制成彩色挂图，具体操作刻录成光盘，免费送给果农。为提高核心技术研发能力，中农乐公司成立了“中农乐果业科学研究院”，邀请国内一线果业大咖参加协作；与美国、荷兰的果业专家一同构建“技术创新战略同盟”。成立了中农乐苹果研究所、核桃研究所、杏树研究所、桃树研究所、葡萄研究所等六大研究所。

（二）“保姆式”落地服务：农技推广的“铺路石”

为推动技术成果落地，公司建立了由 108 名国内外专家和“乡土能人”共同组成的技术指导团队。采取三级技术推广模式，即“总公司团队+乡镇级技术站+村级技术站”，各站设有农资配送点，有专门的讲师直接针对农户进行全程服务指导。中农乐公司山西省各大果区建立的 100 多个乡镇技术服务站，培养的近 1000 名村级技术“二传手”，已经成为山西省果业战线上不可或缺的生力军。

（三）“线上+线下”齐发力：让农技服务插上“翅膀”

新的时代，新的产业形势，新的服务业态，中农乐也在不断创新服务形式和内容。2015 年，中农乐与中国电信联手，成功推出我国首家专为果农服务的 App 果业科技互联网服务平台。果农可以免费下载“千乡万村” App，获得个性化服务，让管理果园更轻松，学习技术更便捷，咨询问题更直接，销售果品更简单。2016 年，公司开发“千村万村” App 线上平台，包含果业新闻、我的果园、我要学习、我要提问、我要购买、我要卖出等版块。通过“线上+线下”平台、先进技术有效传播、优质农资使用指导、农产品对外销售来达到电子商务工程的全面落地。中农乐公司还与国内各大超市联合，组织农民产品进超市和网上销售。目前拥有 3000 多户农户生产管理数据。

（四）产业基地建设：新形势下的农技服务“大本营”

2016 年，中农乐在农业供给侧结构性改革的大背景下，开建千亩有机冬枣基地（山西永济）、千亩高产核桃基地（山西稷山）、千亩生态桃基地（山西平陆）、千亩新优苹果基地（河南灵宝）、环城郊示范园区（山西盐湖区），开启了自建基地、自有品牌、标准化管理、安全可溯源、自主销售的“全产业链”模式尝试。特别是中农乐果品安全生产的全程追溯平台的建立，其间有标准落地、生产把关、环节督查、安全检测、物流追踪等，每户生产者都拥有独一无二的溯源二维码，引导果农本着对消费者负责、让市场放心、替自己品牌负责的原则去生产优质果品，进而助推果业转型升级。

中农乐农技推广服务的内容已经发生了质的变化。在果业结构性调整的关键时期，让一家一户小规模种植的农户，按标准化进行生产，为推动产业化、标准化发展发挥了积极作用。中农乐通过自建基地、自有品牌、标准化管理、安全可溯源、自主销售的“中农乐式全产业链”模式，既专注于“线下”实体基地建设的示范引领和带动作用，又发挥“线上”互联网平台的优势，把科技创新、生产实践、适度规模、技术托管、果品销售融为一体，发挥了现代高效农业的“龙头”带动作用。

三、甘肃谷丰源农化科技有限公司

甘肃谷丰源农化科技有限公司（以下简称谷丰源公司）成立于 2006 年，专注于玉米、马铃薯、高原夏菜等作物优质高产技术方案的集成及农资配套服务。2014 年成立谷丰源农工场，针对种业公司、种植专业合作社、种植大户、家庭农场等新型农业经营主体，采取“公司+专家团队+集成技术解决方案+配套服务”方式为其提供社会化服务。2014—2016 年公司在张掖市甘州区为玉米制种企业提供社会化服务 285076 亩（次），在高台县提供高原夏菜社会化服务 10060 亩（次），在山丹县给马铃薯种植大户提供社会化服务 1300 亩（次）。

在省、市、县（区）农技推广部门的大力支持、积极引导下，公司按照“好理念、好方案、好产品、好执行、好结果”的公司愿景，探索出农业生产全程化社会化服务流程，服务节点逐步从种子处理、配方施肥、绿色防控等延伸到为种植者提供全程社会化服务（如图 4-3 所示）。

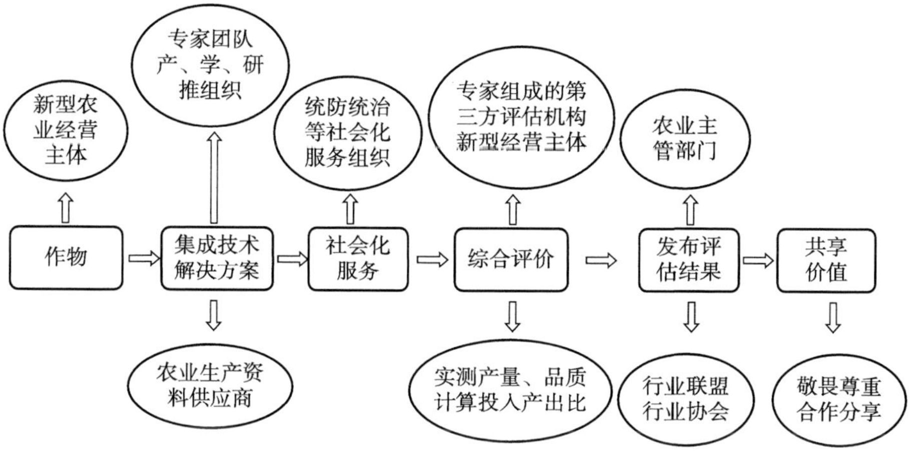

图 4-3　谷丰源公司社会化服务的流程

（一）以好理念为指导思想

谷丰源农工场以作物为核心，以大地为农业生产车间，以技术集成为生产工艺，引导新型经营主体将农业生产中的相关节点工序标准化；以工业化思维、市场化模式进行农业生产相关节点社会化服务，分工协作在陇原大地上“标准化制造”出优质高产的农产品，并为新型经营主体回报最佳的投入产出比，达到社会化服务多赢的效果。

（二）好方案是灵魂

集成、优化作物优质高产技术方案的水平是社会化服务组织核心竞争力的集中体现。公司仰仗经营农资行业多年积累经验，与科研院所专家、农技推广机构共同研讨作物技术服务方案。谷丰源农工场针对服务方案、服务效果评估，主动邀请甘肃省农技站有关高校领导、专家教授，地方政府分管领导、农业产业行政主管部门、科研院所、农机植保专家以及相关职能部门参加综合技术评审。通过实际的测产评估，计算实际的效益和投入产出比，确保农业科技集成产生实效。谷丰源农工场聘请河西学院专家，同时汇集科研、教学、生产、推广等相关技术部门专家的智慧，按作物组建专业技术团队，根据当地农业部门发布的农作物种植信息，实地调查服务领域内土壤情况、作物病虫害发生情况等，科学集成、优化相关节点的实施方案，边试验、边示范、边完善、边推广，先节点、再单元、后全程，循序渐进地进行。

（三）好产品是有力支撑

好产品是方案实施中的重要元素，只有元素的品质得到了保障，集成优化方案才能发挥最大效果。谷丰源农工场根据方案所需产品试验效果，直接从国内外知名生产企业进货，严把产品质量关。高原夏菜方案中所选用的产品均选自全国农业技术推广中心农作物病虫害绿色防控农药使用名单，低毒、高效、安全。

（四）好执行是全程社会化服务的有力保障

农业生产全程社会化服务的成功要靠出色的团队执行力来保证，做到执行前精心策划，充分准备；执行中完美高效，及时全面；执行后总结评估，不断完善。采取“技术方案+其他社会化服务团队+农资供应”方式进行技术推广。其中，针对所服务的作物，科学集成、优化从种到收相关技术节点的方案，聘用当地专业技术团队，开展针对性的技术服务，公司负责跟踪指导落实，随时处理农业生产中遇到的问题，健全技术档案，及时处置自然灾害，真正做到服务到户到田。

（五）好结果是不懈追求

农业生产全程社会化服务要达到的结果就是要让新型农业经营主体感触到专业的社会化服务能够创造出更佳的投入产出比；认识到把农业生产相关节点专业的问题交给专业的公司去做，自己省心、省事、省力，还会增加土地收益，最终达到多赢；逐渐引导新型农业经营主体对农业生产中的相关节点由专业的社会化服务组织提供。

四、凯恒农业科技服务有限公司

安徽六国美邦农资公司旗下公司，全国 2000 个经销商，村里称为“e 农创客”，农村人干农村的活。由安徽六国化工股份有限公司、六国 e 农科技服务股份有限公司、陕西蒲城美邦农资公司、蒲城凯恒农业科技服务有限公司联合推出的“农业技术全程服务体系”形象店，2016 年在陕西蒲城全面运营。公司集六国化工产品展示销售、农业现代化服务、测土智能化配方施肥、水肥一体化推广 4 大服务内容，以智能配肥与水肥一体化免费推广为抓手，是农资农技综合服务商。

（一）开展农业综合服务

公司依靠安徽六国美邦农资总公司，获取技术上支持。公司建有专业的农化服务团队、农资销售精英团队、农业服务团队，年销售肥料 2 万余吨，覆盖面积20 余万亩。拥有智能配肥机 4 台、田园管理机 60 余台，围绕陕西渭北各乡镇农村终端市场，建立自营农资品牌形象店及仓储、物流配送中心。公司服务项目包含全方位的农业技术指导咨询、免费测土现场电脑科学配肥、六国化工工厂仓库前移、购买肥料免费赠送滴灌设备、免费向水源困难地区罐车提供水源、提供无人机航空植保、农村金融等。公司依靠科研院所、公益性推广机构的专家支持，聘请西北农林科技大学、河南农业大学的专家开展农民培训，聘请蒲城县农业局、蒲城县果业局、蒲城县农技推广中心技术人员进行技术指导。

（二）“六国 e 农之家”为核心

当前农资市场正在转型，农资人再也不是卖货的，农资渠道的本质现在已不是卖货平台，而是一个类似于社区医院一样的区域性农业综合服务平台。农民需要的是可靠的包括产品、技术在内的综合性服务。公司看到了这一发展趋势，采取“农技服务+自有服务团队+农资供应”方式进行技术推广。公司自己组建农资配送、农机作业、植保作业等服务团队，为农民提供测土配方施肥、农资、农机、农村金融等综合服务。公司开发了基于互联网网络平台，对农户进行会员管理，并及时提供技术服务信息。“六国 e 农之家”依托智能配肥联网设备，通过智能化配肥联网设备进行测土配方施肥，建立农户信息档案，通过会员化管理和服务，快捷接入农村市场更多业务内容，实现农资、农业和农村的一体化服务，同时在村庄最终端设立“科技小院”垂直农化服务，农户以更低的农资购买投入和最短距离就近便捷消费私人定制测土配方肥。

五、互联网公司农技推广信息化服务

北京奥科美技术服务有限公司是2009年成立的农业互联网公司，研究开发义田帮手——智能化农场管理平台，建立了义田4S生产标准化、透明化管理体系，运用遥感、物联网、互联网等技术，获取农场生产数据、资源数据、营销数据、采销存数据，通过大数据处理分析，为农场提供生产管理、资源计划管理、精准营销、质量追溯等服务支持。目前，义田帮手构建了全国最大的农场管理网络，实现了5000多家跨纬度分布农场的统一管理，服务种植面积超过300万亩。

北京东方生态公司，致力于传感器产品打造，投放土壤墒情监测设备、小型气象站、利用智能网关产品，通过“E生态”平台，实现了智能灌溉—智慧农业—大数据—农业保险，为农事提供全天候服务。

山东老刀网络科技有限公司。定位于“创新农业生产的互联网服务平台”，通过整合农技科研和推广体系、农资厂商等资源以及基层生产经验，建设基于移动互联网的农技服务平台。开发的“农管家”App通过提供海量农业技术咨询、即时农技专家会诊、必备农事生产工具，开展个性化定制、实时应季推荐、8000位专家在线会诊等服务，让种植更轻松。目前，拥有160万用户。

六、渭南蒲城县四方苹果专业合作社

渭南蒲城县四方苹果专业合作社成立于2009年，位于罕井镇中山村，是集生产、管理、储藏、包装、销售于一体的联合社。合作社吸收社员1183名，注册资金为1183万元，产业面积为8000亩。建成高标准示范园1000亩，出口澳大利亚基地500亩，有机认证基地1000亩，2000吨果品仓储基地，150平方米的办公场所，建立了1000吨的苹果保鲜库。“鼎四方”商标被评为陕西省著名商标，合作社为“省级百强社”“省级示范社”“国家级农民专业合作社示范社”。主要做法有：

（1）订单收购。为推动生产，合作社以产后销售高于市场0.4元/斤最低保护价格订单收购，以让社员先取得效益的做法，引导社员接受合作社生态有机标准化技术。

（2）标准化技术。合作社在蒲城县农技中心支持下，应用引进了土壤改良、测土配方、化肥减量、有机肥综合应用、地下铺黑膜，富硒、富铁、富钙产品生产技术。合作社内设有专家组（西北农林科技大学专家和土专家组成）。专家组按照苹果管理年历，细化主要技术细节和技术要领，编写、印发和发放技术资料。按照半月内的管理要点，每月按时授课两次。同时，在每个示范户果园做出样板树两个，要求整园管理只要照样板做即可。用什么肥，打什么药，肥料的用量等技术环节，专家组都制定了详细的方案。通过多年实践，“傻瓜式”农业技术服务模式取得良好效益。2016 年，示范户苹果产量和品质明显提高，较其他农户增产 20%以上，增收 40%以上。

（3）工厂化生产。合作社除收购农民产品外，重点挑选年轻、有基础、热爱果业的一部分社员流转土地，注册家庭农场，走工厂化生产道路。目前，合作社核心示范基地 1000 多亩就是由 5 个家庭农场组成，全部应用合作社标准化管理，生产安全放心产品，以统一品牌包装销售。核心示范田年亩均收益比一般农田高 15%以上。

七、山西永济丰农葡萄专业合作社

山西永济丰农葡萄专业合作社成立于 2009 年。目前，合作社社员葡萄种植面积为 7000 亩，辐射 2500 余农户，服务面积 1.5 万亩。

（1）坚持“诚实守信”，把农民的利益放在首位。合作社从葡萄良种的引进、试验栽培、技术攻关、培训指导、农资供应、组织销售等环节，为农户提供全程服务，并通过“农超对接”“农社对接”等直供直销方式，帮助农民销售。

（2）坚持科技先行，提高农民管理技能。合作社以中国农学会葡萄分会、西北农林科技大学、陕西省葡萄协会等为技术依托，每年免费组织培训 20 多场。组织社员到山东、陕西等地参观学习。2015 年和 2016 年连续两年承担该市新型职业农民培训工程。合作社内部成立了技术组，设立了农资部，根据服务对象范围，划分了 17 个服务片区，设立片长负责制，对种植户进行面对面现场辅导。

（3）运用互联网手段，对生产过程动态监测、精准管理和远程控制。2010 年，合作社开发了电子商务平台和信息化服务平台，利用短信、微信等手段，根据季节定期向农户发送葡萄的管理技术，葡萄打药、施肥、浇水、采摘、销售等信息，第一时间发送给种植户。在销售方面，与深圳公司对接、入驻“天猫”网店，将产品销售到全国各地及海外。

八、泰安市汶粮农作物专业合作社

泰安市汶粮农作物专业合作社是一家集科研、示范、繁育、推广于一体的科技型企业。业务范围涉及农业生产资料的研配、集体购买、农资新品种、新技术引进、示范、推广、指导、观摩等。主要开展的工作有：

（1）加快土地流转，建立高标准试验基地。合作社流转土地1000亩，建有高标准试验田200亩，建立小麦株穗行圃。承担省长指挥田、山东省小麦试验基地和国家高产创建平台项目基地。有办公楼一座，使用面积为560平方米，仓库晒场为4500平方米，备有良种加工机械5台（套），植保机械100余部。

（2）加快良种产业化开发，实现“一村一品”。合作社在大汶口镇12个村建立了小麦良种繁育基地，建立“一村一品”。引进新品种、新技术加以推广应用。在生产中做到了六个统一：统一品种、统一技术、统一管理、统一机收、统一收购、统一销售。年生产销售小麦良种1000多万斤，辐射带动农户12000户。创建了“汶登丰”著名品牌。

（3）拓宽服务项目，推广小麦玉米全程机械化。合作社投资购买各类大型设备27台套，成立农机专业合作社，为农户提供深耕深松、秸秆还田、机播机收和病虫害机械化服务。仅最近一年，就为社员提供农作物病虫害统防统治8万余亩，耕作农作物数万亩，托管土地5000亩，基本实现小麦玉米全程机械化。

（4）开展科技培训和扶贫工作。合作社聘请科研院所、省农技推广站专家，培养了32位农业技术人员和近百名生产一线的技术型农民，先后组织开展各种培训60余次。免费为汶口镇贫困村及贫困户进行小麦、玉米统防统治，面积达6000多亩，免费给贫困户发放小麦良种16665斤、玉米种1111袋。

九、西安市长安区长丰农机专业合作社

西安市长安区长丰农机专业合作社，开展土地托管模式在不改变土地所有权、承包权和经营权的前提下，实现了粮食生产耕种管收购的“九个统一”，开辟了一条成功的经营运作模式，取得了卓越成效。

从2004年开始，长安区“种粮大户”在长安和乾县等地尝试实行粮食生产土地托管经营模式，从最初的100余亩扩大到1000亩以上，亩均增产粮食100公斤。为进一步扩大规模，于2008年成立陕西长丰现代农业托管公司，

对长安区 5 个乡镇 15 个行政村 3800 户的 1.61 万亩粮田实施了托管经营。

2010 年 7 月，长丰农机专业合作社成立。土地托管下辖 1 个专家组，4 个专业队，聘请了西北农大 6 名专家组成的指导组，招聘了 80 多名种田能手作为土地托管员，每个托管员管理 300~500 亩，最高一人管理 800 亩，建立了农机、农技、植保、水电 4 个专业服务队全程服务。大部分粮田实现了“种子、化肥、农药、耕、种五个统一”。部分粮田实现了“种子、化肥、农药、耕、种、收、管理、粮食回收、销售九个统一”。2016 年购置了全省最大马力的凯斯 2104 型进口拖拉机 2 台，深松整地机 2 台，实施深松整地作业 8000 亩。

目前，土地托管面积 3 万余亩，覆盖长安区 6 个乡镇，100 余个行政村。每年高于市场价 10%上门回收托管区小麦良种及优质小麦 300 万千克以上，促进农民增收 60 万元，带动相关产业年增收 100 万元。

目前，公司的主要收入有三种渠道：耕种收过程中的机械化服务收入；种子、化肥等农资销售收入；包括供种、高产创建等在内的政府给予的一些农业项目支持。发展之初，长丰公司得到了各级政府的大力扶持。

陕西长丰现代农业托管公司自成立 8 年来，坚持土地托管探索农业规模经营新方式，每年土地托管面积都达到 3 万亩左右，经济和社会效益显著，先后获得“西安市秸秆综合利用十佳示范合作社”“西安市农民专业合作社十佳示范社”“陕西省农民合作社示范社”“国家农民合作社示范社”等荣誉称号。理事长薛拓也先后被授予“西安市劳动模范”“全国粮食生产大户标兵”“全国粮食生产大户”“高级职业农民”等荣誉称号，2016 年 10 月，在农业部组织的“全国十佳农民”评选中，成为我省首位“全国十佳农民”，被央视“全国十佳农民”颁奖晚会专家组誉为“土地托管第一人”。表彰会上，汪洋副总理亲自为他颁发了荣誉证书，农业部部长韩长赋颁发了奖杯。

十、湖北省天门市华丰农业合作社

湖北省天门市华丰农业合作社（以下简称华丰）于 2009 年 4 月正式注册成立，现有社员 268 人，农机装备总量 460 台（套），拥有建筑面积 2500 多平方米的办公楼、科技楼，建设有占地面积 4000 多平方米的智能化育秧工厂和 11000 多平方米的粮食烘干、收储中心，拥有固定资产 1.2 亿元。近十年来，华丰秉承农业科技引领理念，坚持走集约化发展、规模化经营和社会化服务的路子，把自身发展与社会化服务紧密结合起来，在发展中搞服务，在服务中求发展，不断拓展服务功能，延伸服务链条，农业社会化服务取得了显著成效，打造了社会化组织参与农技推广的“华丰模式”。

1. 具体做法

华丰成立以来，始终坚持科技挂帅，在不断发展壮大的同时，持续开展社会化服务的平台、人才、技术等方面的建设和积累。积极引进、试验、示范农业“三新”技术和装备，建设农业基地，促进农业科技成果快速转化，夯实合作社发展的核心基础。

（1）联合农业技术推广部门，搭建社会化服务平台。华丰自成立以来，一直与农业科技推广部门保持紧密联系，在多方面开展积极合作：一是建设基地。共建有水稻高效种养模式示范基地、水稻集中育秧基地、新型职业培训基地、标准化生产基地等。二是建设农业信息采集点，为技术服务提供基础数据。先后建设 1 个病虫害绿色防控监测点、10 个测土配方施肥土壤固定取样点、2 个农情信息采集点。三是建设一批示范样板。建设了稻田综合种养、水稻一种两收、高标准农田建设等多个示范样板，华丰在政府支持下，依托国土整治项目，对合作社核心区及周边村组 2 万亩耕地进行了改造建设。四是建设绿色生态农业示范点。建成了一个畜禽粪污收集点，总容量 6000 立方米，年可产沼气 11 万立方米。

（2）引进农业先进实用技术，丰富社会化服务内容。华丰每年引进 10 多个优质水稻品种进行展示，开展稻虾、稻鳅、再生稻、富硒稻等种养技术模式的试验和示范。依靠农业技术推广部门的土壤检测数据库，建设了一个测土配方供肥站，生产测土配方肥，为周边农民提供实实在在的物化技术服务。在合作社核心区，积极发展应用农业物联网技术。在天门市率先引进应用无人植保飞防技术，安装拖拉机无人驾驶装置。

（3）广纳农业科技人才，强化社会化服务支撑。华丰积极与华中农业大学、武汉大学、中南民族大学、湖北省农科院等科研院校及知名教授合作，共建院士工作站、博士工作站、本科生、硕士生实践实习基地。2017 年，华丰招聘两名硕士研究生，让他们在农业生产一线充分展示才能。与天门市农科院合作，共建人才引进实习实践基地。

（4）扩大土地流转规模，拓展社会化服务范围。集中连片流转耕地，扩大服务规模，提高服务效率，这是华丰持续发展的重要保障。几年来，华丰成功探索了三种土地流转模式。一是长期流转，华丰按每亩 400 公斤稻谷的当年市场价，积极流转农民耕地。二是全程托管，华丰与农场、种田大户等签订合同，开展全程托管服务。即农场、种田大户出让耕地，并提供农业生产资料投入，华丰提供耕、种、收等全程服务。合同产量以450公斤稻谷为基础。达到合同约定的基础产量后，华丰收取每亩280元的全程服务费；超过450公斤的部分，按六四比例分成，华丰得四成。三是季节性流转，华丰利用农民冬闲田，以每亩100元的价格，季节性流转农民耕地，种植一季小麦或油菜，次年6月中旬将耕地耕整后交还农民。

（5）开拓服务领域，延长社会化服务链条。不断创新，拓展服务功能，这是华丰持续发展的重要手段。一是向产前延伸。华丰与大型国有企业中化集团合作，采购其优质、低价生产资料，同时，还建设了一个测土配肥站，为周边农民提供物化技术服务。二是向产后延伸。华丰投资1.5亿元，建设了一个秸秆加工厂，生产板芯、板材，年可加工转化农作物秸秆50多万吨。三是向流通领域延伸。华丰建设有占地11000多平方米的粮食烘储中心，为农民提供粮食烘干、除杂等服务。同时，华丰与庄品健集团合作，新建了稻米加工车间，并注册了“土香农”商标，为农民提供销售服务。

2. 主要成效

（1）实现了自身快速发展。华丰近十年发展的成功经验，得到了社会各界的高度肯定，先后获得了“全国十强合作社”“湖北省五强合作社”等多项荣誉，合作社理事长吴华平也获得了第二届“全国十佳农民”称号。2012年3月，湖北省委副书记张昌尔将华丰成功经验总结为“华丰模式”，在全省推广。

（2）提高了合作社员及周边农民收益。一方面，华丰以每亩400公斤稻谷的价格流转耕地，使出让耕地的农民每亩获得纯收益1000多元；另一方面，华丰内部实行“股份红利+工资+机械作业费返还”的收益分配形式，社员年可获得8万多元收入，大幅度提升了合作社员的收益。同时，通过华丰开展的物化技术服务、农产品销售服务等多种形式的社会化服务，对周边农民也产生了很好的示范带动作用，实现了同步受益。

（3）提升了华丰社会化服务能力。华丰在巩固完善天门核心基地的同时，积极向外向上发展，扩大服务范围，提升服务能力。现在湖北、湖南、上海、黑龙江等四省（直辖市）共拥有22个分社，服务范围涉及11个县市的180多个村。流转耕地面积8.6万亩，全程托管面积达3.2万亩。年生产粮食1.8亿斤，实现产值2.3亿元。年机械作业面积达80多万亩次，服务范围快速扩展，社会化服务能力显著提升。

参 考 文 献

［1］白鹏飞，张仲宁．耕地托管服务模式风险识别与防范对策分析［J］．经济研究导刊，2017（16）：18-22，38.

［2］蔡荣，蔡书凯．农业生产环节外包实证研究——基于安徽省水稻主产区的调查［J］．农业技术经济，2014（4）：34-42.

［3］曹海林．农业灾害管理中的政府责任及其战略安排［J］．中国行政管理．2010（11）：41-44.

［4］常伟，王丽霞．农业生产托管中的风险配置研究——基于反向租佃视角［J］．农村经济，2018（9）：87-92.

［5］常向阳，韩园园．农业技术扩散动力及渠道运行对农业生产效率的影响研究——以河南省小麦种植区为例［J］．中国农村观察，2014（4）：63-70，96.

［6］陈慈，陈俊红，龚晶，等．当前农业新业态发展的阶段特征与对策建议［J］．农业现代化研究，2018，39（1）：48-56.

［7］陈航英．小农户与现代农业发展有机衔接——基于组织化的小农户与具有社会基础的现代农业［J］．南京农业大学学报（社会科学版），2019（2）：10-19.

［8］陈俊红，陈玛琳，秦向阳，黄杰．对提升科研院所惠农服务能力的思考［J］．北方园艺，2017（7）：205-209.

［9］陈生斗．我国农技推广体系建设工作“十二五”回顾与“十三五”展望［J］．中国农技推广，2016，32（7）：6-10.

［10］陈香玉，龚晶，陈俊红．科研院所视角下农业科技政策改革的若干思考［J］．科技管理研究，2017，37（16）：130-135.

［11］陈新忠，李芳芳．我国农业技术推广的研究回溯与展望［J］．华中农业大学学报（社会科学版），2014（5）：24-33.

［12］谌种华，蒋海舲．供给侧改革背景下农业龙头企业的价值链优化策

略［J］. 商业经济研究，2019（4）：109-111.

［13］仇童伟 . 自给服务与外包服务的关联性：对农业纵向分工的一个理论探讨［J］. 华中农业大学学报（社会科学版），2019（1）：44-53.

［14］党国英 . 中国农业发展的战略失误及其矫正［J］. 中国农村经济，2016（7）：2-14.

［15］董欢 . 农机服务体系：模式比较与政策优化——基于农业经营主体分化视角的考察［J］. 农村经济，2018（10）：116-122.

［16］杜志雄，肖卫东 . 农业规模化经营：现状、问题和政策选择［J］. 江淮论坛，2019（4）：11-19.

［17］冯小 . 公益悬浮与商业下沉：基层农技服务供给结构的变迁［J］. 西北农林科技大学学报（社会科学版），2017，17（3）：51-58.

［18］傅春，赵晓霞 . 农业生产产业化战略的驱动因素及实现路径［J］. 农业经济，2019（10）：6-8.

［19］高启杰，姚云浩，马力 . 多元农业技术推广组织合作的动力机制［J］. 华南农业大学学报（社会科学版），2015，14（1）：1-7.

［20］关锐捷，周纳 . 政府购买农业公益性服务的实践探索与理性思考［J］. 毛泽东邓小平理论研究，2016（1）：44-51，93.

［21］郭霞，朱建军，刘晓光 . 农技推广服务外包农户支付意愿及支付水平影响因素的实证分析——基于山东省种植业农户的调查［J］. 农业现代化研究，2015，36（1）：62-67.

［22］郭艳军 . 互联网思维下农业技术扩散体系重构［J］. 农业经济，2017（3）：12-14.

［23］韩庆龄 . 小农户经营与农业社会化服务的衔接困境——以山东省 M 县土地托管为例［J］. 南京农业大学学报（社会科学版），2019，19（2）：20-27.

［24］何军，顾皓 . 农户社会化服务体系参与程度的影响因素——基于苏北种植业的实证分析［J］. 江苏农业科学，2016，44（1）：452-455.

［25］贺雪峰 . 保护小农的农业现代化道路探索——兼论射阳的实践［J］. 思想战线，2017，43（2）：101-111.

［26］胡新艳，杨晓莹，吕佳，等 . 服务外包与我国南方地区农业机械化发展——理论逻辑与经验分析［J］. 中国农业资源与区划，2016，37（3）：162-168.

［27］冀名峰 . 农业生产性服务业：我国农业现代化历史上的第三次动能

[J]. 农业经济问题，2018（3）：9-15.

[28] 姜长云. 关于发展农业生产性服务业的思考 [J]. 农业经济问题，2016，37（5）：8-15，110.

[29] 姜松，曹峥林，刘晗. 农业社会化服务对土地适度规模经营影响及比较研究——基于 CHIP 微观数据的实证 [J]. 农业技术经济，2016（11）：4-13.

[30] 康波，刘学琴，杨发，等. 宁夏农业社会化综合服务站建设取得的成效与展望 [J]. 中国农技推广，2017，33（3）：3-5.

[31] 李军鹏. 政府购买公共服务的学理因由、典型模式与推进策略 [J]. 改革，2013（12）：17-29.

[32] 李凌. 平台经济发展与政府管制模式变革 [J]. 经济学家，2015（7）：27-34.

[33] 李全海. 健全农业社会化服务体系的新思考 [J]. 农业经济，2017（1）：62-64.

[34] 李宪宝. 异质性农业经营主体技术采纳行为差异化研究 [J]. 华南农业大学学报（社会科学版），2017，16（3）：87-94.

[35] 李芸，陈俊红，陈慈. 北京市农业产业融合评价指数研究 [J]. 农业现代化研究，2017，38（2）：204-211.

[36] 刘建峰，段洪洋，禹绍国，等. 省市县协同联动农业技术推广模式研究——以广东省农业科学院实施国家重大农业技术推广项目为例 [J]. 广东农业科学，2017，44（9）：167-172.

[37] 刘同山，孔祥智. 土地规模经营的实现形式及其比较 [J]. 现代管理科学，2013（6）：5-7.

[38] 刘月姣，周圆圆，魏龙飞，等. 农业部市场与经济信息司司长唐珂：以价格保险为抓手 有效应对农产品市场风险 [J]. 农产品市场周刊，2016（45）：22-23.

[39] 芦千文，姜长云. 日本发展农业生产托管服务的历程、特点与启示 [J]. 江淮论坛，2019（1）：59-66.

[40] 芦千文. 农业生产性服务业发展研究述评 [J]. 当代经济管理，2019（3）：38-44.

[41] 吕珂，徐世艳，杜鹃，等. 农业科研单位开展农技推广工作的新模式及其运行机制的优化 [J]. 河北农业科学，2016，20（2）：98-100，108.

[42] 罗建利，邱春晓，郑阳阳，等. 三种农业技术推广模式的博弈模型分

析与比较［J］. 云南农业大学学报（社会科学），2017，11（1）：18-25.

［43］孟莉娟. 美国、法国、日本农业科技推广模式及其经验借鉴［J］. 世界农业，2016（02）：138-141+161.

［44］穆娜娜，孔祥智. 合作社农业社会化服务功能的演变逻辑——基于仁发合作社的案例分析［J］. 财贸研究，2019，30（8）：64-75.

［45］彭凌凤. 农业科技推广模式的创新探索——新农村发展研究院服务农业科技推广的模式比较［J］. 农村经济，2017（2）：104-109.

［46］蒲娟，余国新. 新形势下农业社会化服务效果评价——基于新疆不同种植规模农户的研究［J］. 调研世界，2016（3）：16-21.

［47］苏振锋. 陕西新型农业经营主体发展存在的问题与对策研究［J］. 中国农业资源与区划，2017，38（5）：66-71.

［48］谭中明，徐勇谋. 政策性农业保险参与主体博弈分析及风险防范策略［J］. 保险研究. 2009（11）：52-58.

［49］汪发元，刘在洲. 新型农业经营主体背景下基层多元化农技推广体系构建［J］. 农村经济，2015（9）：85-90.

［50］王定祥，李虹. 新型农业社会化服务体系的构建与配套政策研究［J］. 上海经济研究，2016（6）：93-102.

［51］王琳瑛，左停，旷宗仁，等. 新常态下农业技术推广体系悬浮与多轨发展研究［J］. 科技进步与对策，2016，33（9）：47-52.

［52］王文龙. 中国农业经营主体培育政策反思及其调整建议［J］. 经济学家，2017（1）：55-61.

［53］王颜齐，史修艺. 组织化内生成本视角下小农户与现代农业衔接问题研究［J］. 中州学刊，2019（9）：33-40.

［54］王玉斌，李乾. 农业生产托管利益分配模式比较研究［J］. 改革，2019（8）：119-127.

［55］徐家洪，项桂娥，王延寿，等. 加快我国农业科技进步的政策方向和对策建议［J］. 农业现代化研究，2012，33（6）：668-672.

［56］杨彩艳，齐振宏，黄炜虹，等. 农业社会化服务有利于农业生产效率的提高吗？——基于三阶段 DEA 模型的实证分析［J］. 中国农业大学学报，2018（11）：232-244.

［57］杨万江，李琪. 农户兼业、生产性服务与水稻种植面积决策——基于 11 省 1646 户农户的实证研究［J］. 中国农业大学学报（社会科学版），

2018，35（1）：100-109.

[58] 曾起艳，孙凯，仝志辉．基于农户选择视角的土地流转与土地托管比较分析［J］．世界农业，2019（9）：4-11.

[59] 张标，张领先，王洁琼．我国农业技术推广扩散作用机理及改进策略［J］．科技管理研究，2017，37（22）：42-51.

[60] 张红宇．中国现代农业经营体系的制度特征与发展取向［J］．中国农村经济，2018（1）：23-33.

[61] 张维，刘新芝．涉农中小企业融资中政府角色定位分析［J］．当代经济，2012（22）：40-42.

[62] 赵军洁，徐田华．新型农业经营体系的创新实践和改革思考［J］．现代经济探讨，2019（3）：93-100.

[63] 郑宏运，李谷成，周晓时，等．农机社会化服务有利于培育新型农业经营主体吗？——以种植大户为例［J］．农业现代化研究，2018（2）：300-308.

[64] 钟真，谭玥琳，穆娜娜．新型农业经营主体的社会化服务功能研究——基于京郊农村的调查［J］．中国软科学，2014（8）：38-48.

[65] 钟真．社会化服务：新时代中国特色农业现代化的关键——基于理论与政策的梳理［J］．政治经济学评论，2019（2）：92-109.

[66] 周海迪，孟庆军．农业供给侧改革背景下构建现代农业经济社会化服务体系研究［J］．经济研究导刊，2017（20）：22-23.

[67] 周娟．土地流转背景下农业社会化服务体系的重构与小农的困境［J］.南京农业大学学报（社会科学版），2017，17（6）：141-151，166.

[68] 周敏丹，尹志锋．农业科技推广、资本深化与就业替代——基于国家科技富民强县专项行动计划的实证分析［J］．经济学家，2017（5）：91-96.

附录一　农业社会化服务研究调查表（农户）

您好，为了更好地服务农业生产，帮助农民增收，特开展此项调查，了解农业生产性服务的使用情况。问卷所有数据只用于内部科学研究，请放心。回答无对错之分，请您按照自己的真实想法和实际情况填写，感谢配合！

__________省__________县（市）__________乡镇__________村

被访问者姓名：____________联系电话：____________

表 A　家庭基本情况

A1	户主性别（1=男 0=女）	
A2	年龄（岁）	
A3	受教育年限（年）	
A4	家庭总人口（人）	
A5	劳动力人数（人）	
A6	外出务工人员数（人）	

注：A4 家庭总人口指同灶吃饭或虽不同灶吃饭但经济上紧密联系在一起的人；A5 劳动力人数指 16 岁以上具有劳动力的人数，不含在校生；A6 外出务工人员指上年在本乡之外务工时间累计超过 6 个月的。

表 B　去年家庭农业经营情况（请将答案填写到问题后面空格中）

B1	去年实际经营的耕地面积（亩）		
B2	去年流转别人家土地面积（亩）		
B2a	去年流转出的土地面积（亩）		
B3	去年主要粮食作物品种及播种面积	B3_ 1 小麦，________亩	
		B3_ 2 水稻，________亩	
		B3_ 3 玉米，________亩	
B4	去年种植的经济作物及规模	B4_ 1 蔬菜，________亩	
		B4_ 2 果树，________亩	
		B4_ 3 橡胶，________亩	
		B4_ 4 其他经济作物，________亩	
		B4_ 5 没有，填“0”	

续表

B5	去年购买生产性服务的总支出（元）	
B5_ 1	购买生产性服务带来的成本变化（%）（如果减少，用负数表示）	
B5_ 2	粮食作物产量变化（%）（如果减少，用负数表示）	
B5_ 3	经济作物产量变化（%）（如果减少，用负数表示）	
B6	去年的家庭总收入（元）	
B6_ 1	务农收入（元）	
B6_ 2	务工收入（元）	
B6_ 3	其他收入（元）	

表 C　农业生产性服务使用情况（没注明多选的，均为单选；请将答案填到空格中）

C1	您家是否已经购买了一些农业生产性服务： 1=是　0=否（选否，答完 C2 后，跳到表 F）		
C2	您没有购买全套或部分生产性服务的原因是：（限选 2 项） 1=生产性服务质量不行，不如自己做；2=购买服务的成本较高；3=生产性服务种类不符合需要；4=当地没有提供生产性服务的组织；5=对服务组织不信任；6=其他（具体说明）		
C3	您购买生产性服务的原因是：（限选 2 项） 1=在外务工，没时间种地；2=自己劳作太辛苦； 3=生产性服务效率高；4=自己技术水平不够； 5=看大家都购买了，自己也跟着买；6=其他（具体说明）		
C4	为您提供生产性服务的主要是哪类组织： 1=农村集体经济组织　2=农民合作社 3=龙头企业　4=专业服务公司　5=其他（具体说明）		
C4a	您所了解的各服务组织之间是否有统一的服务标准？1=有；0=没有		
C5	您与服务组织之间购买服务的协议形式是： 1=口头协议　2=书面协议　3=无任何协议形式（选无，则跳到 C10）		
C6	协议中是否保证作物的最低亩产量：1=是；0=否（选否，则跳到 C10）		
C7	协议保证的最低亩产量是：	C7_ 1 小麦，________（斤/亩）	
		C7_ 2 玉米，________（斤/亩）	
		C7_ 3 水稻，________（斤/亩）	
C8	如果达不到最低亩产量时，协议规定哪一方来承担损失： 1=农户承担　2=服务组织承担 3=共同承担（C8_ 1 农户________%，服务组织________%）		

续表

C9	协议规定超过最低亩产量的部分如何分配： 1＝归农户所有　2＝归服务组织所有 3＝按比例分配（C9_ 1 农户________%，服务组织________%）	
C10	您购买的哪种服务模式的农业生产性服务： 1＝全套服务　2＝部分服务（选部分服务，跳到 C10a）	
C10a1	如果是全套服务，签订协议之后，种什么作物由谁决定？ 1＝由农户决定　2＝由服务组织决定	
C10a	服务费用的收取时间与结算方式： 1＝签协议后，直接以现金结算；2＝服务结束之后，以现金结算； 3＝签协议后，先预付部分费用，待服务结束后，将费用结清； 4＝待作物收获之后，以现金结算；5＝作物收获之后，从作物中抵扣	
C10b	作物收获之后，您选择哪种后续服务： 1＝由服务组织直接将作物运送到家；2＝直接将作物销售给服务组织；3＝暂时由服务组织保存，适时提取；4＝其他（具体说明）	
C11	您认为服务收费是否合理：1＝合理　2＝不合理（C11_ 1 比当前收费标准________%合适）（如果是减少，用负数表示）	
C12	购买农业生产性服务与土地流转，您更愿意选择哪种模式： 1＝购买农业生产性服务　2＝土地流转	
C13	未来您需要哪种服务方式：1＝全套服务　2＝部分服务	

表 D　实际购买的生产托管环节的服务（购买填“1”，没有购买填“0”）

编码		a	b	c	d	e	f	g	h	i	j	k
	服务环节	种子/育秧/种苗统购	农药统购	化肥统购	深耕深松	专业化植保（统防统治等）	节水灌溉	收割运输	烘干仓储	秸秆还田	地膜回收	其他
D1	小麦											
D2	玉米											
D3	水稻											
D4	经济作物											

表 E 农业生产性服务的供需现状（以下问题均为单选，E1～E9 请按列填写，如：E1a～E9a、E1b～E9b 等；E10 请按行填写）

编码		（E1～E9 请按列填写）	a	b	c	d	e	f	g
		服务类别	农资供应	农技推广	农机作业	农业信息	资金融通	农业保险	农产品销售
E1	本地是否提供该类服务	1＝是 0＝否（选否，则跳到 E9）							
E3	实际是否购买该类服务	1＝是（选是，则跳到 E6） 0＝否							
E4	没有购买该类服务的原因	1＝该项服务质量不行，不如自己做 2＝该项服务的收费较高； 3＝不需要 4＝其他（请说明） （答完 E4 后，跳到 E9）							
E6	如果购买，是否满意	1＝满意 （选满意，则跳到 E9）； 0＝不满意							
E7	不满意原因	1＝服务态度差 2＝服务质量不行 3＝服务价格昂贵 4＝不按时提供服务 5＝其他（具体说明）							
E8	不满意，解决途径	1＝直接向服务组织反映 2＝换一家服务组织 3＝不再购买该服务 4＝其他（具体说明）							
E9	您家此类服务需要是否得到满足	1＝满足 0＝未满足							
E10	以上农业生产性服务的满意度排序：1～7 （注：1 为最满意，7 为最不满意）								

表 F 目前，您家尚未得到满足的生产性服务环节（请选出您最需要的 2~3 项）

编码	服务类别	选项	您的选择		
F1	农资供应	1=便捷购买质优价廉的农资产品；2=指导农户较快地掌握正确的农资使用方法；3=其他（具体说明）			
F2	农技推广	1=农作物高产栽培技术服务；2=病虫害绿色防控服务；3=土壤改良技术服务；4=测土配方施肥服务；5=节水灌溉技术服务；6 其他（具体说明）			
F3	农机作业	1=秸秆处理服务；2=专业化植保服务；3=产地烘干服务；4=整地播种服务；5=深耕深松服务；6=收割运输服务；7=其他（具体说明）			
F4	农业信息	1=农产品价格信息；2=市场供求信息；3=农业政策信息；4=气象变化信息；5=病虫害防治信息；6=其他（具体说明）			
F5	资金融通	1=简化贷款手续；2=延长贷款时间；3=降低贷款条件和门槛；4=低息贷款；5=其他（具体说明）			
F7	农业保险	1=及时赔款；2=增加农业保险的覆盖品种；3=提高农业保险的赔付额；4=简化理赔手续；5=其他（具体说明）			
F8	农产品销售	1=提高农产品的售价；2=降低运输费用；3=拓宽农产品的销售渠道；4=其他（具体说明）			

附录二　农业社会化服务组织（企业）调查问卷

尊敬的朋友：您好！

本调查是国家课题的一部分，调查内容仅作研究分析，数据严格保密，请您拨冗真实回答，非常感谢您的合作！

组织（企业）名称：____

被访者电话：__________（该信息用于回访您，确定调查人员调查真实性）

一、组织（企业）基本情况

（一）贵组织（企业）所在的地区：________省________市________县

（二）贵组织（企业）的性质：________

11. 国有独资组织（企业）12. 国有控股组织（企业）13. 个体工商组织（企业）14. 集体组织（企业）15. 合资组织（企业）16. 民营组织（企业）17. 其他组织（企业）21. 集体经济组织　22. 农民合作社

（三）贵组织（企业）服务类别（可以多选）

1. 农业生产资料服务（　　）
2. 加工服务（　　）
3. 农产品销售服务（　　）
4. 运输服务（　　）
5. 信息和技术服务（　　）
6. 其他服务（　　）

（四）贵组织（企业）经营的行业属于（可以多选）

1. 粮油行业（　　）
2. 水产品行业（　　）
3. 林业行业饲料行业（　　）
4. 果蔬行业（　　）
5. 花卉行业（　　）

6. 禽蛋肉行业（　　）
7. 种苗行业（　　）
8. 其他（________）

（五）贵组织（企业）的资产（包括买卖货物总价值）达到________

1. 10 万元以下　2. 20 万~50 万元　3. 50 万~100 万元　4. 100 万~500 万元　5. 500 万~1000 万元　6. 1000 万元以上

（六）贵组织（企业）的主要负责人的年龄________

贵组织（企业）的主要负责人的性别________　0 女　1 男

贵组织（企业）的主要负责人的学历________

1. 初中以下　2. 高中或中专　3. 大专　4. 本科　5. 硕士　6. 博士

（七）贵组织（企业）人数（包括临时帮忙 2 个月以上的人和分店的人）________

（八）贵组织（企业）成立了多少年________

二、您对市场需求的认识

请依据您同意程度进行填写。

非常不同意（1）、不同意（2）、无意见（3）、同意（4）、非常同意（5）

越来越多的农业生产者需要在市场购买服务产品	
生产者购买农资、设备、农具等能使农业生产更简单，提高效率	
现在农业生产服务产品越来越细，购买服务成为农村趋势	
当前农户必须购买种子、化肥、农药等才能达到正常收获	
随着新农业技术的推广，农业生产者对新的农业技术有需求	
不断有新产品出现，购买者可以通过购买新产品快速获得好处	
农村现代化发展中，新种子、新资料、新农具等需求在农村具有普遍性	
购买者相信科学生产可以提高生产效率并提高收入	

三、您对政府作用的认识

请依据您同意程度进行填写。

非常不同意（1）、不同意（2）、无意见（3）、同意（4）、非常同意（5）

现在政府鼓励补贴农户购买农资和设备等，对你的经营有好处	
现在政府对你征收的税比较合理，有利于你的经营	
现在政府重视农村发展，惠农政策有利于你的经营变得更好	
政府鼓励传统农民或新生代农民接受科学种养观念	
政府科研部门宣传科学农业生产方法，能够促进农业服务产品科学种养	

附录三　农业社会化服务组织（企业）访谈提纲

一、贵组织（企业）基本情况

（一）贵组织（企业）主要有哪些农业社会化服务？

（二）贵组织（企业）是什么性质的组织（企业）？注册资金多少？

（三）贵组织（企业）有哪些主要业务？组织（企业）成立多久？有多少职工？

（四）你多大年纪？从事职业多少年？

二、贵组织（企业）提供农业社会化服务情况

具体从以下几方面进行说明：

1. 服务对象

2. 服务收费标准

3. 服务环节和方式

4. 服务农产品品种（重点讲述经济作物）

三、您关于农业社会化服务的看法

（一）谈谈对我国农业社会化服务的总体看法？为什么？

（二）你认为我国农业社会化服务体系应该是什么样的？

（三）你认为农业社会化服务体系建设中存在哪些动力因素和约束因素？

1. 动力因素

2. 约束因素

四、您对政府作用的认识

（一）你觉得政府在农业社会化服务中当前应该做什么？长期看应该做哪些工作？

（二）政府与组织（企业）或私人提供的服务有什么区别？服务过程有什么差异？效率如何？

五、贵组织（企业）服务小农户情况

（一）具体从以下几方面进行说明：

1. 技术信息、价格信息、政策法律信息
2. 金融信贷
3. 劳务
4. 良种、农药、水利灌溉和化肥
5. 农机、播种、作物收割、加工、流通和销售

（二）贵组织（企业）有哪些服务是针对小农户生产规模小、经济成本高、生产效率低下等问题？

六、其他

您对农业社会化服务还有什么其他想法？

重要术语索引

后 记

本书是在农业农村部农业生产社会化服务调研项目《农业社会化服务组织方式和运行机制及农业生产托管监测分析》（编号：1020180001）、农业行业管理项目《我国不同农业技术推广主体的行为实践及经验借鉴研究》（编号：09172130112403201 0）研究报告基础上整理而成的。感谢农业农村部对研究课题的支持，这促进我们对农业社会化服务体系、农业技术推广体系建设问题做深入思考和探索。本书能够顺利出版，得益于北京市农林科学院及农业信息与经济研究所领导的大力支持。特别感谢中国农业科学院农业经济与发展研究所李芸研究员对课题研究给予的技术支持。

课题组依托农业农村部华北都市农业重点实验室、北京市农林科学院乡村振兴研究中心，充分利用了农业信息与经济研究所多年积累的北京市农业农村问题研究的文献资源，开展了典型调研、数据采集、资料分析等工作，在反复讨论、修改、整理基础上形成本成果。课题调研、研讨等工作，得到了农业信息与经济研究所其他研究室、科研管理部门和办公室同人的诸多帮助，在此表示衷心的感谢！在本所工作的郑子戌同志、中国农业科学院农业经济与发展研究所研究生王菲菲同学，参与了课题的调研、数据和资料整理工作，在此一并感谢。

特别感谢农业农村部李琳处长、全国农业技术推广服务中心田有国研究员、熊红利研究员、胡小军高级农艺师、王航博士、刘哲博士、山西省农业农村厅敖军处长提供的诸多技术支持，他们为本成果的形成提供了宝贵意见和建议。课题研究过程中，农业信息与经济研究所的陈慈博士、赵姜博士、陈玛琳博士、周中仁博士、张慧智博士、陈香玉博士等，对课题设计、内容撰写提供了诸多技术支持、协调帮助以及宝贵建议，在此表示深深的谢意！

还要特别感谢江西省、陕西省、安徽省、甘肃省、河北省、辽宁省、黑龙江省、山东省、云南省、山西省等地农业农村厅相关部门领导对调研工作的支持和配合，正是你们勇于创新精神和实践经验，才让我国农业技术推广和社会化服务事业更加精彩。

特别要说明的是，本书的研究结论只反映课题组成员个人观点，不代表任何官方或非官方机构立场。由于时间仓促和研究水平有限，偏颇、遗漏之处在所难免，恳请谅解和指正。

著 者

2020 年 11 月